特别鸣谢

　　本书的策划、调研、编写和出版得到立信会计师事务所（特殊普通合伙）深圳分所、中兴财光华会计师事务所（特殊普通合伙）深圳分所的鼎力支持和帮助。

《会计报表与现代企业财务分析》
编　委　会

顾　　问：胡国斌　张俊林　黄　宇　廖雪霖　张顺和　章顺文
　　　　　佘晓明　朱建军　樊时芳　白俊仁　杨松柏　刘雪生
　　　　　柳木华　张建军　陈叔军　肖　凌
主　　任：徐少春　成放晴
执行主任：马彦钊　张心亮　向　东　戴敬明　文　亮
副 主 任：王继中　刘世超　赵桂萍　张永刚　沈雪英　汤卫忠
　　　　　苏自申　廖　钧　卢雨禾　陈惠江　陈阳升　戴　兵
　　　　　韦劲松　谭　旭　周　杨　李明俊　张光柳　孙明辉
　　　　　谢　健
编　　委（按姓氏笔画排序）：
　　　　　丁为众　王天宇　王　兵　王晓奕　王　超　区锦英
　　　　　方　欣　邓运泉　卢曙光　史晓梅　曲　扬　朱太华
　　　　　乔宗利　乔彦军　向自力　刘秀丽　刘现忠　刘晶辉
　　　　　刘　毓　许崇琛　许晓琴　许惠钰　孙淑营　麦家宝
　　　　　严冬霞　李小雄　李义平　李文德　李爱花　李　辉
　　　　　李德富　杨　伟　杨剑平　杨　梅　肖　文　肖　霞
　　　　　吴　宇　何　飞　余浚广　邸　燕　张炎华　张笑楠
　　　　　张　绿　陈武林　陈　雨　陈　彬　林发成　林晓芳
　　　　　金贞媛　周习胜　郑志远　郑　涵　房绍业　房维磊
　　　　　赵天一　赵文宇　赵忠良　赵金玲　胡利民　胡　荐
　　　　　胡翔群　俞　浩　洪文亚　袁义军　铁　英　徐秋萍
　　　　　郭少明　郭冬梅　黄圳林　曹茂柱　董春英　蒋春莲

　　　　　　蒋晓军　蒋群英　程　杰　舒　适　舒　鸿　谢东立
　　　　　　赖　聪　雷冬梅　雷　蕾　詹伟哉　熊晓健
主　　　编：王继中
主编助理：孙　萍　张笑楠　吴　宇　王秀颜
审　　　核：郭少明　张炎华　向自力　乔彦军　陈武林　熊晓健
　　　　　　方　欣　郭冬梅
主要执笔：李爱花　孙　萍　张笑楠　王晓奕　肖　霞　蒋春莲
　　　　　　王　聪　文小娟
参加编写：王　兵　朱　莉　朱佳莹　向晴帆　吴沛怡　黄姗姗
　　　　　　王婷婷　赖　聪　邹张旖　张青霞　章鉦炜　李　枫
编　　　务：成旱雨　黄楚娟　陈红霞　尹西丽　卢艳芳　杨凯熙

深圳市会计协会组织编写

会计报表与现代企业财务分析

王继中　主编　>>>>>>>>>>

中山大学出版社
SUN YAT-SEN UNIVERSITY PRESS
·广州·

版权所有　翻印必究

图书在版编目（CIP）数据

会计报表与现代企业财务分析/王继中主编．—广州：中山大学出版社，2022.8

ISBN 978-7-306-07602-1

Ⅰ.①会…　Ⅱ.①王…　Ⅲ.①会计报表—会计分析　Ⅳ.①F231.5

中国版本图书馆 CIP 数据核字（2022）第 135635 号

出 版 人：王天琪
策划编辑：葛　洪
责任编辑：葛　洪
封面设计：林绵华
责任校对：周昌华
责任技编：靳晓虹
出版发行：中山大学出版社
电　　话：编辑部 020-84110283，84113349，84111997，84110779，84110776
　　　　　发行部 020-84111998，84111981，84111160
地　　址：广州市新港西路 135 号
邮　　编：510275　传　真：020-84036565
网　　址：http://www.zsup.com.cn　E-mail：zdcbs@mail.sysu.edu.cn
印 刷 者：广州市友盛彩印有限公司
规　　格：787mm×1092mm　1/16　20.25 印张　375 千字
版次印次：2022 年 8 月第 1 版　2022 年 8 月第 1 次印刷
定　　价：76.00 元

如发现本书因印装质量影响阅读，请与出版社发行部联系调换

内容提要

经济现代化和管理理念的变化、中国特色社会主义现代经济体系的建构，客观上要求传统财务分析向现代财务分析演进。本书在归纳现代财务分析的几点基本要求后提出，哈佛分析框架是融合传统财务会计、管理会计及其他相关管理理念和知识升华而成的一种新的综合全面的分析工具和系统，可作为我国推行现代财务分析的参考模式。

本书把会计原理作为破题表述的起点，从一般企业会计报表深入到合并财务报表，从一般企业报表分析延伸到上市公司相关分析，从基本的财务分析、投融资分析扩展到管理会计分析、战略绩效分析及综合绩效分析，如此由表及里、从易到难、循序渐进地展开讲述。本书总体内容、结构框架和知识点的安排布局科学合理、别具特色，既有时代感又贴近实际。不少企业管理人员（包括部分财会人员）深感自己的财会知识掌握得不多或不系统，有的耳熟能详，大多似是而非。本书在不同的章节里，将会计、会计报表与现代财务分析的主要概念、术语和方法有机地进行串联，如数家珍般地逐一道来；而设置专题对怎样快速阅读会计报表、企业清算会计、会计改革与发展、小微型创新公司融资等现实或热点问题进行解读，则为本书的又几个亮点。

本书的选题编写旨在满足一线财会人员以及包括"董监高"在内的非财会专业的管理人员业务知识更新提高、补齐短板的渴求。但本书又具有"多功能"的特点：既可作为企事业单位培训教材、各类院校教学参考，也可供自学者研修；而对相关业务岗位的管理人员而言，在一定程度上亦可作为日常案头手边的工具书使用。

本书内容大多为见诸于各种教材、文献的带有"科普"性质的专业知识，但按照自身特定逻辑顺序编排组合后形成了颇具特色的新的业务知识体系，在理论和实践上具有一定的创新意义和应用价值。阅读本书，给人以思路清晰、内容殷实、节奏明快之感。以上所述，从一个侧面体现了置身于改革开放前沿和窗口的深圳会计学人"勇当尖兵、先行示范"的时代风采和探索精神。

编者的话

会计证（即《会计从业资格证书》）和会计员职称被取消，客观上给无会计职称及学位的低层会计人员业务技能的评价留下空缺。为了弥补这一缺憾，深圳市会计协会2021年年初面向社会推出"会计从业能力评价"专项工作，给通过所设置的"会计基础""会计电算化基础与实操""会计法规与职业道德"3科考试者颁发《会计从业能力证书》，作为持证人掌握基本会计业务知识、具备会计从业能力的书面证明。此举受到拟从事或初涉会计工作的人员特别是中小微民营企业会计人员的普遍欢迎，然而国有企业、上市公司、大中型企业会计人员对此反应不太积极。究其缘故，这部分人群普遍学历较高，大多拥有会计职称和学位，零基础学习需求甚微，他们急需补充的是现代企业财务分析、企业税务筹划、智能财务等知识；而在这些管理相对较为规范的企业中，包括"董监高"在内的非会计背景的管理人员，迫切需要"充电"掌握会计报表阅读和分析等相关业务知识。有鉴于此，深圳市会计协会拟通过其网络平台和现场形式，开展财务分析、企业税务、智能财务等系列业务知识培训。本教材即主要为其中的"会计报表与现代企业财务分析"专题学习培训而编写，目标读者涵盖会计人员和有补齐短板、任职必备、知识更新学习需求的企业高管及其他管理人员，也可供各类院校会计及相关专业用于教学参考。

财务管理在企业管理中处于核心地位，而财务分析是财务管理的重要内容。财政部发布的企业经济效益评价、国务院国有资产监督管理委员会发布的国有资产经营分析以及中国证券监督管理委员会发布的上市公司信息披露规定，其核心内容均包括财务指标。现代经济社会的发展和管理理念的变化，客观上要求传统财务分析向现代财务分析演进。现代财务分析是相对于传统财务分析的一个动态概念或称谓，并无严格的定义、界限和范围。根据一些中外学者的观点和先进企业的经验，现代财务分析至少应符合以下要求：一是分析的理念、模式和工具要适应经济全球化、市场化、现代化、信息化、智能化的需要；二是分析不能只就财务论财务，应立足财务、超越财务、放眼全局，且定性与定量相结合；三是分析的目标要有战略眼光，视角要多维立体，方法要综合系统，除了使用传统财务分析方法，也应使用管理会计、战略绩效分析及综合绩效分析等先进、科学、有效的分析评价方法。本书认为，哈佛分析框架是融合传统财务会计、管理会计及其他相关管理理念和知识升华而成的一种新的综合全面的分析工具和系统，可作为我国推行现代财务分析的参考模式。本书提出，与现今企业管理中普遍使用的全面风险管理和全面质量管理等称谓协调匹配，在我国，现代财务分析可使用"全面财务分析"这个较为大众化和中国本土化的称谓，以便于理解和推广实施。

本教材主要为了满足企业管理一线人员的日常业务需求，注重用通俗易懂的文字对基础知识和基本内容进行介绍，尽可能避免学院式的理论阐述和概念辨析（譬如对会计概念和职能的不同表述、现代企业财务分析的定义、"会计报表"和"财务报表"的称谓哪个更为合适等）。

虽然本书内容大多系见诸于各种教材和文献的专业知识，但按照特定逻辑顺序编排组合后形成了颇具特色的新的业务知识体系，力图为企业会计和其他管理人员提供阅读会计报表和了解现代财务分析的一扇窗口、大体轮廓及基本菜单。由于篇幅所限，一些内容仅作提纲挈领的介绍，未展开论述和举例。读者可根据自身需求，以感兴趣的知识点为索引，参考相关教材及文献资料进一步拓展学习；培训机构、学校和授课教师可根据培训单位的需求、培训对象的基础、学习课时的长短等情况，采取全书逐章或部分章节讲授、选择若干专题举办讲座、一次性串讲等丰俭自便、深浅灵活的方式。

不管是一般财务分析还是现代财务分析，使用的数据多半取自会计报表。读懂会计报表是实施财务分析的重要前提，编制会计报表是日常会计核算工作的最后环节，而会计报表是日常核算业务的最终成果。不了解会计报表的生成机理和会计假设、会计要素、会计等式、复式记账、账务处理等基本知识，便很难真正读懂和熟练使用会计报表。为便于非会计专业人员的学习，本教材把会计基础知识作为破题表述的起点，然后从一般会计报表到合并会计报表，从一般企业报表分析到上市公司相关分析，从基本财务分析、投融资分析延伸扩展至现代财务分析，再到管理会计相关分析、战略绩效分析及综合绩效分析和评价，如此由表及里、从易到难、循序渐进地展开讲述。

为了满足非会计人员特别是企业领导的实际需求，本书除了对各类会计报表的生成和分析进行较为详细的介绍，特以"怎样快速阅读会计报表"为题，对一般会计报表的阅读进行了深入浅出、抽丝剥茧的讲解；考虑到本教材培训对象多为置身于改革发展第一线的企事业单位管理人员，为了扩大读者对会计工作的认知、增强历史纵深感和时代感，特尝试安排了"会计改革与发展"一节，对改革开放40余年来我国波澜壮阔的会计改革发展历程作了简要梳理回眸；为了适应企业改革重组等业务的需要及加深对持续经营会计假设的理解，设置独立篇幅讲解了企业清算会计的相关内容；为了适应企业投资并购业务的需要，在讲述投资分析时对"尽职调查"进行较为详细的介绍。

近年来，数字化转型已逐渐成为企业的战略方向，现代化、信息化、智能化、业财融合的大潮风起云涌。在越来越多的企业的管理实践中，财务与会计、管理会计与财务会计，传统财务分析与现代财务分析，财务分析与经营、投资、估值、战略绩效等分析，财务分析与财务评价等概念和业务，均出现相互补充、相得益彰、逐渐融合的态势并催生新的分析评价理念、概念和方式。适应此情况，本教材将管理会计、战略绩效和综合绩效分析评价等相关知识一并作了介绍，努力呈现现代企业财务分析评价百花园之一角，以飨读者。

本教材编写过程中参考和借鉴了财政部会计资格评价中心、部分大专院校及专家学者编写的相关教材和论著，在此一并致谢。

本书编委会
2022年4月30日

目　　录

第一章　会计概论 ································· 1
　第一节　会计的概念、职能和对象 ················· 3
　　　一、会计的概念 ····························· 3
　　　二、会计的职能 ····························· 3
　　　三、会计的对象 ····························· 4
　第二节　会计基本假设和会计基础 ················· 5
　　　一、会计基本假设 ··························· 5
　　　二、会计基础 ······························· 7
　　　三、会计信息质量要求 ······················· 8
　第三节　会计要素和会计等式 ····················· 11
　　　一、会计要素及其确认条件 ··················· 11
　　　二、会计要素计量属性 ······················· 16
　　　三、会计等式 ······························· 17
　第四节　会计科目、会计账户和借贷记账法 ········· 18
　　　一、会计科目和会计账户 ····················· 18
　　　二、借贷记账法 ····························· 20
　第五节　会计凭证、会计账簿和会计核算日常业务 ··· 23
　　　一、会计凭证 ······························· 23
　　　二、会计账簿 ······························· 33
　　　三、会计核算日常业务 ······················· 44
　第六节　财产清查、财务报告和会计档案 ··········· 49
　　　一、财产清查 ······························· 49
　　　二、财务报告 ······························· 53
　　　三、会计档案 ······························· 53
　第七节　企业清算会计 ··························· 55

一、企业清算的概念 …………………………………… 55
二、企业清算程序 ……………………………………… 56
三、企业清算会计概要 ………………………………… 60
第八节 会计政策和会计估计 ……………………………… 63
一、会计政策 …………………………………………… 63
二、会计估计 …………………………………………… 65
三、会计政策与会计估计的区别 ……………………… 66
四、会计政策变更与会计估计变更的区分 …………… 67
第九节 企业会计准则与企业会计制度 …………………… 67
一、企业会计准则 ……………………………………… 67
二、企业会计制度 ……………………………………… 68
三、企业会计准则和企业会计制度的区别 …………… 68
第十节 会计改革与发展 …………………………………… 69
一、40年会计改革回顾 ………………………………… 70
二、"十四五"会计改革发展展望 …………………… 73

第二章 一般企业会计报表 …………………………… 75
第一节 会计报表概述 ……………………………………… 77
一、会计报表的含义 …………………………………… 77
二、会计报表的作用 …………………………………… 77
三、会计报表的种类 …………………………………… 78
四、会计报表的编制要求 ……………………………… 79
第二节 会计报表分述 ……………………………………… 81
一、资产负债表 ………………………………………… 81
二、利润表 ……………………………………………… 86
三、现金流量表 ………………………………………… 89
四、所有者权益变动表 ………………………………… 97
五、会计报表附注 ……………………………………… 99
六、财务情况说明书 …………………………………… 101
第三节 怎样快速阅读会计报表 …………………………… 102
一、概述 ………………………………………………… 102
二、各会计报表阅读要领 ……………………………… 102

三、会计报表之间的关联对应逻辑关系 …………………… 108
　　　四、阅读会计报表应重点关注的事项 …………………… 109

第三章　合并财务报表 ………………………………………… 113
　第一节　合并财务报表简介 ……………………………… 115
　　　一、概念 …………………………………………………… 115
　　　二、编制的原则 …………………………………………… 115
　　　三、合并范围的确定 ……………………………………… 116
　　　四、编制前期准备事项 …………………………………… 118
　　　五、编制程序 ……………………………………………… 119
　　　六、特殊交易的会计处理 ………………………………… 121
　第二节　合并财务报表分析 ……………………………… 122
　　　一、分析要领 ……………………………………………… 122
　　　二、与个别财务报表的分析差异 ………………………… 124

第四章　基本的企业财务分析 ………………………………… 127
　第一节　财务分析概述 …………………………………… 129
　　　一、分析的主体 …………………………………………… 129
　　　二、分析的意义 …………………………………………… 130
　第二节　财务分析的内容 ………………………………… 131
　　　一、偿债能力分析 ………………………………………… 131
　　　二、营运能力分析 ………………………………………… 145
　　　三、盈利能力分析 ………………………………………… 151
　　　四、市场价值分析 ………………………………………… 159
　　　五、发展能力分析 ………………………………………… 162
　　　六、现金流量分析 ………………………………………… 164
　第三节　财务分析的基本方法 …………………………… 171
　　　一、比较分析法 …………………………………………… 171
　　　二、比率分析法 …………………………………………… 172
　　　三、因素分析法 …………………………………………… 174
　第四节　传统财务分析的局限性和演进方向 …………… 175
　　　一、传统财务分析的局限性 ……………………………… 175

二、现代财务分析的基本特点和要求 ………………………… 175
　　三、哈佛分析框架及其借鉴意义 ……………………………… 176

第五章　上市公司相关分析 …………………………………………… 181
第一节　上市公司特有财务分析 …………………………………… 183
　　一、上市公司特殊财务分析指标 ……………………………… 183
　　二、管理层讨论与分析 ………………………………………… 188
第二节　上市公司投资分析和估值分析 …………………………… 193
　　一、上市公司投资分析 ………………………………………… 193
　　二、上市公司估值分析 ………………………………………… 196
　　三、战略性新兴产业 …………………………………………… 202

第六章　筹资方式和投资项目分析评价 ……………………………… 207
第一节　资金需要量预测 …………………………………………… 209
　　一、因素分析法 ………………………………………………… 209
　　二、销售百分比法 ……………………………………………… 209
　　三、资金习性预测法 …………………………………………… 211
第二节　筹资方式1——债务筹资 ………………………………… 212
　　一、银行借款 …………………………………………………… 212
　　二、发行公司债券 ……………………………………………… 214
　　三、融资租赁 …………………………………………………… 217
　　四、债务筹资的优缺点 ………………………………………… 219
第三节　筹资方式2——股权筹资 ………………………………… 220
　　一、吸收直接投资 ……………………………………………… 220
　　二、发行普通股股票 …………………………………………… 223
　　三、留存收益 …………………………………………………… 227
　　四、股权筹资的优缺点 ………………………………………… 229
第四节　筹资方式3——衍生工具筹资 …………………………… 230
　　一、可转换债券 ………………………………………………… 230
　　二、认股权证 …………………………………………………… 234
　　三、优先股 ……………………………………………………… 235
第五节　筹资方式4——筹资实务创新 …………………………… 238

一、商业票据融资 ································· 239
　　二、中期票据融资 ································· 239
　　三、股权众筹融资 ································· 239
　　四、企业应收账款证券化 ··························· 240
　　五、融资租赁债权资产证券化 ······················· 240
　　六、商圈融资 ····································· 240
　　七、供应链融资 ··································· 241
　　八、绿色信贷 ····································· 241
　　九、能效信贷 ····································· 241
第六节　筹资方式5——小微型创新公司的特殊融资方式 ····· 242
　　一、天使投资 ····································· 242
　　二、风险投资 ····································· 243
　　三、众筹 ··· 243
　　四、政府补贴或贷款 ······························· 243
第七节　投资项目财务评价 ······························ 244
　　一、投资决策与货币时间价值 ······················· 244
　　二、评价指标1——项目现金流量（NCF）·············· 245
　　三、评价指标2——净现值（NPV）···················· 248
　　四、评价指标3——年金净流量（ANCF）················ 250
　　五、评价指标4——现值指数（PVI）··················· 250
　　六、评价指标5——内含收益率（IRR）················· 251
　　七、评价指标6——回收期（PP）····················· 252
　　八、尽职调查 ····································· 253

第七章　管理会计常用营运绩效分析 ······················ 261
　第一节　管理会计概述 ································ 263
　　一、概念、职能和内容 ····························· 263
　　二、与财务会计的联系与区别 ······················· 265
　第二节　管理会计常用营运绩效分析方法 ················ 267
　　一、成本性态分析 ································· 267
　　二、本量利分析 ··································· 268
　　三、敏感性分析 ··································· 276

四、边际分析 …………………………………………… 278
　　五、多维度盈利能力分析 ……………………………… 280

第八章　战略绩效分析和综合绩效分析评价 ………………… 283
　第一节　战略绩效分析 …………………………………… 285
　　一、优劣势分析（SWOT 分析）……………………… 285
　　二、平衡计分卡（BSC）……………………………… 287
　第二节　综合绩效分析和评价 …………………………… 291
　　一、综合绩效分析简述 ………………………………… 291
　　二、杜邦分析法 ………………………………………… 292
　　三、沃尔评分法 ………………………………………… 294
　　四、经济增加值法（EVA）…………………………… 294
　　五、综合绩效评价 ……………………………………… 295
　　六、关键绩效指标法（KPI）………………………… 301

第一章

会计概论

第一节 会计的概念、职能和对象

一、会计的概念

会计是以货币作为主要计量单位，采用一系列专门的方法，对经济活动进行连续、系统、全面、综合的核算和监督，以提高经济效益为主要目的的经济管理活动和相应的知识体系。

会计产生于人们对经济活动进行管理的客观需要，与经济管理的要求相适应，并随着经济的发展而发展。人类要生存，社会要发展，就要进行物质资料的生产。生产的行为，同时也是生产的消费行为。生产的消费，除耗费自然资源外，还有劳动的耗费，即劳动时间的耗费。人们进行生产活动时，总是力求在尽量少的劳动时间里创造出尽量丰富的物质财富。为了达到节约劳动耗费，提高经济效益的目的，人们必须对生产活动加强管理。这就需要对劳动耗费和劳动成果进行记录和计算，并将耗费与成果加以比较和分析，借以掌握生产活动的过程和结果。因此，会计是随着社会生产的发展和经济管理的要求而产生、发展的。经济越发展，会计越重要。

二、会计的职能

会计的职能是指会计在经济管理活动中所体现的内在功能。《中华人民共和国会计法》中规定的会计基本职能为会计核算和会计监督。

会计核算是会计工作的基础，要通过核算进行监督。离开了核算，监督就失去了依据。同时，也只有通过监督进行核算，才能为会计信息的使用者提供真实可靠的数据资料。离开了监督，核算毫无意义。会计的这两个职能是密切结合、相辅相成的。

（一）会计的核算职能

会计的核算职能是指会计通过确认、计量、记录、报告等方法，从数量上反映企业和行政事业单位已经发生或完成的经济活动，为管理者提供信息的功能。会计对单位实际发生的经济活动所涉及的交易或事项进行客观的确认和计量，将经济活动的内容转换成能够在会计报告中概括并综合反映单位经济活动状况的会计信息。会计核算是会计工作的起点和基础。

（二）会计的监督职能

会计的监督职能是指会计人员在进行会计核算的同时，对特定主体经济活动的合法性、合理性进行审查。合法性审查，是指保证各项经济活动符合国家的有关法律法规，遵守国家财经纪律，执行国家的各项方针政策，杜绝违法乱纪行为。合理性审查，是指检查各项财务收支是否符合单位的财务收支计划，是否有奢侈浪费等现象，为提高单位的经济效益服务。

（三）会计的其他职能

会计核算和监督是会计的基本职能。社会经济的发展，赋予了会计更为丰富的职能，如预测、决策、计划、控制和考核评价等。

会计的预测职能是指按照企业未来的总目标和经营方针，利用财务会计以及相关部门提供的历史资料，做进一步的加工，使用灵活多样的方法，充分考虑经济规律的作用和经济条件的约束，对企业未来经济活动进行科学的规划，为企业经营决策提供有用的信息。

会计的决策职能是指依据预测所提供的财务信息及相关资料，选择科学的方法进行分析，从各种备选方案中选择最后方案的过程。

会计的计划职能是通过编制计划和预算实现的。它要求在最终决策方案选定的基础上，将预先确定的有关经济目标分解落实到各有关预算中，以便合理有效地组织运用企业的各项经济资源和人力资源，并将其作为控制企业经济活动的重要依据。

控制职能是指使企业经济活动严格按照规划的预定轨道有序进行。

考核评价职能是通过建立责任会计制度来实现的，即在各部门各单位及每个人均明确各自职责的前提下，逐级考核责任指标的执行情况，找出成绩和不足，从而为奖惩制度的实施和未来工作的改进措施形成提供必要的依据。

三、会计的对象

会计的对象是指会计核算和监督的内容。凡是特定单位能够以货币表现的经济活动，都是会计监督的内容，也就是会计的对象。以货币表现的经济活动，通常称为价值运动或资金运动。所以，会计对象也可以理解为是特定单位的价值运动或资金运动。

各单位经济活动的内容不同，会计的具体对象也不完全相同。下面，以工业企业为例，介绍工业企业会计的具体对象。

工业企业会计核算的对象是工业企业的生产经营活动，而工业企业的生产经营活动包括：生产前的资金筹集和厂房建设等活动；生产过程中的采购、生产、销售活动；生产后的利润分配等活动。因此，工业企业的上述活动都是会计核算的对象。

具体说来，在生产开展前，企业需要通过发行股票和债券、银行借款等方式筹集资金，然后利用筹集到的资金进行设备的购置、厂房建设等活动。在生产活动开始时，先要采购原材料，聘用员工进行生产活动，原材料通过加工后，形成在产品、半成品和产成品等，同时企业会发生各项费用，通过产成品销售形成企业的货币资金。在企业持续不断的经营活动中，通过生产可以产生利润，企业需要将利润分配给投资人，也需要偿还承担的各项债务，并按规定上缴国家有关税金，所有这些活动，都是会计核算的内容，即会计对象。不同行业的会计对象会有所不同，但基本原理相同。

值得注意的是，并非企业生产经营过程中所有的活动都是会计核算的对象，只有能以货币表现的经济活动，才是会计核算的内容。例如，企业招聘人才活动就不能用会计核算，但是职工每月发放工资的活动就可以用会计核算。

第二节 会计基本假设和会计基础

一、会计基本假设

会计基本假设是对会计核算所处时间、空间等所作出的合理假定，是企业会计确认、计量和报告的前提。会计基本假设包括会计主体、持续经营、会计分期和货币计量。

(一) 会计主体

会计主体是指会计核算和监督的特定单位和组织，它界定了从事会计工作和提供会计信息的空间范围。会计核算对象是一个单位的经济活动，而每个单位的经济活动是复杂多样的，且与其他单位的经济活动相联系，这就要求会计人员首先需要确定会计核算的空间。明确哪些经济活动应当予以核算，哪些不应该予以核算。

这一基本前提的主要意义在于，将特定主体的经济活动与该主体所有者及职工个人的经济活动区别开来；将该主体的经济活动与其他主体的经济活动区别开来，会计人员只能核算和监督所在单位的经济业务。通过会计主体的界定，使得会计人员核算的经济业务就是应该核算的经济业务。比如，企业对外销售商品时，对购入单位来说是商品的采购活动，对销售单位来说是商品的销售活动，会计核算只能站在本单位的立场，核算所在单位的经济活动，其他单位的经济活动不能作为本单位发生的经济活动进行核算。

(二) 持续经营

持续经营是指会计主体在可预见的未来，将根据正常的经营方针和既定的经营目标持续经营下去，即在可预见的未来，该会计主体不会破产清算，所持有的资产按照预定的用途使用，债权能够收回，债务能够偿还。持续经营前提使会计人员能够以企业正常经营情况下的会计处理方法进行会计核算，保持会计核算方法的稳定。

然而，任何企业都不可能永远经营下去。一旦企业进入非持续经营状态时，会计人员就要改变会计处理方法，使用非持续经营前提下的会计处理方法（参见本章第七节"企业清算会计"）。

(三) 会计分期

会计分期也称为会计期间，它是对会计主体的经济活动时间范围上的限定，是将一个会计主体持续经营的生产经营期划分成若干个相等的会计期间，以便分期结算账目和编制财务会计报告。

企业在持续经营的情况下，要知道企业的盈亏状况，理论上只有等到企业生产经营活动终止时，通过收入和费用的比较，才能正确得知，但无论是企业的经营者、股东、债权人，还是政府部门，都需要及时了解和掌握企业的经营状况。因此，需要人为地将企业持续不断的经营划分为若干个相等的会计期间，以便定期提供反映会计主体的财务状况、经营成果和现金流量等有关会计信息。

会计期间分为年度、半年度、季度和月度，均按公历起讫日期确定。我国会计年度从公历1月1日至12月31日。半年度、季度和月度统称为会计中期。

（四）货币计量

货币计量是指会计主体在会计核算过程中采用货币作为统一的计量单位。计量单位包括实物单位、时间单位、货币单位等，会计核算中以货币作为主要计量单位，但不是唯一的计量单位。会计要对企业财务状况、经营成果和现金流量情况进行全面系统的反映，为此，只有将货币作为统一的计量单位，使会计核算的对象——企业的生产经营活动统一地表现为货币资金运动，才能实现这一目标。

在我国，单位的会计核算应以人民币作为记账本位币。业务收支以人民币以外的货币为主的单位，可以选定其中一种货币作为记账本位币，但是编报的财务会计报告应当折算为人民币。在境外设立的中国企业向国内报送的财务会计报告，也应当折算为人民币。

二、会计基础

会计基础，是指会计确认、计量和报告的基础，具体包括权责发生制和收付实现制。

（一）权责发生制

权责发生制，是指以取得收取款项的权利或支付款项的义务为标志来确定本期收入和费用的会计核算基础。

在实务中，企业交易或者事项的发生时间与相关款项收付时间有时并不完全一致。例如，本期款项已经收到，但销售并未实现而不能确认为本期的收入；或者款项已经支付，但与本期的生产经营活动无关而不能确认为本期的费用。为了真实、公允地反映财务状况和经营成果，企业应当以权责发生制为基础进行会计确认、计量和报告。

根据权责发生制，凡是当期已经实现的收入和已经发生或者应当负担的费用，无论款项是否收付，都应当作为当期的收入和费用，计入利润表；凡是不属于当期的收入和费用，即使款项已在当期收付，也不应当作为当期的收入和费用。

（二）收付实现制

收付实现制，是指以现金的实际收付为标志来确定本期收入和支出的会计核算基础。

在我国，政府会计由预算会计和财务会计构成。其中，预算会计采用收付实现制，国务院另有规定的，则应依照其规定执行；财务会计采用权责发生制。

三、会计信息质量要求

会计信息质量要求是对企业财务报告所提供会计信息质量的基本要求，是使财务报告所提供会计信息对投资者等信息使用者决策有用应具备的基本特征，主要包括可靠性、相关性、可理解性、可比性、实质重于形式、重要性、谨慎性、及时性等。

（一）可靠性

可靠性要求企业应当以实际发生的交易或者事项为依据进行确认、计量和报告，如实反映符合确认和计量要求的会计要素及其他相关信息，保证会计信息真实可靠、内容完整。

可靠性是高质量会计信息的重要基础和关键所在。如果企业以虚假的交易或者事项进行确认、计量和报告，属于违法行为，不仅会严重损害会计信息质量，而且会误导投资者，干扰资本市场，导致会计秩序、财经秩序混乱。

（二）相关性

相关性要求企业提供的会计信息应当与投资者等财务报告使用者的经济决策需要相关，有助于投资者等财务报告使用者对企业过去、现在或未来的情况作出评价或者预测。

相关的会计信息应当能够有助于使用者评价企业过去的决策，证实或者修正过去的有关预测，因而具有反馈价值。相关的会计信息还应当具有预测价值，有助于使用者根据财务报告提供的会计信息预测企业未来的财务状况、经营成果和现金流量。

（三）可理解性

可理解性要求企业提供的会计信息应当清晰明了，便于投资者等财务报告使用者理解和使用。

企业编制财务报告、提供会计信息的目的在于使用，要想让使用者有效使用会计信息，就应当让其了解会计信息的内涵，弄懂会计信息的内容。这就要求财务报告提供的会计信息应当清晰明了，易于理解。只有这样，才能提高会计信息的有用性，实现财务报告的目标，满足向投资者等财务报告使用者提供决策有用信息的要求。

（四）可比性

可比性要求企业提供的会计信息应当相互可比，主要包括两层含义：

1. 同一企业不同时期可比

即同一企业不同时期发生的相同或者相似的交易或者事项，应当采用一致的会计政策，不得随意变更。但是，如果按照规定或者在会计政策变更后能够提供更可靠、更相关的会计信息，企业可以变更会计政策。有关会计政策变更的情况，应当在附注中予以说明。

2. 不同企业相同会计期间可比

即不同企业同一会计期间发生的相同或者相似的交易或者事项，应当采用规定的会计政策，确保会计信息口径一致、相互可比，以使不同企业按照一致的确认、计量和报告要求提供有关会计信息。

（五）实质重于形式

实质重于形式要求企业应当按照交易或者事项的经济实质进行会计确认、计量和报告，不应仅以交易或者事项的法律形式为依据。

在实际工作中，交易或者事项的外在法律形式并不总能完全反映其实质内容。多数情况下，企业发生交易或者事项的经济实质和法律形式是一致的。但在有些情况下，会出现不一致。例如，企业租入的资产（短期租赁和低值资产租赁除外），虽然从法律形式来讲企业并不拥有其所有权，但是由于租赁合同规定的租赁期相当长，往往接近于该资产的使用寿命，租赁期结束时承租企业有优先购买该资产的选择权，在租赁期内承租企业有权支配资产并从中受益等，从其经济实质来看，企业能够控制租入资产所创造的未来经济利益，在会计确认、计量和报告时就应当将租入的资产视为企业的资产，在企业的资产负债表中进行反映。

（六）重要性

重要性要求企业提供的会计信息应当反映与企业财务状况、经营成果和现金流量有关的所有重要交易或者事项。

在实务中，如果某项会计信息的省略或者错报会影响投资者等财务报告使用者据此作出决策，该信息就具有重要性。重要性的应用需要依赖职业判断，企业应当根据其所处环境和实际情况，从项目的性质和金额大小两方面加以判断。例如，企业发生的某些支出金额较小，从支出的受益期来看，可能需要在若干会计期间进行分摊，但根据重要性要求，可以一次性计入当期损益。

（七）谨慎性

谨慎性要求企业对交易或者事项进行会计确认、计量和报告应当保持应有的谨慎，不应高估资产或者收益、低估负债或者费用。

在市场经济环境下，企业的生产经营活动面临着许多风险和不确定性，会计信息质量的谨慎性要求，需要企业在面临不确定性因素的情况下作出职业判断时，应当保持应有的谨慎，充分估计到各种风险和损失，既不高估资产或者收益，也不低估负债或者费用。例如，企业对售出商品很可能发生的保修义务确认预计负债、对很可能承担的环保责任确认预计负债等，就体现了会计信息质量的谨慎性要求。

（八）及时性

及时性要求企业对于已经发生的交易或者事项，应当及时进行确认、计量和报告，不得提前或延后。

在会计确认、计量和报告过程中贯彻及时性要求，一是要求及时收集会计信息，即在交易或者事项发生后，及时收集整理各种原始单据或者凭证；二是要求及时处理会计信息，即按照会计准则的规定，及时对交易或者事项进行确认和计量,并编制财务报告;三是要求及时传递会计信息,即按照国家规定的有关时限,及时地将编制的财务报告传递给财务报告使用者,便于其及时使用和决策。

第三节 会计要素和会计等式

一、会计要素及其确认条件

会计要素是根据交易或者事项的经济特征所确定的财务会计对象和基本分类。会计要素按照其性质分为资产、负债、所有者权益、收入、费用和利润,其中,资产、负债和所有者权益要素侧重于反映企业的财务状况,收入、费用和利润要素侧重于反映企业的经营成果。

(一) 资产的定义及其确认条件

1. 资产的定义

资产,是指企业过去的交易或者事项形成的,由企业拥有或者控制的,预期会给企业带来经济利益的资源。

2. 资产的确认条件

将一项资源确认为资产,需要符合资产的定义,还应同时满足以下两个条件:

(1) 与该资源有关的经济利益很可能流入企业

从资产的定义可以看到,能带来经济利益是资产的一个本质特征,但在现实生活中,由于经济环境瞬息万变,与资源有关的经济利益能否流入企业或者能够流入多少实际上带有不确定性。因此,资产的确认还应与经济利益流入的不确定性程度的判断结合起来。如果根据编制财务报表时所取得的证据,判断与资源有关的经济利益很可能流入企业,那么就应当将其作为资产予以确认;反之,不能确认为资产。

(2) 该资源的成本或者价值能够可靠地计量

只有当有关资源的成本或者价值能够可靠地计量时,资产才能予以确认。在实务中,企业取得的许多资产都需要付出成本。例如,企业购买或者生产的商品、企业购置的厂房或者设备等,对于这些资产,只有实际发生的成本或者生产成本能够可靠计量，才符合了资产确认的可计量性条件。

3. 资产的分类和内容

企业资产分为流动资产和非流动资产两大类。其中，流动资产包括货币资金、交易性金融资产、衍生金融资产、应收票据、应收账款、应收款项融资、预付款项、其他应收款、存货、合同资产、持有待售资产、一年内到期的非流动资产、其他流动资产；非流动资产包括债权投资、其他债权投资、长期应收款、长期股权投资、其他权益工具投资、其他非流动金融资产、投资性房地产、固定资产、在建工程、生产性生物资产、油气资产、使用权资产、无形资产、开发支出、商誉、长期待摊费用、递延所得税资产、其他非流动资产。

（二）负债的定义及其确认条件

1. 负债的定义

负债，是指企业过去的交易或者事项形成的，预期会导致经济利益流出企业的现时义务。

2. 负债的确认条件

将一项现时义务确认为负债，需要符合负债的定义，还需要同时满足以下两个条件：

（1）与该义务有关的经济利益很可能流出企业

预期会导致经济利益流出企业是负债的一个本质特征。在实务中，履行义务所需流出的经济利益带有不确定性，尤其是与推定义务相关的经济利益通常需要依赖于大量的估计。因此，负债的确认应当与对经济利益流出的不确定性程度的判断结合起来，如果有确凿证据表明，与现时义务有关的经济利益很可能流出企业，就应当将其作为负债予以确认。

（2）未来流出的经济利益的金额能够可靠地计量

负债的确认在考虑经济利益流出企业的同时，对于未来流出的经济利益的金额应当能够可靠计量。对于与法定义务有关的经济利益流出金额，通常可以根据合同或者法律规定的金额予以确定，对于与推定义务有关的经济利益流出金额，企业应当根据履行相关义务所需支出的最佳估计数等进行估计。

3. 负债的分类和内容

企业负债分为流动负债和非流动负债两大类。其中，流动负债包括短期借款、交易性金融负债、衍生金融负债、应付票据、应付账款、预收款项、合同负债、应付职工薪酬、应交税费、其他应付款、持有待售负债、一年内到期的非流动负债、其他流动负债；非流动负债包括长期借款、应付债券、租赁负债、长期应付款、预计负债、递延收益、递延所得税负债、其他非流动负债。

（三）所有者权益的定义及其确认条件

1. 所有者权益的定义

所有者权益，是指企业资产扣除负债后，由所有者享有的剩余权益。公司的所有者权益又称为股东权益。所有者权益是所有者对企业资产的剩余索取权，它是企业的资产扣除债权人权益后应由所有者享有的部分，既可反映所有者投入资本的保值增值情况，又体现了保护债权人权益的理念。

所有者权益的来源包括所有者投入的资本、其他综合收益、留存收益等，通常由股本（或实收资本）、资本公积（含股本溢价或资本溢价、其他资本公积）、其他综合收益、盈余公积和未分配利润等构成。

所有者投入的资本，是指所有者投入企业的资本部分，它既包括构成企业注册资本或者股本的金额，也包括投入资本超过注册资本或股本部分的金额，即资本溢价或股本溢价，这部分投入资本作为资本公积（资本溢价）反映。

其他综合收益，是指企业根据会计准则规定未在当期损益中确认的各项利得和损失。

留存收益，是指企业从历年实现的利润中提取或形成的留存于企业的内部积累，包括盈余公积和未分配利润。

2. 所有者权益的确认条件

所有者权益体现的是所有者在企业中的剩余权益。因此，所有者权益的确认主要依赖于其他会计要素，尤其是资产和负债的确认；所有者权益金额的确定也主要取决于资产和负债的计量。例如，企业接受投资者投入的资产，在该资产符合资产确认条件时，就相应地符合所有者权益的确认条件；当该资产的价值能够可靠计量时，所有者权益的金额也就可以确定。

(四) 收入的定义及其确认条件

1. 收入的定义

收入,是指企业在日常活动中形成的、会导致所有者权益增加的、与所有者投入资本无关的经济利益的总流入。根据收入的定义,收入具有三方面特征:

(1) 收入是企业在日常活动中形成的

日常活动,是指企业为完成其经营目标所从事的经常性活动,以及与之相关的活动。例如,工业企业制造并销售产品,就属于企业的日常活动。日常活动产生的收入通常包括主营业务收入和其他业务收入,即营业收入。

(2) 收入是与所有者投入资本无关的经济利益的总流入

收入应当会导致经济利益的流入,从而导致资产的增加。例如,企业销售商品,应当收到现金或者有权在未来收到现金,才表明该交易符合收入的定义。但是在实务中,经济利益的流入有时是所有者投入资本的增加导致的,所有者投入资本的增加不应当确认为收入,应当将其直接确认为所有者权益。

(3) 收入会导致所有者权益的增加

与收入相关的经济利益的流入应当会导致所有者权益的增加,不会导致所有者权益增加的经济利益的流入不符合收入的定义,不应确认为收入。

2. 收入的确认条件

当企业与客户之间的合同同时满足下列条件时,企业应当在客户取得相关商品控制权时确认收入:

①合同各方已批准该合同并承诺将履行各自义务。

②该合同明确了合同各方与所转让商品或提供劳务相关的权利和义务。

③该合同有明确的与所转让商品或提供劳务相关的支付条款。

④该合同具有商业实质,即履行该合同将改变企业未来现金流量的风险、时间分布或金额。

⑤企业因向客户转让商品或提供劳务而有权取得的对价很可能收回。

(五) 费用的定义及其确认条件

1. 费用的定义

费用,是指企业在日常活动中发生的、会导致所有者权益减少的、与向所有者分配利润无关的经济利益的总流出。费用具有三方面特征:

(1) 费用是企业在日常活动中形成的

费用必须是企业在日常活动中形成的,这些日常活动的界定与收入定义中涉及的日常活动的界定相一致。日常活动产生的费用通常包括营业成本(主营业务成本和其他业务成本)、税金及附加、销售费用、管理费用、财务费用等。将费用界定为日常活动形成的,目的是为了将其与损失相区分,企业非日常活动形成的经济利益的流出不能确认为费用,而应当计入损失。

(2) 费用是与向所有者分配利润无关的经济利益的总流出

费用的发生应当会导致经济利益的流出,从而导致资产的减少或者负债的增加,其表现形式包括现金或者现金等价物的流出或者存货、固定资产和无形资产等的流出或者消耗等。企业向所有者分配利润也会导致经济利益的流出,而该经济利益的流出属于所有者权益的抵减项目,不应确认为费用,应当将其排除在费用的定义之外。

(3) 费用会导致所有者权益的减少

与费用相关的经济利益的流出应当会导致所有者权益的减少,不会导致所有者权益减少的经济利益的流出不符合费用的定义,不应确认为费用。

2. 费用的确认条件

费用的确认除了应当符合其定义外,还至少应当符合以下条件:
①与费用相关的经济利益应当很可能流出企业。
②经济利益流出企业的结果会导致资产的减少或者负债的增加。
③经济利益的流出额能够可靠计量。

(六) 利润的定义及其确认条件

1. 利润的定义

利润,是指企业在一定会计期间的经营成果。通常情况下,如果企业实现了利润,表明企业的所有者权益将增加;反之,如果企业发生亏损

（即利润为负数），表明企业的所有者权益将减少。因此，利润往往是评价企业管理层业绩的一项重要指标，也是投资者等财务报告使用者进行决策时的重要参考。

2. 利润的来源构成

利润包括收入减去费用后的净额、直接计入当期利润的利得和损失等。收入减去费用后的净额反映的是企业日常活动的业绩。直接计入当期利润的利得和损失，是指应当计入当期损益、最终会引起所有者权益发生增减变动的、与所有者投入资本或者向所有者分配利润无关的利得或者损失。企业应当严格区分收入和利得、费用和损失，以更加全面地反映企业的经营业绩。

3. 利润的确认条件

利润反映的是收入减去费用、利得减去损失后的净额。因此，利润的确认主要依赖于收入和费用以及利得和损失的确认，其金额的确定也主要取决于收入、费用、利得和损失金额的计量。

二、会计要素计量属性

会计计量是为了将符合确认条件的会计要素登记入账并列报于财务报表而确定其金额的过程。会计计量属性主要包括历史成本、重置成本、可变现净值、现值和公允价值等。

（一）历史成本

历史成本，是指取得或制造某项财产物资时所实际支付的现金或者其他等价物，是取得时点的实际成本。在历史成本计量下，资产按照其购置时支付的现金或现金等价物的金额，或者按照购置资产时所付出的对价的公允价值计量。负债按照其因承担现时义务而实际收到的款项或者资产的金额，或者承担现时义务的合同金额，或者按照日常活动中为偿还负债预期需要支付的现金或者现金等价物的金额计量。

（二）重置成本

重置成本又称现行成本，是指按照当前市场条件，重新取得同样一项资产所需支付的现金或现金等价物金额。在重置成本下，资产按照现在购买相同或者相似资产所需支付的现金或者现金等价物的金额计量。

（三）可变现净值

可变现净值，是指在生产经营过程中，以预计售价减去进一步加工成本和销售所必需的预计税金、费用后的净值。在可变现净值计量下，资产按照其正常对外销售所能收到的现金或者现金等价物的金额扣减该资产至完工时估计将要发生的成本、估计的销售费用以及相关税金后的金额计量。

（四）现值

现值，是指对未来现金流量以恰当的折现率进行折现后的价值，是考虑货币时间价值因素等的一种计量属性。在现值计量下，资产按照预计从其持续使用和最终处置中所产生的未来现金流入量的折现金额计量。负债按照预计期限内需要偿还的未来净现金流出量的折现金额计量。

（五）公允价值

公允价值，是指市场参与者在计量日发生的有序交易中，出售一项资产所能收到或者转移一项负债所需支付的价格。

企业在对会计要素进行计量时，一般应当采用历史成本，采用重置成本、可变现净值、现值、公允价值计量的，应当保证所确定的会计要素金额能够取得并可靠计量。

三、会计等式

会计等式，又称会计恒等式、会计方程式或会计平衡公式，是表明会计要素之间基本关系的等式。

企业要进行经济活动，必须拥有一定数量和质量的能给企业带来经济利益的经济资源，即资产。企业的资产最初来源于两个方面：一是由企业所有者投入；二是由企业向债权人借入。所有者和债权人将其拥有的资产提供给企业使用，就相应地对企业的资产享有一种要求权。前者称为所有者权益，后者则称为债权人权益，即负债。

资产表明企业拥有什么经济资源和拥有多少经济资源，负债和所有者权益表明经济资源的来源渠道，即谁提供了这些经济资源。因此，资产和负债、所有者权益三者之间在数量上存在恒等关系，用公式表示为：

$$资产 = 负债 + 所有者权益$$

这一等式反映了企业在某一特定时点资产、负债和所有者权益三者之间的平衡关系。因此，该等式被称为财务状况等式、基本会计等式或静态会计等式，它是复式记账法的理论基础，也是编制资产负债表的依据。

企业进行生产经营活动的目的是为了获取收入，实现盈利。企业在取得收入的同时，必然要发生相应的费用。通过收入与费用的比较，才能确定一定期间的盈利水平，确定实现的利润总额。在不考虑利得和损失的情况下，它们之间的关系用公式表示为：

$$收入 - 费用 = 利润$$

这一等式反映了企业利润的实现过程，称为经营成果等式或动态会计等式。收入、费用和利润之间的上述关系，是编制利润表的依据。

第四节　会计科目、会计账户和借贷记账法

一、会计科目和会计账户

（一）会计科目

会计科目，简称科目，是对会计要素的具体内容进行分类核算的项目。会计科目可按其反映的经济内容、所提供信息的详细程度及其统驭关系分类。

1. 按反映的经济内容分类

会计科目按其反映的经济内容（即所属会计要素）不同可分为资产类科目、负债类科目、共同类科目、所有者权益类科目、成本类科目和损益类科目。

（1）资产类科目

对资产要素的具体内容进行分类核算的项目，按资产的流动性分为反映流动资产的科目和反映非流动资产的科目。

（2）负债类科目

对负债要素的具体内容进行分类核算的项目，按负债的偿还期限分为反映流动负债的科目和反映非流动负债的科目。

（3）共同类科目

既有资产性质又有负债性质的科目，主要有"清算资金往来""外汇

买卖""衍生工具""套期工具""被套期项目"等科目。

（4）所有者权益类科目

对所有者权益要素的具体内容进行分类核算的项目，按所有者权益的形成和性质可分为反映资本的科目和反映留存收益的科目。

（5）成本类科目

对可归属于产品生产成本、劳务成本等的具体内容进行分类核算的项目。按成本的内容和性质的不同可分为反映制造成本的科目、反映劳务成本的科目等。

（6）损益类科目

对收入、费用等的具体内容进行分类核算的项目。

2. 按提供信息的详细程度及其统驭关系分类

会计科目按其提供信息的详细程度及其统驭关系，分为总分类科目和明细分类科目。总分类科目，也称为总账科目或一级科目，是对会计对象的具体内容进行总括分类的科目。例如"原材料"。明细分类科目，也称为明细科目或细目，是对某一总分类科目核算内容所作的进一步详细分类的科目。例如甲材料、乙材料、丙材料等。

当某一总分类科目下属的明细分类科目较多时，可以在总分类科目和明细分类科目之间增设二级科目，也称为子目。二级科目所提供核算指标或会计信息的详略程度介于总分类科目和明细分类科目之间。例如"原材料"总分类科目所属的明细分类科目较多时，可以按材料类别设置"原料及主要材料""辅助材料""燃料"等二级科目。一级科目（总目）、二级科目（子目）、三级科目（细目）共同对会计要素的有关项目提供详细程度不同的核算资料，既可满足企业内部经营管理的需要，也能满足各方面会计信息使用者详略不同的需要。

（二）会计账户

会计账户是根据会计科目设置的，具有一定格式和结构，用于分类核算会计要素增减变动情况及其结果的载体。

会计科目仅仅是对会计要素的具体内容进行分类核算的项目，它不能反映交易或事项的发生所引起的会计要素各项目的增减变动情况和结果。各项核算指标的具体数据资料，只有通过账户记录才能取得。因此，在设置会计科目后，还必须根据会计科目开设相应的账户，以便对交易或事项进行系统、连续的记录，向有关各方提供有用的会计信息。

同会计科目分类相对应，账户可以根据其核算的经济内容、提供信息的详细程度及其统驭关系进行分类。按核算的经济内容，账户分为资产类账户、负债类账户、共同类账户、所有者权益类账户、成本类账户和损益类账户；根据提供信息的详细程度及其统驭关系，账户分为总分类账户和明细分类账户。

账户是用来连续、系统、完整地记录企业经济活动的，因此必须具有一定的结构。由于经济业务发生所引起的各项会计要素的变动，从数量上看不外乎为增加和减少两种情况。因此，账户的结构相应地分为两个基本部分，即左右两方，分别用来记录会计要素的增加和减少。一方登记增加，另一方登记减少。至于账户左右两方的名称，用哪一方登记增加、哪一方登记减少，要取决于所采用的记账方法和各该账户所记录的经济内容。

账户的期初余额、期末余额、本期增加发生额、本期减少发生额统称为账户的四个金额要素。四个金额要素之间的关系如下列公式所示：

期末余额 = 期初余额 + 本期增加发生额 - 本期减少发生额

二、借贷记账法

借贷记账法，是以"借"和"贷"作为记账符号的一种复式记账法。复式记账法，是指对于每一笔经济业务，都必须用相等的金额在两个或两个以上相互联系的账户中进行登记，全面、系统地反映会计要素增减变化的一种记账方法。复式记账法分为借贷记账法、增减记账法、收付记账法等。我国会计准则规定，企业、行政单位和事业单位会计核算采用借贷记账法记账。

（一）借贷记账法的账户结构

借贷记账法下，账户的左方称为借方，右方称为贷方。所有账户的借方和贷方按相反方向记录增加数和减少数，即一方登记增加额，另一方就登记减少额。至于"借"表示增加（或减少），还是"贷"表示增加（或减少），则取决于账户的性质与所记录经济内容的性质。

通常情况下，资产类、成本类和费用类账户的增加记"借"方，减少记"贷"方；负债类、所有者权益类和收入类账户的增加记"贷"方，减少记"借"方。

1. 资产类账户的结构

在借贷记账法下，资产类账户的借方登记增加额；贷方登记减少额；期末余额一般在借方。其余额计算公式为：

期末借方余额 = 期初借方余额 + 本期借方发生额 − 本期贷方发生额

资产类账户结构用 T 型账户表示，如表 1-1 所示。

表 1-1 资产类账户结构

资产类账户

借方		贷方	
期初余额	×××		
本期增加额	×××	本期减少额	×××
	×××		×××
	……		……
本期借方发生额合计	×××	本期贷方发生额合计	×××
期末余额	×××		

2. 负债类和所有者权益类账户的结构

在借贷记账法下，负债类、所有者权益类账户的借方登记减少额；贷方登记增加额；期末余额一般在贷方。其余额计算公式为：

期末贷方余额 = 期初贷方余额 + 本期贷方发生额 − 本期借方发生额

负债类和所有者权益类账户结构用 T 型账户表示，如表 1-2 所示：

表 1-2 负债类和所有者权益类账户结构

负债类和所有者权益类账户

借方		贷方	
		期初余额	×××
本期减少额	×××	本期增加额	×××
	×××		×××
	……		……
本期借方发生额合计	×××	本期贷方发生额合计	×××
		期末余额	×××

3. 损益类账户的结构

损益类账户主要包括收入类账户和费用类账户。

在借贷记账法下,收入类账户的借方登记减少额;贷方登记增加额。本期收入净额在期末转入"本年利润"账户,用以计算当期损益,结转后无余额。收入类账户结构用 T 型账户表示,如表 1-3 所示。

表 1-3 收入类账户结构

收入类账户			
借方			贷方
本期减少额	×××	本期增加额	×××
本期转出额	×××		×××
	……		……
本期借方发生额合计	×××	本期贷方发生额合计	×××

在借贷记账法下,费用类账户的借方登记增加额;贷方登记减少额。本期费用净额在期末转入"本年利润"账户,用以计算当期损益,结转后无余额。费用类账户结构用 T 型账户表示,如表 1-4 所示。

表 1-4 费用类账户结构

费用类账户			
借方			贷方
本期增加额	×××	本期减少额	×××
	×××	本期转出额	×××
	……		……
本期借方发生额合计	×××	本期贷方发生额合计	×××

(二) 借贷记账法的记账规则

记账规则,是指采用某种记账方法登记具体经济业务时应当遵循的规则。如果运用"借""贷"符号表示经济业务所涉及的增减变动情况,可以发现借贷记账法的记账规则为"有借必有贷,借贷必相等"。即任何经济业务的发生总会涉及两个或两个以上的相关账户,一方(或几方)记入借方，另一方（或几方）必须记入贷方，记入借方的金额等于记入贷方的金额。如果涉及多个账户，记入借方账户金额的合计数等于记入贷方账户金额的合计数。

（三）借贷记账法下的账户对应关系与会计分录

账户对应关系，是指采用借贷记账法对每笔交易或事项进行记录时，相关账户之间形成的应借、应贷的相互关系。存在对应关系的账户称为对应账户。

会计分录，简称分录，是对每项经济业务列示出应借、应贷的账户名称（科目）及其金额的一种记录。会计分录由应借应贷方向、相互对应的科目及其金额三个要素构成。在我国，会计分录记载于记账凭证中，按照所涉及账户的多少，会计分录分为简单会计分录和复合会计分录。简单会计分录，是指只涉及一个账户借方和另一个账户贷方的会计分录，即一借一贷的会计分录。复合会计分录，是指由两个以上（不含两个）对应账户组成的会计分录，即一借多贷、多借一贷或多借多贷的会计分录。

第五节　会计凭证、会计账簿和会计核算日常业务

一、会计凭证

（一）会计凭证概述

会计凭证，是指记录经济业务发生或者完成情况的书面证明，是登记账簿的依据，包括纸质会计凭证和电子会计凭证两种形式。每个企业都必须按一定的程序填制和审核会计凭证，根据审核无误的会计凭证进行账簿登记，如实反映企业的经济业务。会计凭证按照填制程序和用途可分为原始凭证和记账凭证。

原始凭证，又称单据，是指在经济业务发生或完成时取得或填制的，用以记录或证明经济业务的发生或完成情况的原始凭据。原始凭证的作用主要是记载经济业务的发生过程和具体内容。常用的原始凭证有现金收据、发货票、增值税专用（或普通）发票、差旅费报销单、产品入库单、领料单等。

记账凭证，又称记账凭单，是指会计人员根据审核无误的原始凭证，按照经济业务的内容加以归类，并据以确定会计分录后填制的会计凭证，作为登记账簿的直接依据。记账凭证的作用主要是确定会计分录，进行账簿登记，反映经济业务的发生或完成情况，监督企业经济活动，明确相关人员的责任。

（二）原始凭证

1. 原始凭证的种类

原始凭证可以按照取得来源、格式、填制的手续和内容进行分类。

（1）按取得来源分类

原始凭证按照取得来源，可分为自制原始凭证和外来原始凭证。

自制原始凭证，是指由本单位有关部门和人员，在执行或完成某项经济业务时填制的原始凭证，如领料单、产品入库单、借款单等。单位内部使用的领料单格式，如表1-5所示。

表1-5 领料单

领料部门：　　　　　　　　　　　　　　　　发料仓库：
用途：　　　　　　　　年　月　日　　　　　编号：

材料编号	材料名称	规格	单位	请领数量	实发数量	备注

制单：　　　　　审核：　　　　　领料人：　　　　　发料人：

外来原始凭证，是指在经济业务发生或完成时，从其他单位或个人直接取得的原始凭证，如购买原材料取得的增值税专用发票、职工出差报销的飞机票、火车票和餐饮费发票等。

（2）按格式分类

原始凭证按照格式的不同，可分为通用凭证和专用凭证：

①通用凭证，是指由有关部门统一印制、在一定范围内使用的具有统一格式和使用方法的原始凭证。通用凭证的使用范围因制作部门的不同而有所差异，可以是分地区、分行业使用，也可以全国通用，如某省（市）印制的在该省（市）通用的发票、收据等；由中国人民银行制作的在全国

通用的银行转账结算凭证、由国家税务总局统一印制的全国通用的增值税专用发票等。

②专用凭证,是指由单位自行印制的原始凭证,如领料单、差旅费报销单、折旧计算表、工资费用分配表等。

(3) 按填制的手续和内容分类

原始凭证按照填制的手续和内容,可分为一次凭证、累计凭证和汇总凭证:

①一次凭证,指一次填制完成,只记录一笔经济业务且仅一次有效的原始凭证,如收据、收料单、发货票、银行结算凭证等。发货票的一般格式,如表1-6所示。

表1-6 发货票

购买单位:
结算方式:　　　　　　　　　　年　月　日　　　　　　　编号:

品名规格	单位	数量	单价	金额

会计:　　　　　　　　　复核:　　　　　　　　　制单:

②累计凭证。指在一定时期内多次记录发生的同类经济业务且多次有效的原始凭证,如限额领料单。累计凭证的特点是在一张凭证内可以连续登记相同性质的经济业务,随时结出累计数和结余数,并按照费用限额进行费用控制,期末按实际发生额记账。限额领料单的一般格式,如表1-7所示。

表1-3 限额领料单

领料部门:　　　　　　　　　　　　　　　　　　　发料仓库:
用途:　　　　　　　　　　　年　月　日　　　　　　编号:

材料编号	材料名称	规格	计量单位	计划单价	领用限额	全月实额	
						数量	金额
领用日期	请领数量	实发数量		领料人签章	发料人签章	限额结余数量	

领料部门负责人:　　　　　仓库负责人:　　　　　供应部门负责人:

③汇总凭证。指对一定时期内反映经济业务内容相同的若干张原始凭证，按照一定标准综合填制的原始凭证。汇总原始凭证合并了同类经济业务，简化了凭证编制和记账工作。发料凭证汇总表是一种常用的汇总凭证，格式如表 1-8 所示。

表 1-8 发料凭证汇总表

年　月

材料＼借方科目	生产成本	制造费用	管理费用	销售费用	合计
合计					

2. 原始凭证的基本内容

原始凭证的格式和内容因经济业务和经营管理的不同而有所差异，但原始凭证应当具备以下基本内容（也称为原始凭证要素）：

①凭证的名称。
②填制凭证的日期。
③填制凭证单位名称和填制人姓名。
④经办人员的签名或者盖章。
⑤接受凭证单位名称。
⑥经济业务内容。
⑦数量、单价和金额。

3. 原始凭证的填制要求

（1）原始凭证填制的基本要求。

①记录真实。原始凭证所填列经济业务的内容和数字，必须真实可靠，符合实际情况。

②内容完整。原始凭证所要求填列的项目必须逐项填列齐全，不得遗漏或省略。原始凭证中的年、月、日要按照填制原始凭证的实际日期填写；名称要齐全，不能简化；品名或用途要填写明确，不能含糊不清；有关人员的签章必须齐全。

③手续完备。单位自制的原始凭证必须有经办单位相关负责人的签名

盖章；对外开出的原始凭证必须加盖本单位公章或者财务专用章；从外部取得的原始凭证，必须盖有填制单位的公章或者财务专用章；从个人取得的原始凭证，必须有填制人员的签名或盖章。

④书写清楚、规范。原始凭证要按规定填写，文字要简明，字迹要清楚，易于辨认，不得使用未经国家语言文字工作委员会公布的简化汉字。大小写金额必须符合填写规范，小写金额用阿拉伯数字逐个书写，不得写连笔字。在金额前要填写人民币符号"￥"（使用外币时填写相应符号），且与阿拉伯数字之间不得留有空白。金额数字一律填写到角、分，无角无分的，写"00"或符号"－"；有角无分的，分位写"0"，不得用符号"－"。大写金额用汉字壹、贰、叁、肆、伍、陆、柒、捌、玖、拾、佰、仟、万、亿、元、角、分、零、整等，一律用正楷或行书字体书写。大写金额前未印有"人民币"字样的，应加写"人民币"三个字且和大写金额之间不得留有空白。大写金额到元或角为止的，后面要写"整"或"正"字；有分的，不写"整"或"正"字，如小写金额为￥1007.00，大写金额应写成"壹仟零柒元整"。

⑤编号连续。各种凭证要连续编号，以便检查。如果凭证已预先印定编号，如发票、支票等重要凭证，在因错作废时，应加盖"作废"戳记，妥善保管，不得撕毁。

⑥不得涂改、刮擦、挖补。原始凭证金额有错误的，应当由出具单位重开，不得在原始凭证上更正。原始凭证有其他错误的，应当由出具单位重开或更正，更正处应当加盖出具单位印章。

⑦填制及时。各种原始凭证一定要及时填写，并按规定的程序及时送交会计机构审核。

（2）自制原始凭证填制的基本要求

①一次凭证。应在经济业务发生或完成时，由相关业务人员一次填制完成。该凭证往往只能反映一项经济业务，或者同时反映若干项同一性质的经济业务。一次凭证有些是自制的原始凭证，如收料单、领料单、工资结算表、制造费用分配表等；有些是外来的原始凭证，如增值税专用发票、税收缴款书、各种银行结算凭证等。

②累计凭证。应在每次经济业务完成后，由相关人员在同一张凭证上重复填制完成。该凭证能在一定时期内不断重复地反映同类经济业务的完成情况。典型的累计凭证是限额领料单。

③汇总凭证。应由相关人员在汇总一定时期内反映同类经济业务的原始凭证后填制完成。该凭证只能将类型相同的经济业务进行汇总，不能汇总两类或两类以上的经济业务。

4. 原始凭证的审核

为了如实反映经济业务的发生和完成情况，充分发挥会计的监督职能，保证会计信息的真实、完整，会计人员必须对原始凭证进行严格审核。审核的内容主要包括：

（1）审核原始凭证的真实性

真实性的审核包括凭证日期是否真实、业务内容是否真实、数据是否真实等。对外来原始凭证，必须有填制单位公章或财务专用章和填制人员签章；对自制原始凭证，必须有经办部门和经办人员的签名或盖章。此外，对通用原始凭证，还应审核凭证本身的真实性，以防做假。

（2）审核原始凭证的合法性、合理性

审核原始凭证所记录经济业务是否符合国家法律法规，是否履行了规定的凭证传递和审核程序；审核原始凭证所记录经济业务是否符合企业经济活动的需要、是否符合有关的计划和预算等。

（3）审核原始凭证的完整性

审核原始凭证各项基本要素是否齐全，是否有漏项情况，日期是否完整，数字是否清晰，文字是否工整，有关人员签章是否齐全，凭证联次是否正确等。

（4）审核原始凭证的正确性

审核原始凭证记载的各项内容是否正确，包括：

①接受原始凭证单位的名称是否正确。

②金额的填写和计算是否正确。阿拉伯数字分位填写，不得连写。小写金额前要标明"￥"字样，中间不能留有空位。大写金额前要加"人民币"字样，大写金额与小写金额要相符。

③更正是否正确。原始凭证记载的各项内容均不得涂改、刮擦和挖补。

（三）记账凭证

1. 记账凭证的种类

记账凭证按照其反映的经济业务的内容来划分，通常可分为收款凭证、付款凭证和转账凭证。

（1）收款凭证

收款凭证，是指用于记录库存现金和银行存款收款业务的记账凭证。收款凭证根据有关库存现金和银行存款收款业务的原始凭证填制，是登记库存现金日记账、银行存款日记账以及有关明细分类账和总分类账等账簿的依据，也是出纳人员收讫款项的依据。

（2）付款凭证

付款凭证，是指用于记录库存现金和银行存款付款业务的记账凭证。付款凭证根据有关库存现金和银行存款支付业务的原始凭证填制，是登记库存现金日记账、银行存款日记账以及有关明细分类账和总分类账等账簿的依据，也是出纳人员支付款项的依据。

（3）转账凭证

转账凭证，是指用于记录不涉及库存现金和银行存款业务的记账凭证。转账凭证根据有关转账业务的原始凭证填制，是登记有关明细分类账和总分类账等账簿的依据。

2. **记账凭证的基本内容**

记账凭证是登记账簿的依据，为了保证账簿记录的正确性，记账凭证必须具备以下基本内容：

①填制凭证的日期。
②凭证编号。
③经济业务摘要。
④应借应贷会计科目。
⑤金额。
⑥所附原始凭证张数。
⑦填制凭证人员、稽核人员、记账人员、会计机构负责人、会计主管人员签名或者盖章。

收款和付款记账凭证还应当由出纳人员签名或者盖章。

3. **记账凭证的填制要求**

（1）记账凭证填制的基本要求

记账凭证的填制除了要做到内容完整、书写清楚和规范外，还必须符合下列要求：

①除结账和更正错账可以不附原始凭证外，其他记账凭证必须附原始凭证。

②记账凭证可以根据每一张原始凭证填制，或根据若干张同类原始凭证汇总填制，也可根据原始凭证汇总表填制，但不得将不同内容和类别的原始凭证汇总填制在一张记账凭证上。

③记账凭证应连续编号。凭证应由主管该项业务的会计人员，按业务发生的顺序并按不同种类的记账凭证采用"字号编号法"连续编号，如银收字1号、现收字2号、现付字1号、银付字2号。如果一笔经济业务需要填制两张以上（含两张）记账凭证的，可以采用"分数编号法"编号，如转字$4\frac{1}{3}$号、转字$4\frac{2}{3}$号、转字$4\frac{3}{3}$号。为便于监督，反映付款业务的会计凭证不得由出纳人员编号。

④填制记账凭证时若发生错误，应当重新填制。已经登记入账的记账凭证在当年内发现填写错误时，可以用红字填写一张与原内容相同的记账凭证，在摘要栏注明"注销某月某日某号凭证"字样，同时再用蓝字重新填制一张正确的记账凭证，注明"订正某月某日某号凭证"字样。如果会计科目没有错误，只是金额错误，也可以将正确数字与错误数字之间的差额另编一张调整的记账凭证，调增金额用蓝字，调减金额用红字。发现以前年度记账凭证有错误的，应当用蓝字填制一张更正的记账凭证。

⑤记账凭证填制完成后，如有空行，应当自金额栏最后一笔金额数字下的空行处至合计数上的空行处划线注销。

记账凭证格式如表1-9所示。

表1-9　记账凭证

2×21年8月5日　　　　　　　　　　　　　　　　　　　记字第11号

摘要	总账科目	明细科目	√	借方金额 亿 千 百 十 万 千 百 十 元 角 分	√	贷方金额 亿 千 百 十 万 千 百 十 元 角 分	
收回货款	银行存款	甲银行		1 1 3 0 0 0 0			附单据2张
收回货款	应收账款	丙公司				1 1 3 0 0 0 0	
合计				￥1 1 3 0 0 0 0		￥1 1 3 0 0 0 0	

会计主管：　　　　记账：　　　　出纳：　　　　审核：　　　　制单：

（2）收款凭证的填制要求

收款凭证左上角的"借方科目"按收款的性质填写"库存现金"或

"银行存款";日期填写的是填制本凭证的日期;右上角填写填制收款凭证的顺序号;"摘要"填写所记录经济业务的简要说明;"贷方科目"填写与收入"库存现金"或"银行存款"相对应的会计科目;"记账"是指该凭证已登记账簿的标记,防止经济业务重记或漏记;"金额"是指该项经济业务的发生额;该凭证右边"附单据 x 张"是指该记账凭证所附原始凭证的张数;最下边分别由有关人员签章,以明确账证经管责任。

收款凭证格式如表 1 – 10 所示。

表 1 – 10 收款凭证

借方科目:银行存款　　　　　2×21 年 8 月 8 日　　　　　银收字第 3 号

摘要	贷方科目	明细科目	√	金额										附单据3张
				亿	千	百	十	万	千	百	十	元	角	分	
销售甲产品	主营业务收入	甲产品						2	0	0	0	0	0	0	
开具增值税专用发票	应交税费	应交增值税（销项税额）							2	6	0	0	0	0	
合计							¥	2	2	6	0	0	0	0	

会计主管:　　　　记账:　　　　出纳:　　　　审核:　　　　制单:

（3）付款凭证的填制要求

付款凭证是根据审核无误的库存现金和银行存款的付款业务的原始凭证填制的。付款凭证的填制方法与收款凭证基本相同,不同的是在付款凭证的左上角应填列贷方科目,即"库存现金"或"银行存款"科目,"借方科目"栏应填写与"库存现金"或"银行存款"相对应的一级科目和明细科目。

对于涉及"库存现金"和"银行存款"之间的相互划转业务,如将现金存入银行或从银行提取现金,为了避免重复记账,一般只填制付款凭证,不再填制收款凭证。

出纳人员在办理收款或付款业务后,应在原始凭证上加盖"收讫"或"付讫"的戳记,以免重收重付。付款凭证格式如表1-11所示。

表1-11 付款凭证

贷方科目:库存现金　　　　　　2×21年8月15日　　　　　　现付字第7号

摘要	借方科目	明细科目	√	金额										附单据3张
				亿	千	百	十	万	千	百	十	元	角	分	
购入办公用品	管理费用	办公费							5	0	0	0	0		
合计								¥	5	0	0	0	0		

会计主管:　　　　记账:　　　　出纳:　　　　审核:　　　　制单:

(4)转账凭证的填制要求

转账凭证通常是根据有关转账业务的原始凭证填制的。转账凭证中"总账科目"和"明细科目"栏应填写应借、应贷的总账科目和明细科目,借方科目应记金额应在同一行的"借方金额"栏填列,贷方科目应记金额应在同一行的"贷方金额"栏填列,"借方金额"栏合计数与"贷方金额"栏合计数应相等。转账凭证格式如表1-12所示。

表1-12 转账凭证

2×21年8月28日　　　　　　　　　　　　　　　　转字第37号

摘要	总账科目	明细科目	√	借方金额										√	贷方金额										附单据1张
				亿	千	百	十	万	千	百	十	元	角	分		亿	千	百	十	万	千	百	十	元	角	分	
生产车间计提折旧	制造费用	折旧费					1	0	0	0	0	0															
生产车间计提折旧	累计折旧											/							1	0	0	0	0	0			
合计							¥	1	0	0	0	0	0						¥	1	0	0	0	0	0		

会计主管:　　　　记账:　　　　出纳:　　　　审核:　　　　制单:

4. 记账凭证的审核

为了保证会计信息的质量，在记账之前应由有关稽核人员对记账凭证进行严格的审核，审核的内容主要包括：记账凭证是否有原始凭证为依据，所附原始凭证或原始凭证汇总表的内容与记账凭证的内容是否一致；记账凭证各项目的填写是否齐全，如日期、凭证编号、摘要、会计科目、金额、所附原始凭证张数及有关人员签章等；记账凭证的应借、应贷科目以及对应关系是否正确；记账凭证所记录的金额与原始凭证的有关金额是否一致，计算是否正确；记账凭证中的记录是否文字工整、数字清晰，是否按规定进行更正等；出纳人员在办理收款或付款业务后，是否已在原始凭证上加盖"收讫"或"付讫"的戳记。

（四）会计凭证的保管

会计凭证的保管，是指会计凭证记账后的整理、装订、归档和存档工作。会计凭证作为记账的依据，是重要的会计档案和经济资料。任何单位在完成经济业务手续和记账后，必须将会计凭证按规定的立卷归档制度形成会计档案，妥善保管，防止丢失，不得任意销毁，以便日后随时查阅。

二、会计账簿

（一）会计账簿概述

会计账簿，简称账簿，是指由一定格式的账页组成的，以经过审核的会计凭证为依据，全面、系统、连续地记录各项经济业务和会计事项的簿籍。

1. 会计账簿的基本内容

在实际工作中，由于各种会计账簿所记录的经济业务不同，账簿的格式也多种多样，但各种账簿都应具备以下基本内容：

（1）封面

主要用来标明账簿的名称，如总分类账、各种明细分类账、库存现金日记账、银行存款日记账等。

（2）扉页

主要用来列明会计账簿的使用信息，如科目索引、账簿启用和经管人员一览表等。"账簿启用登记和经管人员一览表"格式，如表1-13所示。

表1-13 账簿启用登记和经管人员一览表

账簿名称：_____ 单位名称：_____
账簿编号：_____ 账簿册数：_____
账簿页数：_____ 启用日期：_____
会计主管：_____ 记账人员：_____

移交日期			移交人		接管日期			接管人		会计主管	
年	月	日	签名	签章	年	月	日	签名	签章	签名	签章

（3）账页

是账簿用来记录经济业务的主要载体，包括账户的名称、日期栏、凭证种类和编号栏、摘要栏、金额栏，以及总页次和分户页次等基本内容。

2. 会计账簿的种类

会计账簿可以按照用途、账页格式、外形特征等进行分类。

（1）按用途分类

会计账簿按照用途，可以分为序时账簿、分类账簿和备查账簿。

①序时账簿。又称日记账，是按照经济业务发生时间的先后顺序逐日、逐笔登记的账簿。在我国企业、行政事业单位中，库存现金日记账和银行存款日记账是应用比较广泛的日记账，其格式如表1-14和表1-15所示。

表1-14 库存现金日记账　　　　　第　页

2×21年		记账凭证		对方科目	摘要	收入	支出	结余
月	日	字	号					
4	1				月初余额			1 500
4	2	银付	（略）	银行存款	从银行提现	500		2 000
4	2	现付	（略）	其他应收款	预支差旅费		300	1 700
4	2	现付	（略）	管理费用	购买办公用品		50	1 650

（接下表）

（续上表）

2×21年		记账凭证		对方科目	摘要	收入	支出	结余
月	日	字	号					
4	2	现收	（略）	其他应收款	交回差旅费余额	18		1 668
4	2	现收	（略）	其他业务收入	出售废旧物资	20		1 688
4	2				本日合计	538	350	1 688

表1-15　银行存款日记账　　　　　　　第　　页

2×21年		记账凭证		对方科目	摘要	收入	支出	结余
月	日	字	号					
6	1				期初余额			38 000
6	2	现付	（略）	库存现金	存入销货款	2 500		40 500
6	2	银付	（略）	材料采购	材料采购款		23 000	17 500
6	2	银付	（略）	应交税费	支付进项税额		3 910	13 590
					本日合计	2 500	26 910	13 590
6	3	银收	（略）	应收账款	收回应收款	10 000		23 590
6	4	银付	（略）	应付账款	偿还欠款		5 000	18 590

②分类账簿。是指按照分类账户设置登记的账簿。分类账簿是会计账簿的主体，也是编制财务报表的主要依据。分类账簿按其反映经济业务的详略程度，可分为总分类账簿和明细分类账簿。其中，总分类账簿，简称总账，是根据总分类账户设置的，总括地反映某类经济活动。总分类账簿主要为编制财务报表提供直接数据资料，通常采用三栏式。明细分类账簿，简称明细账，是根据明细分类账户设置的，用来提供明细的核算资料。明细分类账簿可采用的格式主要有三栏式明细账、多栏式明细账、数量金额式明细账等。

③备查账簿。又称辅助登记簿或补充登记簿，是对某些在序时账簿和分类账簿中未能记载或记载不全的经济业务进行补充登记的账簿。例如，反映企业租入固定资产的"租入固定资产登记簿"、反映为其他企业代管商品的"代管商品物资登记簿"等。备查账簿只是对其他账簿记录的一种补充，与其他账簿之间不存在严密的依存和勾稽关系。备查账簿根据企业

的实际需要设置，没有固定的格式要求。

（2）按账页格式分类

会计账簿按照账页格式，主要分为三栏式账簿、多栏式账簿、数量金额式账簿。

①三栏式账簿，是设有借方、贷方和余额三个金额栏目的账簿。各种日记账、总账以及资本、债权、债务明细账都可采用三栏式账簿。三栏式账簿又分为设对方科目和不设对方科目两种。区别是在摘要栏和借方科目栏之间是否有一栏"对方科目"。设有"对方科目"栏的，称为设对方科目的三栏式账簿；不设有"对方科目"栏的，称为不设对方科目的三栏式账簿，其格式与总账的格式基本相同。

②多栏式账簿，是在账簿的两个金额栏目（借方和贷方）按需要分设若干专栏的账簿。这种账簿可以按"借方"和"贷方"分设专栏，也可以只设"借方"或"贷方"专栏，设多少栏则根据需要确定。收入、成本、费用明细账一般采用多栏式账簿。

③数量金额式账簿，是在账簿的借方、贷方和余额三个栏目内，每个栏目再分设数量、单价和金额三小栏，借以反映财产物资的实物数量和价值量的账簿。原材料、库存商品等明细账一般采用数量金额式账簿。

（3）按外形特征分类

会计账簿按照外形特征，可以分为订本式账簿、活页式账簿、卡片式账簿。

①订本式账簿，简称订本账，是在启用前将编有顺序页码的一定数量账页装订成册的账簿。订本账的优点是能避免账页散失和防止抽换账页；缺点是不能准确为各账户预留账页。订本式账簿一般适用于重要的和具有统驭性的总分类账、库存现金日记账和银行存款日记账。

②活页式账簿，简称活页账，是将一定数量的账页置于活页夹内，可根据记账内容的变化随时增加或减少部分账页的账簿。活页式账簿的优点是记账时可以根据实际需要，随时将空白账页装入账簿，或抽去不需要的账页，便于分工记账；缺点是如果管理不善，可能会造成账页散失或故意抽换账页。活页式账簿一般适用于明细分类账。

③卡片式账簿，简称卡片账，是将一定数量的卡片式账页存放于专设的卡片箱中，可以根据需要随时增添账页的账簿。在我国，企业一般只对固定资产的核算采用卡片账形式，也有少数企业在材料核算中使用材料卡片。

（二）会计账簿的启用与登记要求

启用会计账簿时，应当在账簿封面上写明单位名称和账簿名称，并在账簿扉页上附启用表。启用订本式账簿应当从第一页到最后一页顺序编定页数，不得跳页、缺号。使用活页式账簿应当按账户顺序编号，并须定期装订成册，装订后再按实际使用的账页顺序编定页码，另加目录以便于记明每个账户的名称和页次。

为了保证账簿记录的正确性，必须根据审核无误的会计凭证登记会计账簿，并符合有关法律、行政法规和国家统一的会计制度的规定。

①登记会计账簿时，应当将会计凭证日期、编号、业务内容摘要、金额和其他有关资料逐项记入账内。账簿记录中的日期，应该填写记账凭证上的日期；以自制原始凭证（如收料单、领料单等）作为记账依据的，账簿记录中的日期应按有关自制凭证上的日期填列。

②为了保持账簿记录的持久性，防止涂改，登记账簿必须使用蓝黑墨水或碳素墨水书写，不得使用圆珠笔（银行的复写账簿除外）或者铅笔书写。以下情况可以使用红墨水记账：按照红字冲账的记账凭证，冲销错误记录；在不设借贷等栏的多栏式账页中，登记减少数；在三栏式账户的余额栏前，如未印明余额方向的，在余额栏内登记负数余额；根据国家规定可以用红字登记的其他会计记录。除上述情况外，不得使用红色墨水登记账簿。

③会计账簿应当按照连续编号的页码顺序登记。记账时发生错误或者隔页、缺号、跳行的，应在空页、空行处用红色墨水划对角线注销，或者注明"此页空白"或"此行空白"字样，并由记账人员和会计机构负责人（会计主管人员）在更正处签章。

④凡需要结出余额的账户，结出余额后，应当在"借或贷"栏目内注明"借"或"贷"字样，以示余额的方向；对于没有余额的账户，应在"借或贷"栏内写"平"字，并在"余额"栏"元"位处用"0"表示。库存现金日记账和银行存款日记账必须逐日结出余额。

⑤每一账页登记完毕时，应当结出本页发生额合计及余额，在该账页最末一行"摘要"栏注明"转次页"或"过次页"，并将这一金额记入下一页第一行有关金额栏内，在该行"摘要"栏注明"承前页"，以保持账簿记录的连续性，便于对账和结账。

⑥账簿记录发生错误时,不得刮擦、挖补或用褪色药水更改字迹,而应采用规定的方法更正。

(三) 会计账簿的格式与登记方法

1. 日记账的格式与登记方法

日记账,是按照经济业务发生或完成的时间先后顺序逐日逐笔进行登记的账簿。设置日记账的目的,是为了使经济业务的时间顺序清晰地反映在账簿记录中。在我国,大多数企业一般只设库存现金日记账和银行存款日记账。

(1) 库存现金日记账的格式与登记方法

库存现金日记账,是用来核算和监督库存现金日常收、付和结存情况的序时账簿。库存现金日记账的格式主要为三栏式,库存现金日记账必须使用订本账。

三栏式库存现金日记账,是用来登记库存现金的增减变动及其结果的日记账。设有借方、贷方和余额三个金额栏目,一般将其分别称为收入、支出和结余三个基本栏目。三栏式库存现金日记账由出纳人员根据库存现金收款凭证、库存现金付款凭证和银行存款付款凭证,按照库存现金收、付款业务和银行存款付款业务发生时间的先后顺序逐日逐笔登记。

三栏式库存现金日记账的登记方法如下:

①日期栏,是记账凭证的日期,应与库存现金实际收付日期一致。

②凭证栏,是登记入账的收付款凭证的种类和编号,如"库存现金收(付)款凭证",简写为"现收(付)";"银行存款收(付)款凭证",简写为"银收(付)"。凭证栏还应登记凭证的编号数,以便于查账和核对。

③摘要栏,摘要说明登记入账的经济业务的内容。

④对方科目栏,是库存现金收入的来源科目或支出的用途科目,如银行提取现金,其来源科目(即对方科目)为"银行存款"。

⑤收入、支出栏(或借方、贷方),是库存现金实际收付的金额。每日终了,应分别计算库存现金收入和付出的合计数,并结出余额,同时将余额与出纳人员的库存现金核对,如账款不符应查明原因,记录备案。月终同样要计算库存现金收、付和结存的合计数。

(2) 银行存款日记账的格式与登记方法

银行存款日记账,是用来核算和监督银行存款每日的收入、支出和结余情况的账簿。银行存款日记账应按企业在银行开立的账户和币种分别设置，每个银行账户设置一本日记账，由出纳人员根据与银行存款收付业务有关的记账凭证，按时间先后顺序逐日逐笔进行登记。根据银行存款收款凭证和有关的库存现金付款凭证（如现金存入银行的业务）登记银行存款收入栏，根据银行存款付款凭证登记其支出栏，每日结出存款余额。

银行存款日记账的格式与库存现金日记账相同，可以采用三栏式，也可以采用多栏式。多栏式可以将收入和支出的核算在一本账上进行，也可以分设"银行存款收入日记账"和"银行存款支出日记账"两本账。其格式和登记方法与"库存现金收入日记账"和"库存现金支出日记账"基本相同。

银行存款日记账的登记方法与库存现金日记账的登记方法基本相同。

2. 总分类账的格式与登记方法

总分类账是按照总分类账户分类登记以提供总括会计信息的账簿。总分类账最常用的格式为三栏式，设有借方、贷方和余额三个金额栏目，其格式如表1-16所示。

表1-16　总分类账

会计科目：原材料　　　　　　　　　　　　　　　　　　　　　第　　页

2×21 年		凭证号码	摘要	借方	贷方	借或贷	余额
月	日						
4	1		月初余额			借	50 000
4	2	转1	材料验收入库	25 000		借	75 000
4	2	转2	领用材料		30 000	借	45 000

总分类账的登记方法因登记的依据不同而有所不同。经济业务少的小型单位的总分类账，可以根据记账凭证逐笔登记；经济业务多的大中型单位的总分类账，可以根据记账凭证汇总表（又称科目汇总表）或汇总记账凭证等定期登记。

3. 明细分类账的格式与登记方法

明细分类账是根据有关明细分类账户设置并登记的账簿。它能提供交易或事项比较详细、具体的核算资料，以弥补总账所提供核算资料的不足。因此，各单位在设置总账的同时，还应设置必要的明细账。明细分类账一般采用活页式账簿、卡片式账簿。明细分类账一般根据记账凭证和相应的原始凭证进行登记。

根据各种明细分类账所记录经济业务的特点，明细分类账的格式常用的主要有：

(1) 三栏式

三栏式账页是设有借方、贷方和余额三个栏目，用以分类核算各项经济业务，提供详细核算资料的账簿，其格式与三栏式总账格式相同。

(2) 多栏式

多栏式账页将属于同一个总账科目的各个明细科目合并在一张账页上进行登记，即在这种格式账页的借方或贷方金额栏内按照明细项目设若干专栏。这种格式适用于收入、成本、费用类科目的明细核算，其格式如表1-17所示。

表 1-17 制造费用明细分类账

明细科目：一车间　　　　　　　　　　　　　　　　　　　　　　　　　第　页

2×21年		凭证号码	摘要	借方					贷方	余额
月	日			职工薪酬	折旧费	机物料消耗	办公费	水电费		
4	5	(略)	分配工资	3 500						3 500
4	8	(略)	领用材料			500				4 000
4	10	(略)	支付办公费				350			4 350
4	15	(略)	支付水电费					400		4 750
4	30	(略)	计提折旧		2 000					6 750
4	30	(略)	转入生产成本						6 750	0

(3) 数量金额式

数量金额式账页适用于既要进行金额核算又要进行数量核算的账户，如原材料、库存商品等存货账户，其借方（收入）、贷方（发出）和余额（结存）都分别设有数量、单价和金额三个专栏。数量金额式账页提供了企业有关财产物资数量和金额收、发、存的详细资料，有助于加强财产物资的实物管理和使用监督，保证财产物资的安全完整。数量金额式账页的格式，如表1-18所示。

表 1-18 原材料明细分类账

会计科目：原材料　　　　　　　　　　　　　　　　　　　　　　　　第　页
类别：钢材　　　品名及规格：普通圆钢　　　计量单位：千克　　　存放地点：2号库

2×21年		凭证号码	摘要	收入			发出			结存		
月	日			数量	单价	金额	数量	单价	金额	数量	单价	金额
4	1		月初结存							1 000	100	100 000
4	2	(略)	购入	2 000	100	200 000				3 000	100	300 000
4	3	(略)	领用				500	100	50 000	2 500	100	250 000

4. 总分类账与明细分类账的平行登记

平行登记，是指对所发生的每项经济业务都要以会计凭证为依据，一方面记入有关总分类账户，另一方面记入所辖明细分类账户的方法。总分类账户与明细分类账户平行登记的要点如下：

（1）方向相同

在总分类账户及其所辖的明细分类账户中登记同一项经济业务时，方向应当相同。即在总分类账户中记入借方，在其所辖的明细分类账户中也应记入借方；在总分类账户中记入贷方，在其所辖的明细分类账户中也应记入贷方。

（2）期间一致

发生的经济业务，记入总分类账户和所辖明细分类账户的具体时间可以有先后，但应在同一个会计期间记入总分类账户和所辖明细分类账户。

（3）金额相等

记入总分类账户的金额必须与记入其所辖的一个或几个明细分类账户的金额合计数相等。

（四）对账与结账

1. 对账

对账，是对账簿记录所进行的核对，也就是核对账目。对账工作一般在记账之后结账之前，即在月末进行。对账一般分为账证核对、账账核对、账实核对。

（1）账证核对

账证核对是指将账簿记录与会计凭证核对,核对账簿记录与原始凭证、记账凭证的时间、凭证字号、内容、金额等是否一致,记账方向是否相符,做到账证相符。

(2) 账账核对

账账核对的内容主要包括:

①总分类账簿之间的核对。按照"资产=负债+所有者权益"这一会计等式和"有借必有贷、借贷必相等"的记账规则,总分类账簿各账户的期初余额、本期发生额和期末余额之间存在对应的平衡关系,各账户的期末借方余额合计和贷方余额合计也存在平衡关系。通过这种等式和平衡关系,可以检查总账记录是否正确、完整。

②总分类账簿与所辖明细分类账簿之间的核对。总分类账各账户的期末余额应与其所辖各明细分类账的期末余额之和核对相符。

③总分类账簿与序时账簿之间的核对。主要是指库存现金总账和银行存款总账的期末余额,与库存现金日记账和银行存款日记账的期末余额之间的核对。

④明细分类账簿之间的核对。例如,会计机构有关实物资产的明细账与财产物资保管部门或使用部门的明细账定期核对,以检查余额是否相符。核对方法一般是由财产物资保管部门或使用部门定期编制收发结存汇总表报会计机构核对。

(3) 账实核对

账实核对,是指各项财产物资、债权债务等账面余额与实有数额之间的核对。主要包括:

①库存现金日记账账面余额与现金实际库存数逐日核对是否相符。

②银行存款日记账账面余额与银行对账单余额定期核对是否相符。

③各项财产物资明细账账面余额与财产物资实有数额定期核对是否相符。

④有关债权债务明细账账面余额与对方单位债权债务账面记录核对是否相符。

2. 结账

结账是将账簿记录定期结算清楚的会计工作。在一定时期结束时(如月末、季末或年末),为编制财务报表,需要进行结账,具体包括月结、季结和年结。结账的内容通常包括两个方面:一是结清各种损益类账户,据以计算确定本期利润；二是结出各资产、负债和所有者权益账户的本期发生额合计和期末余额。结账的要点主要有：

①对不需按月结计本期发生额的账户，如各项应收、应付款明细账和各项财产物资明细账等，每次记账以后，都要随时结出余额，每月最后一笔余额是月末余额。月末结账时，只需要在最后一笔经济业务记录下面通栏划单红线，不需要再次结计余额。

②库存现金、银行存款日记账和需要按月结计发生额的收入、费用等明细账，每月结账时，要在最后一笔经济业务记录下面通栏划单红线，结出本月发生额和余额，在摘要栏内注明"本月合计"字样，并在下面通栏划单红线。

③对于需要结计本年累计发生额的明细账户，每月结账时，应在"本月合计"行下结出自年初起至本月末止的累计发生额，登记在月份发生额下面，在摘要栏内注明"本年累计"字样，并在下面通栏划单红线。12月末的"本年累计"就是全年累计发生额，全年累计发生额下面通栏划双红线。

④总账账户平时只需结出月末余额。年终结账时，为总括反映全年各项资金运动情况的全貌，核对账目，要将所有总账账户结出全年发生额和年末余额，在摘要栏内注明"本年合计"字样，并在合计数下面通栏划双红线。

⑤年度终了结账时，有余额的账户，应将其余额结转下年，并在摘要栏注明"结转下年"字样；在下一会计年度新建有关账户的第一行余额栏内填写上年结转的余额，并在摘要栏注明"上年结转"字样，使年末有余额账户的余额如实地在账户中加以反映，以免混淆有余额的账户和无余额的账户。

（五）错账更正的方法

在记账过程中，可能由于种种原因会使账簿记录发生错误。账簿记录发生错误，应当采用正确、规范的方法予以更正，不得涂改、挖补、刮擦或者用药水消除字迹，不得重新抄写。错账更正的方法一般有划线更正法、红字更正法和补充登记法三种。

1. 划线更正法

在结账前发现账簿记录有文字或数字错误，而记账凭证没有错误，应当采用划线更正法。更正时，可在错误的文字或数字上划一条红线，在红线的上方填写正确的文字或数字，并由记账人员和会计机构负责人（会计主管人员）在更正处盖章，以明确责任。需要注意的是，对于数字错误更正时不得只划销错误数字，应将全部数字划销，并保持原有数字清晰可辨，以便审查。例如，把"3457"元误记为"8457"元时，应将错误数字"8457"全部用红线划销后，再写上正确的数字"3457"，而不是只删改一个"8"。如记账凭证中的文字或数字发生错误，在尚未过账前，也可用划线更正法更正。

2. 红字更正法

红字更正法，适用于两种情形：

①记账后发现记账凭证中应借、应贷会计科目有错误所引起的记账错误。更正方法是：用红字填写一张与原记账凭证完全相同的记账凭证，在摘要栏内写明"注销某月某日某号凭证"，并据以用红字登记入账，以示注销原记账凭证，然后用蓝字填写一张正确的记账凭证，并据以用蓝字登记入账。

②记账后发现记账凭证和账簿记录中应借、应贷会计科目无误，只是所记金额大于应记金额所引起的记账错误。更正方法是：按多记的金额用红字编制一张与原记账凭证应借、应贷科目完全相同的记账凭证，在摘要栏内写明"冲销某月某日第某号记账凭证多记金额"，以冲销多记的金额，并据以用红字登记入账。

3. 补充登记法

记账后发现记账凭证和账簿记录中应借、应贷会计科目无误，只是所记金额小于应记金额时，应当采用补充登记法。更正方法是：按少记的金额用蓝字填制一张与原记账凭证应借、应贷科目完全相同的记账凭证，在摘要栏内写明"补记某月某日第某号记账凭证少记金额"，以补充少记的金额，并据以用蓝字登记入账。

三、会计核算日常业务

（一）会计核算程序

1. 会计核算程序的概念

会计核算程序是指企业在一定会计期间内，从取得或填制反映经济业务发生的原始凭证起,到编制会计报表为止,全面、连续地进行会计处理所必须经历的各个会计工作步骤。由于企业的上述会计核算业务周而复始地进行,会计核算程序业务总体上也称为会计循环。

2. 会计核算程序的内容

对于日常发生的各项经济业务,要填制和审核会计凭证,按照规定的会计科目对经济业务进行分类核算,并应用复式记账法记入有关账簿;对于生产经营过程中所发生的各项费用,应当进行成本计算;对于账簿记录,要通过财产清查加以核实,在保证账实相符的基础上,根据账簿记录,定期编制会计报表。

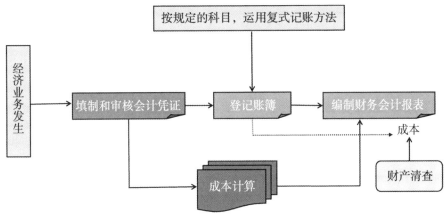

图 1-1 会计核算工作循环

①经济业务发生后,会计部门首先要获取原始凭证,经审核后按照设置的会计账户(科目),运用复式记账方法编制记账凭证。

②依据会计凭证,按照复式记账规则登记账簿(账户)。登记账簿必须以会计凭证为依据,使大量分散的会计凭证归类、加工成完整、系统的数据资料,可以使会计信息更好地满足经营管理的要求。

③根据账簿记录资料对经营过程中的有关业务进行成本计算。通过成本计算,可以核算和监督生产经营过程中所发生的各项费用是否节约或超支,成本计算提供的信息是否是企业成本管理所需要的主要信息。

④为保证账实相符,应运用财产清查方法对账簿记录加以核实。通过财产清查,可以加强会计记录的正确性,保证会计核算资料的正确性,监

督财产的合理使用，挖掘财产物资使用潜力，改进财产管理，确保财产安全完整都具有重要的作用。

⑤在保证账实相符基础上，根据账簿资料定期编制财务会计报表。

（二）账务处理程序

账务处理程序是指对会计数据的记录、归类、汇总、呈报的步骤和方法，即从原始凭证的整理、汇总，记账凭证的填制、汇总，日记账、明细分类账、总分类账的登记，到最后编制会计报表的步骤和方法。

企业常用的账务处理程序，主要有记账凭证账务处理程序、汇总记账凭证账务处理程序和科目汇总表账务处理程序，它们之间的主要区别是登记总分类账的依据和方法不同。

1. 记账凭证账务处理程序

记账凭证账务处理程序，是指对发生的经济业务，先根据原始凭证或汇总原始凭证填制记账凭证，再根据记账凭证登记总分类账的一种账务处理程序。记账凭证账务处理程序，适用于规模较小、经济业务量较少的单位。

记账凭证账务处理程序的一般步骤有：

①根据原始凭证填制汇总原始凭证。

②根据原始凭证或汇总原始凭证，填制收款凭证、付款凭证和转账凭证，也可以填制通用记账凭证。

③根据收款凭证和付款凭证逐笔登记库存现金日记账和银行存款日记账。

④根据原始凭证、汇总原始凭证和记账凭证，登记各种明细分类账。

⑤根据记账凭证逐笔登记总分类账。

⑥期末，将库存现金日记账、银行存款日记账和明细分类账的余额与有关总分类账的余额核对相符。

⑦期末，根据总分类账和明细分类账的记录，编制财务报表。

记账凭证账务处理程序，如图1-2所示。

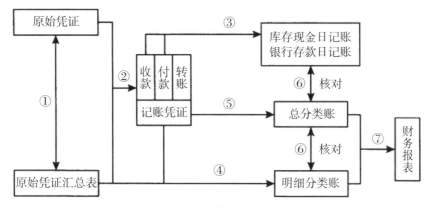

图1-2 记账凭证账务处理程序示意图

记账凭证账务处理程序的主要特点是直接根据记账凭证逐笔登记总分类账。其优点是简单明了，易于理解，总分类账可以反映经济业务的详细情况，缺点是登记总分类账的工作量较大。

2. 汇总记账凭证账务处理程序

汇总记账凭证账务处理程序，是指先根据原始凭证或汇总原始凭证填制记账凭证，定期根据记账凭证分类编制汇总收款凭证、汇总付款凭证和汇总转账凭证，再根据汇总记账凭证登记总分类账的一种账务处理程序。汇总记账凭证，是指对一段时间内同类记账凭证进行定期汇总而编制的记账凭证。汇总记账凭证账务处理程序，适合于规模较大、经济业务较多的单位。

汇总记账凭证账务处理程序的一般步骤有：

①根据原始凭证填制汇总原始凭证。

②根据原始凭证或汇总原始凭证，填制收款凭证、付款凭证和转账凭证，也可以填制通用记账凭证。

③根据收款凭证、付款凭证逐笔登记库存现金日记账和银行存款日记账。

④根据原始凭证、汇总原始凭证和记账凭证，登记各种明细分类账。

⑤根据各种记账凭证编制有关汇总记账凭证。

⑥根据各种汇总记账凭证登记总分类账。

⑦期末，将库存现金日记账、银行存款日记账和明细分类账的余额与

有关总分类账的余额核对相符。

⑧期末,根据总分类账和明细分类账的记录,编制财务报表。

汇总记账凭证账务处理程序,如图1-3所示。

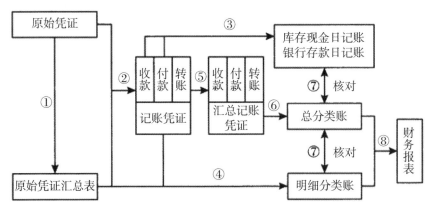

图1-3 汇总记账凭证账务处理程序示意图

汇总记账凭证账务处理程序的主要特点是先根据记账凭证编制汇总记账凭证,再根据汇总记账凭证登记总分类账。其优点是减轻了登记总分类账的工作量,缺点是当转账凭证较多时,编制汇总转账凭证的工作量较大,并且按每一贷方账户编制汇总转账凭证,不利于会计核算的日常分工。

3. 科目汇总表账务处理程序

科目汇总表账务处理程序,又称记账凭证汇总表账务处理程序,是指根据记账凭证定期编制科目汇总表,再根据科目汇总表登记总分类账的一种账务处理程序。科目汇总表,又称记账凭证汇总表,是企业定期对全部记账凭证进行汇总后,按照不同的会计科目分别列示各账户借方发生额和贷方发生额的一种汇总凭证。科目汇总表账务处理程序,适用于经济业务较多的单位。

科目汇总表账务处理程序的一般步骤有:

①根据原始凭证填制汇总原始凭证。

②根据原始凭证或汇总原始凭证填制记账凭证。

③根据收款凭证、付款凭证逐笔登记库存现金日记账和银行存款日记账。

④根据原始凭证、汇总原始凭证和记账凭证，登记各种明细分类账。

⑤根据各种记账凭证编制科目汇总表。

⑥根据科目汇总表登记总分类账。

⑦期末，将库存现金日记账、银行存款日记账和明细分类账的余额同有关总分类账的余额核对相符。

⑧期末，根据总分类账和明细分类账的记录，编制财务报表。

科目汇总表账务处理程序，如图1-4所示。

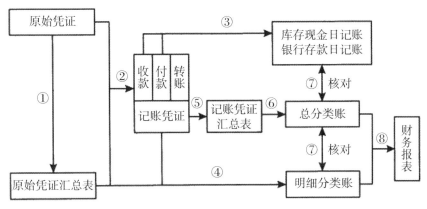

图1-4 科目汇总表账务处理程序示意图

科目汇总表账务处理程序的主要特点是先将所有记账凭证汇总编制成科目汇总表，然后根据科目汇总表登记总分类账。其优点是减轻了登记总分类账的工作量，并且科目汇总表可以起到试算平衡的作用，缺点是科目汇总表不能反映各个账户之间的对应关系，不利于对账目进行检查。

第六节 财产清查、财务报告和会计档案

一、财产清查

财产清查就是通过盘点实物，核对账目来查明各项财产物资和资金的实有数，并查明实有数与账存数是否相符的一种专门方法，是财产物资管理的重要手段。在日常会计核算过程中，为了保证会计信息真实正确，必

须定期或不定期地对各项财产物资、货币资金和往来款项进行清查、盘点和核对。在清查中，如果发现账实不符，应查明原因，并按有关部门和领导的批准作出处理，调整账簿记录，使账存数额同实存数额保持一致，做到账实相符。财产清查对于保证会计核算资料的正确性和监督财产的安全与合理使用等都具有重要的作用。

（一）财产清查的种类

财产清查按照清查范围，分为全面清查和局部清查；按照清查的时间，分为定期清查和不定期清查；按照清查的执行系统，分为内部清查和外部清查。

1. 按照清查范围分类

全面清查，是指对所有的财产进行全面的盘点和核对。需要进行全面清查的情况通常有：

①年终决算前。
②在合并、撤销或改变隶属关系前。
③中外合资、国内合资前。
④股份制改造前。
⑤开展全面的资产评估、清产核资前。
⑥单位主要领导调离工作前等。

局部清查，是指根据需要只对部分财产进行盘点和核对。局部清查的范围和对象，应根据业务需要和相关具体情况而定。一般而言，对于流动性较大的财产物资，如原材料、在产品、产成品，应根据需要随时轮流盘点或重点抽查；对于贵重财产物资，每月都要进行清查盘点；对于库存现金，每日终了，应由出纳人员进行清点核对；对于银行存款，企业至少每月同银行核对一次；对债权、债务，企业应每年至少同债权人、债务人核对一至两次。

2. 按照清查的时间分类

定期清查，是指按照预先计划安排的时间对财产进行的盘点和核对。定期清查一般在年末、季末、月末进行。

不定期清查，是指事前不规定清查日期，而是根据特殊需要临时进行的盘点和核对。

不定期清查主要在以下情况下进行：

①财产物资、库存现金保管人员更换时，要对有关人员保管的财产物资、库存现金进行清查，以分清经济责任，便于办理交接手续。

②发生自然灾害和意外损失时，要对受损失的财产物资进行清查，以查明损失情况。

③上级主管、财政、审计和银行等部门，对本单位进行会计检查，应按检查的要求和范围对财产物资进行清查，以验证会计资料的可靠性。

④开展临时性清产核资时，要对本单位的财产物资进行清查，以便摸清家底。

3. 按照清查的执行系统分类

内部清查，是指由本单位内部自行组织清查工作小组所进行的财产清查工作。大多数财产清查都是内部清查。

外部清查，是指由上级主管部门、审计机关、司法部门、注册会计师等根据国家有关规定或情况需要对本单位进行的财产清查。一般来讲，进行外部清查时应有本单位相关人员参加。

（二）财产清查的一般程序

财产清查既是会计核算的一种专门方法，又是财产物资管理的一项重要制度。企业必须有计划、有组织地进行财产清查。

财产清查的一般程序为：

①建立财产清查组织。

②组织清查人员学习有关政策规定，掌握有关法律、法规和相关业务知识，以提高财产清查工作的质量。

③确定清查对象、范围，明确清查任务。

④制定清查方案，具体安排清查内容、时间、步骤、方法，以及必要的清查前准备。

⑤清查时本着先清查数量、核对有关账簿记录等，后认定质量的原则进行。

⑥填制盘存清单。

⑦根据盘存清单，填制实物、往来账项清查结果报告表。

（三）财产清查的意义

企业的会计工作，都要通过会计凭证的填制和审核，然后及时地在账簿中进行连续登记。应该说，这一过程能保证账簿记录的正确性，也能真实反映企业各项财产的实有数，各项财产的账实应该是一致的。但是，在实际工作中，由于种种原因，账簿记录会发生差错，各项财产的实际结存数也会发生差错，造成账存数与实存数发生差异，企业原因是多方面的，一般有几种情况：

①在财产物资收发过程中，由于计量、检验器具不准确而造成品种、数量或质量上的差错。

②各种财产物资在运输、保管过程中，发生自然损耗。

③在财产物资发生增减变动时，会计人员没有及时填制凭证登记入账或是计算、登记时出现漏记、重记、多记、少记等错账现象。

④由于规章制度不健全，管理不善或工作人员失职造成财产损坏、变质或短缺。

⑤不法分子贪污盗窃，营私舞弊而发生的财产损失。

⑥在结算过程中，由于未达账项等引起的账账、账实不符等。

⑦自然灾害造成的财产损失。

⑧其它原因造成的财产损失或收益。

上述种种原因都会影响账实的一致性。因此，运用财产清查的手段，对各种财产物资进行清查、核对和盘点，具有十分重要的意义。

①通过财产清查可以确定各项财产物资的实际结存数，将账面结存数和实际结存数进行核对，可以揭示各项财产物资的溢缺情况，从而及时地调整账面结存数，保证账簿记录真实、可靠。

②通过财产清查，可以查明企业单位财产、商品、物资是否完整，有无缺损、霉变现象，以便堵塞漏洞，改进和健全各种责任制，切实保证财产的安全和完整。

③通过财产清查可以及时查明各种财产物资的结存和利用情况。如发现企业有限制不用的财产物资应及时加以处理，以充分发挥他们的效能；如发现企业有呆滞积压的财产物资，也应及时加以处理，并分析原因，采取措施，改善经营管理。这样，可以使财产物资得到充分合理地利用，加速资金周转，提高企业的经济效益。

④通过对财产、物资、货币资金及往来款项的清查，可以查明单位有关业务人员是否遵守财经纪律和结算纪律，有无贪污盗窃、挪用公款的情况；查明部门资金使用是否合理，是否符合党和国家的方针政策和法规，

从而使工作人员更加自觉地遵纪守法，自觉维护和遵守财经纪律。

二、财务报告

(一) 财务报告及其目标

财务报告，是指企业定期编制的综合反映企业某一特定日期的财务状况和某一会计期间的经营成果、现金流量等会计信息的文件。财务报告包括财务报表和其他应当在财务报告中披露的相关信息和资料。

财务报告的目标，是向财务报告使用者提供与企业财务状况、经营成果和现金流量等有关的会计信息，反映企业管理层受托责任履行情况，有助于财务报告使用者做出经济决策。财务报告使用者通常包括投资者、债权人、政府及其有关部门、社会公众等。

(二) 财务报表的组成

财务报表又称会计报表。一套完整的财务报表至少应当包括资产负债表、利润表、现金流量表、所有者权益（或股东权益）变动表以及附注。资产负债表反映企业在某一特定日期的财务状况。利润表反映企业在一定会计期间的经营成果。现金流量表反映企业在一定会计期间的现金及现金等价物流入和流出。所有者权益变动表反映构成所有者权益各组成部分当期增减变动情况。

附注是财务报表不可或缺的组成部分，是对财务报表中列示项目的文字描述或明细资料的补充，以及对未能在这些报表中列示项目的说明。

三、会计档案

(一) 会计档案的内容

按照《会计档案管理办法》的规定，企业单位的会计档案包括以下具体内容：

①会计凭证类：原始凭证，记账凭证，汇总凭证，其他会计凭证。

②会计账簿类：总账，明细账，日记账，固定资产卡片，辅助账簿，其他会计账簿。

③财务报告类：月度、季度、年度财务报告，包括会计报表、附表、

附注及文字说明，其他财务报告。

④其他类：银行存款余额调节表，银行对账单，其他应当保存的会计核算专业资料，会计档案移交清册，会计档案保管清册，会计档案销毁清册。

（二）会计档案的归档

各单位每年形成的会计档案，应由会计部门按归档的要求，负责整理立卷，装订成册，加具封面、编号，编制会计档案保管清册。当年形成的会计档案，在会计年度终了后，可暂由本单位部门保管一年。保管期满之后，应由会计部门编制移交清册，移交本单位的档案部门保管；未设立档案部门的，应当在会计部门内部制定专人保管。出纳人员不得兼管会计档案。

（三）会计档案的保管期限

会计档案的保管期限，从会计年度终了后的第一天算起。会计档案的保管期限按其重要程度分为永久和定期两类。其中，定期保管又分为3年、5年、10年、15年、25年。

（四）会计档案的查阅和复制

会计档案归档保管之后，需要调阅会计档案的，应办理档案调阅手续方可调阅，应设置"会计档案调阅登记簿"，详细登记调阅日期、调阅人、调阅理由、归还日期等内容。本单位人员调阅会计档案，需经会计主管人员同意，外单位人员调阅本单位会计档案，要有正式的介绍信，经单位领导批准。对借出的会计档案要及时督促归还。未经批准，调阅人员不得将会计档案携带外出，不得擅自摘录有关数据。遇特殊情况需要影印复制会计档案的，必须经过本单位领导批准，并在"会计档案调阅登记簿"内详细记录会计档案影印复制的情况。

（五）会计档案的销毁

凭证、账簿和会计报表等会计档案超过规定的保管期限予以销毁时，应经过认真的鉴定，填写"会计档案销毁清册（报告单）"，详细列明欲销毁会计档案的类别、名称、册（张）数及所属年月等。然后，由会计主管和单位领导审查签字,报经上级主管部门批准后办理销毁。在销毁时,要由会计主管人员或稽核人员负责监销,并在"会计档案销毁报告单"上签字。"会计档案销毁清册(报告单)"要长期保存。

第七节 企业清算会计

企业由于章程规定的期限到期、经营管理不善等原因可能会引起解散或破产,这样就涉及到企业清算的会计处理。企业清算包括解散清算和破产清算两种情况,其中解散清算的程序主要由《中华人民共和国公司法》(以下简称《公司法》)规定,破产清算的程序则由《中华人民共和国破产法》(以下简称《破产法》)规定。企业清算会计突破了财务会计的基本假定,其会计目标、会计科目、会计报表、计量基础与一般财务会计相比均有很大差异。

一、企业清算的概念

企业清算指企业按章程规定解散以及由于破产或其他原因宣布终止经营后,对企业的财产、债权、债务进行全面清查,并进行收取债权,清偿债务和分配剩余财产的经济活动。

企业清算可以分为下表中的几类:

表1-9 企业清算的分类

分类标准	清算种类	
按原因不同	解散清算	破产清算
按意愿不同	自愿解散	强制解散
按程序不同	普通清算	特别清算

以下重点介绍解散清算和破产清算。

(一) 解散清算

企业解散,是指企业作为经济组织,由于企业章程或法律规定的特定事项发生等原因,不能继续存在而终止其经营活动,并开始处理未了结事务的法律行为。根据我国2006年颁布的《中华人民共和国公司法》的规定，具有下列情形之一的，公司可以解散：

①公司章程规定的营业期限届满或者公司章程规定的其他解散事由出现。

②股东会或者股东大会决议解散。

③因公司合并或者分立需要解散。

④依法被吊销营业执照、责令关闭或者被撤销。

⑤公司经营管理发生严重困难，继续存续会使股东利益受到重大损失，通过其他途径不能解决的，持有公司全部股东表决权10%以上的股东，可以请求人民法院解散公司。

根据《公司法》的规定，同上述①、②、④、⑤项规定解散的，应当进行清算，因企业解散而进行的清算称之为解散清算。企业因合并或者分立需要解散的，无需清算，因为合并（分立）前公司的债权、债务由合并（分立）后的公司承担，所以不必进行收回债权、清偿债务、分配留存收益等。

（二）破产清算

破产是指债务人不能清偿到期债务时，由法院强制执行其全部财产，公平清偿全体债权人的法律制度。《公司法》规定，公司依法宣告破产的，应依照有关企业破产的法律实施破产清算。《破产法》规定，以下几种情况应进行破产清算：

①企业法人不能清偿到期债务，并且资产不足以清偿全部债务或者明显缺乏清偿能力，债务人可以向人民法院提出破产清算申请。

②债务人不能清偿到期债务，债权人可以向人民法院提出对债务人进行破产清算的申请。

③企业法人已解散但未清算或者未清算完毕，资产不足以清偿债务，依法负有清算责任的人应当向人民法院申请破产清算。

二、企业清算程序

（一）解散清算程序

1. 成立清算组

公司应当在解散事由出现之日起15日内成立清算组，开始清算。有限责任公司的清算组由股东组成，股份有限公司的清算组由董事或者股东大会确定的人员组成。逾期不成立清算组进行清算的，债权人可以申请人民法院指定有关人员组成清算组进行清算。人民法院应当受理该申请，并及时组织清算组进行清算。清算组在清算期间行使下列职权：

①清理公司财产，分别编制资产负债表和财产清单。
②通知、公告债权人。
③处理与清算有关的公司未了结的业务。
④清缴所欠税款以及清算过程中产生的税款。
⑤清理债权、债务。
⑥处理公司清偿债务后的剩余财产。
⑦代表公司参与民事诉讼活动。

2. 登记债权

清算组应当自成立之日起 10 日内通知债权人，并于 60 日内在报纸上公告。债权人应当自接到通知书之日起 30 日内，未接到通知书的自公告之日起 45 日内，向清算组申报其债权。债权人申报债权，应当说明债权的有关事项，并提供证明材料。清算组应当对债权进行登记。在申报债权期间，清算组不得对债权人进行清偿。

清算组在登记债权时，应严格区分有财产担保的债权人和无财产担保的债权人。

3. 清理公司财产，编制财产账册

清算组应对公司财产进行全面、彻底的清理，根据清理的结果编制公司的财产清单以及清算开始日的资产负债表。如果清算组在清理公司财产、编制资产负债表和财产清单后，发现公司财产不足清偿债务的，应当依法向人民法院申请宣告破产。这样解散清算就转为了破产清算。

4. 制定清算方案

在上述全面财产清理的基础上，制定清算方案，并报股东会、股东大会或者人民法院确认。

清算方案一般包括：清算的步骤和程序，财产估计方法及其结果，债权回收和财产变卖的具体方案，债务清偿的程序，剩余财产的分配，公司遗留问题的处理等。

5. 执行清算

公司按照如下程序进行清算：

①支付清理费用。
②支付职工的工资、社会保险费用和法定补偿金。
③缴纳所欠税款。
④清偿公司债务。
⑤向股东分配剩余财产，有限责任公司按照股东的出资比例分配，股份有限公司按照股东持有的股份比例分配。

6. 编制清算报告

公司清算结束后，清算组应当制作清算报告，报股东会、股东大会或者人民法院确认。

7. 办理停业手续

清算组将清算报告报送公司登记机关，申请注销公司登记，公告公司终止。

（二）破产清算程序

在提出破产申请后，如人民法院受理了破产清算案件的，应按如下程序进行破产清算：

1. 指定破产事务管理人

管理人由人民法院指定，债权人会议认为管理人不能依法、公正执行职务或者有其他不能胜任职务情形的，可以申请人民法院予以更换。管理人依法向人民法院报告工作，并接受债权人会议和债权人委员会的监督。管理人履行下列职责：

①接管债务人的财产、印章和账簿、文书等资料。
②调查债务人财产状况，制作财产状况报告。
③决定债务人的内部管理事务。
④决定债务人的日常开支和其他必要开支。
⑤在第一次债权人会议召开之前，决定继续或者停止债务人的营业。
⑥管理和处分债务人的财产。
⑦代表债务人参加诉讼、仲裁或者其他法律程序。
⑧提议召开债权人会议。
⑨人民法院认为管理人应当履行的其他职责。

2. 通知债权人申报债权

人民法院受理破产申请后，应当确定债权人申报债权的期限。债权申报期限自人民法院发布受理破产申请公告之日起计算,最短不得少于 30 日,最长不得超过 3 个月。管理人收到债权人申报材料后,应当登记造册,编制债权表。

3. 召开债权人会议

第一次债权人会议由人民法院召集,自债权申报期限届满之日起十五日内召开。以后的债权人会议,在人民法院认为必要时,或者管理人、债权人委员会、占债权总额四分之一以上的债权人向债权人会议主席提议时召开。债权人会议行使下列职权:

①核查债权。
②申请人民法院更换管理人,审查管理人的费用和报酬。
③监督管理人。
④选任和更换债权人委员会成员。
⑤决定继续或者停止债务人的营业。
⑥通过重整计划。
⑦通过和解协议。
⑧通过债务人财产的管理方案。
⑨通过破产财产的变价方案。
⑩通过破产财产的分配方案。
⑪人民法院认为应当由债权人会议行使的其他职权。

4. 确认破产财产

破产申请受理时属于债务人的全部财产,以及破产申请受理后至破产程序终结前债务人取得的财产,破产财产,又叫债务人财产。

5. 确认破产债权

破产债权是指宣告破产前就已成立的对债务人发生的,依法申报确认并从破产财产中获得公平清偿的可强制性执行的财产请求权。包括:

①宣告破产前成立的无财产担保的债权和放弃优先受偿权利的有财产担保的债权。
②宣告破产时未到期的债权,视为已到期债权,但是应该减去至到期日的利息。
③宣告破产前成立的有关财产担保的债权,债权人应享有就该担保物优先受偿的权利。

6. 拨付破产费用

破产费用是指在破产程序中为维护破产债权人的共同利益而从破产财产中支付的费用，包括：

①破产案件的诉讼费用。

②管理、变价和分配债务人财产的费用。

③管理人执行职务的费用、报酬和聘用工作人员的费用。

7. 清偿破产债权

管理人提出债务人财产分配方案，经债权人会议讨论通过，请人民法院裁定后执行。破产财产按以下顺序清偿：

①破产人所欠职工的工资和医疗、伤残补助、抚恤费用，所欠的应当划入职工个人账户的基本养老保险、基本医疗保险费用，以及法律、行政法规规定应当支付给职工的补偿金。

②破产人欠缴的除前项规定以外的社会保险费用和破产人所欠税款。

③普通破产债权。

破产财产不足以清偿同一顺序的清偿要求的，按照比例分配。

8. 清算终结

破产财产清算完毕，由破产管理人向人民法院汇报清算分配工作情况，并申请人民法院裁定破产终结，未得到清偿的债权，不再进行清偿。

9. 注销登记

破产管理人向破产公司的原登记机关申请注销原公司登记。

三、企业清算会计概要

（一）企业清算会计的目标

持续经营企业会计的目标主要是向财务报告的使用者提供企业的财务状况、经营成果、现金流量等信息。对于破产清算企业而言，其清算会计的目标主要是面向债权人，反映债务清偿、清算损益情况；对于解散清算企业而言，其清算会计的目标主要是面向股东和债权人，反映债务清偿、资产变现、产权转让或剩余财产分配等情况。

(二) 企业清算会计的原则

1. 在会计工作的起点和终点方面

破产清算会计在破产企业宣告破产并成立破产清算审计组后开始工作。破产清算会计建账的起点是清算开始日，建账依据是企业破产前的专项审计报告。国有企业破产清算根据财政部印发的《国有企业试行破产有关会计处理问题暂行规定》进行会计处理。

2. 在会计主体方面

持续经营企业转变为清算企业后，虽然会计主体未变，但企业会计工作的组织和领导由企业管理当局变为企业清算管理人（一般为企业清算组）。

3. 在经营的持续性方面

清算企业已处于终止经营状态，所以持续经营假设不再适用于清算会计。清算会计建立在终止经营的基础之上，一次性原则是破产清算会计的重要原则。从清算日开始到清算终结，破产企业经过清算后各会计科目的账面余额最终"清零"，会计工作随着企业的消亡而终止。

4. 在计量属性方面

破产企业在破产期间的资产以破产资产清算净值（即变现价值扣除相关税费）而不是以账面价值计量；负债则以破产债务清偿价值（即按照相关法律规定或合同约定应当偿付的金额）计量，不考虑破产企业的实际清偿能力和折现等因素。为了最大限度保护债权人的利益并兼顾债务人的利益，需要对破产企业的全部财产按可变现净值进行重新计价。对不具备偿债条件的财产应作为费用进行一次性结转。

5. 在会计分期方面

会计分期的原则和方法已不再适用于清算企业。清算企业从清算开始日到清算结束日之间的间隔时间一般较短，少数间隔时间较长。对于清算时间较短的企业，已无必要人为划分时间段落；对于清算时间较长的企业，可根据债权人或股东大会、法律部门的要求定期或不定期编制清算会计报告。

(三) 破产清算会计的主要内容和程序

①接管破产企业的会计资料及相关文书档案，按规定设置新账、结束

旧账。

②对破产企业进行全面财产清查，编制清查后的资产负债表。

③变现破产资产并记录变现价值和变现损益。

④按法定顺序清偿破产债务、分配剩余资产。

⑤编制破产清算会计报表。

（四）企业清算会计科目设置

在清算过程中，企业原来的会计科目依然可以继续使用。为了反映清算业务，可以设置以下几个会计科目：

①"清算费用"科目，核算被清算企业在清算期间发生的各项费用，包括清算人员的酬金、公告费用、咨询费用、诉讼费用和利息支出等。本科目应按发生的费用项目设置明细账。

②"清算损益"科目，核算被清算企业在破产清算期间处置资产、确认债务等发生的损益。

③"土地转让收益"科目，核算被清算企业转让土地使用权取得的收入以及土地使用权转让所得支付的职工安置费等。企业发生的与转让土地使用权有关的成本、税费，如应缴纳的有关税金、支付的土地评估费用等，也在本科目核算。

（五）企业清算会计报表

清算企业的报表一般由三部分组成：

①财产现状类报表，包括清算资产负债表、清算财产表、债权债务清单等。

②变现偿债类报表，用来反映清算过程中清算财产变卖和债务的偿还进度、偿还比例等方面的情况，包括债务清偿表等。一般在清算过程中分阶段或一次编制。

③清算损益类报表，如清算费用表、清算利润表等，一般在清算结束时编制。

第八节 会计政策和会计估计

一、会计政策

会计政策,是指企业在会计确认、计量和报告中所采用的原则、基础和会计处理方法。其中,原则,是指按照企业会计准则规定的、适合企业会计核算的具体会计原则;基础,是指为了将会计原则应用于交易或者事项而采用的基础,包括历史成本、重置成本、可变现净值、现值和公允价值等;会计处理方法,是指企业在会计核算中按照法律、行政法规或者国家统一的会计制度等规定采用或者选择的、适合本企业的具体会计处理方法。会计政策具有以下特点:

第一,会计政策的选择性。会计政策是在允许的会计原则、计量基础和会计处理方法中作出指定或具体选择。由于企业经济业务的复杂性和多样化,某些经济业务在符合会计原则和计量基础的要求下,可以有多种会计处理方法,即存在不止一种可供选择的会计政策。例如,确定发出存货的实际成本时可以在先进先出法、加权平均法或者个别计价法中进行选择。

第二,会计政策应当在会计准则规定的范围内选择。在我国,会计准则和会计制度属于行政规章,会计政策所包括的具体会计原则、计量基础和具体会计处理方法由会计准则或会计制度规定,具有一定的强制性,企业必须在法规所允许的范围内选择适合本企业实际情况的会计政策,即企业在发生某项经济业务时,必须从允许的会计原则、计量基础和会计处理方法中选择出适合本企业特点的会计政策。

第三,会计政策的层次性,会计政策包括会计原则、计量基础和会计处理方法三个层次。例如,《企业会计准则第13号——或有事项》规定的以该义务是企业承担的现时义务、履行该义务很可能导致经济利益流出企业,该义务的金额能够可靠地计量作为预计负债的确认条件就是确认预计负债时要遵循的会计原则;会计基础是为将会计原则体现在会计核算中而采用的计量基础,例如,《企业会计准则第8号——资产减值》中涉及的公允价值就是计量基础;《企业会计准则第15号——建造合同》规定的完工百分比法就是会计处理方法。会计原则、计量基础和会计处理方法三者是一个具有逻辑性的、密不可分的整体,通过这个整体,会计政策才能得以应用和落实。

企业应当披露采用的重要会计政策,不具有重要性的会计政策可以不予披露。判断会计政策是否重要,应当考虑与会计政策相关的项目的性质和金额。企业应当披露的重要会计政策包括但不限于下列各项:

①发出存货成本的计量,是指企业确定发出存货成本所采用的会计处理。例如,企业发出存货成本的计量是采用先进先出法,还是采用其他计量方法。

②长期股权投资的后续计量,是指企业取得长期股权投资后的会计处理。例如,企业对被投资单位的长期股权投资是采用成本法,还是采用权益法核算。

③投资性房地产的后续计量,是指企业在资产负债表日对投资性房地产进行后续计量所采用的计量方法。例如,企业对投资性房地产的后续计量是采用成本模式,还是采用公允价值模式。

④固定资产的初始计量,是指对取得的固定资产初始成本的计量。例如,企业取得的固定资产初始成本是以购买价款,还是以购买价款的现值为基础进行计量。

⑤生物资产的初始计量,是指对取得的生物资产初始成本的计量。例如,企业为取得生物资产而产生的借款费用,是予以资本化,还是计入当期损益。

⑥无形资产的确认,是指对无形项目的支出是否确认为无形资产。例如,企业内部研究开发项目开发阶段的支出是确认为无形资产,还是在发生时计入当期损益。

⑦非货币性资产交换的计量,是指非货币性资产交换事项中对换入资产成本的计量。例如,非货币性资产交换是以换出资产的公允价值作为确定换入资产成本的基础,还是以换出资产的账面价值作为确定换入资产成本的基础。

⑧借款费用的处理,是指借款费用的会计处理方法,即是采用资本化,还是采用费用化。

⑨合并政策,是指编制合并财务报表所采用的原则。例如,母公司与子公司的会计年度不一致的处理原则、合并范围的确定原则等。

二、会计估计

会计估计，是指企业对结果不确定的交易或者事项以最近可利用的信息为基础所做的判断。会计估计具有如下特点：

第一，会计估计的存在是由于经济活动中内在的不确定性因素的影响。在会计核算中，企业总是力求保持会计核算的可靠性，但有些经济业务本身具有不确定性。例如，坏账、固定资产折旧年限、固定资产残余价值、无形资产摊销年限等，因而需要根据经验做出估计。

第二，进行会计估计时，往往以最近可利用的信息或资料为基础，企业在会计核算中，由于经营活动中内在的不确定性，不得不经常进行估计。一些估计的主要目的是为了确定资产或负债的账面价值，例如，坏账准备、担保责任引起的负债；另一些估计的主要目的是确定将在某一期间记录的收益或费用的金额，例如，某一期间的折旧、摊销的金额。企业在进行会计估计时，通常应根据当时的情况和经验，以一定的信息或资料为基础进行。但是，随着时间的推移、环境的变化，进行会计估计的基础可能会发生变化，因此，进行会计估计所依据的信息或者资料不得不经常发生变化。由于最新的信息是最接近目标的信息，以其为基础所做的估计最接近实际，所以进行会计估计时，应以最近可利用的信息或资料为基础。

第三，进行会计估计并不会削弱会计确认和计量的可靠性。企业为了定期、及时地提供有用的会计信息，将延续不断的经营活动人为地划分为一定的期间，并在权责发生制的基础上对企业的财务状况和经营成果进行定期确认和计量。例如，在会计分期的情况下，许多企业的交易跨越若干会计年度，以至于需要在一定程度上作出决定：某一年度发生的开支，哪些可以合理的预期能够产生其他年度以收益形式表示的利益，从而全部或部分向后递延，哪些可以合理地预期在当期能够得到补偿，从而确认为费用。由于会计分期和货币计量的前提，在确认和计量过程中，不得不对许多尚在延续中、其结果尚未确定的交易或事项予以估计入账。

企业应当披露重要的会计估计，不具有重要性的会计估计可以不披露。判断会计估计是否重要，应当考虑与会计估计相关项目的性质和金额。企业应当披露的重要会计估计包括：

①存货可变现净值的确定。
②采用公允价值模式下的投资性房地产公允价值的确定。

③固定资产的预计使用寿命与净残值;固定资产的折旧方法。

④生产性生物资产的预计使用寿命与净残值;各类生产性生物资产的折旧方法。

⑤使用寿命有限的无形资产的预计使用寿命与净残值。

⑥可收回金额按照资产组的公允价值减去处置费用后的净额确定的,确定公允价值减去处置费用后的净额的方法;可收回金额按照资产组预计未来现金流量的现值确定的,预计未来现金流量的确定。

⑦合同完工进度的确定。

⑧权益工具公允价值的确定。

⑨债务人债务重组中转让的非现金资产的公允价值、由债务转成的股份的公允价值和修改其他债务条件后债务的公允价值的确定;债权人债务重组中受让的非现金资产的公允价值、由债权转成的股份的公允价值和修改其他债务条件后债权的公允价值的确定。

⑩预计负债初始计量的最佳估计数的确定。

⑪金融资产公允价值的确定。

⑫承租人对未确认融资费用的分摊;出租人对未实现融资收益的分配。

⑬探明矿区权益、井及相关设施的折耗方法;与油气开采活动相关的辅助设备及设施的折旧方法。

⑭非同一控制下企业合并成本的公允价值的确定。

⑮其他重要的会计估计。

三、会计政策与会计估计的区别

(一) 定义不同

会计政策是企业在会计核算过程中所采用的原则、基础和会计处理方法。而会计估计变更是职业判断,是指由于资产和负债的当前状况及预期未来经济利益和义务发生了变化,从而对资产或负债的账面价值或资产的定期消耗金额进行的重估和调整。

(二) 调整的方法不同

当企业发生会计政策变更时,需要会计期间采用的方法和遵循的政策前后一致，可以采用追溯调整法和未来适用法进行调整。而当企业发生会计估计变更时，只能采用未来适用法处理。

四、会计政策变更与会计估计变更的区分

企业可以采用以下具体方法划分会计政策变更与会计估计变更：分析并判断该事项是否涉及会计确认、计量基础选择或列报项目的变更，当至少涉及上述一项划分基础变更时，该事项是会计政策变更；不涉及上述划分基础变更时，该事项可以判断为会计估计变更。例如，企业在前期按原会计准则规定将购建固定资产相关的一般借款利息计入当期损益，当期根据新的会计准则的规定，将其予以资本化，企业因此将对该事项进行变更，该事项的计量基础未发生变更，即都是以历史成本作为计量基础；该事项的会计确认发生变更，即前期将借款费用确认为一项费用，而当期将其确认为一项资产；同时，会计确认的变更导致该事项在资产负债表和利润表相关项目的列报也发生变更。该事项涉及会计确认和列报的变更，所以属于会计政策变更。又如，企业原采用双倍余额递减法计提固定资产折旧，根据固定资产使用的实际情况，企业决定改用直线法计提固定资产折旧。该事项前后采用的两种计提折旧的方法都是以历史成本作为计量基础，对该事项的会计确认和列报项目也未发生变更，只是固定资产折旧、固定资产净值等相关金额发生了变化。因此，该事项属于会计估计变更。

第九节　企业会计准则与企业会计制度

一、企业会计准则

企业会计准则是会计人员从事会计工作必须遵循的基本原则，是会计核算工作的规范。它是指就经济业务的具体会计处理作出规定，以指导和规范企业的会计核算，保证会计信息的质量。

2006年2月15日，财政部在多年会计改革经验积累的基础上，顺应我国社会主义市场经济发展和经济全球化的需要，发布了企业会计准则体系。这套企业会计准则体系包括《企业会计准则——基本准则》（以下简称《基本准则》）和具体准则及有关应用指南，实现了与国际财务报告准

则的趋同。企业会计准则体系自2007年1月1日起首先在上市公司范围内施行,之后逐步扩大到几乎所有大中型企业。

中国现行企业会计准则体系由1项基本准则、40项具体准则、应用指南和解释组成。

二、企业会计制度

会计制度是对商业交易和财务往来在账簿中进行分类、登录、归总,并进行分析、核实和上报结果的制度,是进行会计工作所应遵循的规则、方法、程序的总称。国家统一的会计制度是指国务院财政部门(即财政部)根据会计法制定的关于会计核算、会计监督、会计机构和会计人员以及会计工作管理的制度。

我国现行的企业会计制度按照企业性质和规模,分为《企业会计制度》《金融企业会计制度》和《小企业会计制度》三个方面,主要内容包括会计制度原则、会计记账方法、会计科目及其使用说明、会计凭证、会计账簿和记账程序、会计报表格式、报送程序和编制说明、会计档案的保管和处理方法、会计制度的修订、补充权限及其他有关规定、成本核算方法等。

三、企业会计准则和企业会计制度的区别

企业会计准则与企业会计制度是我国目前并行的两大会计规范体系。许多会计人员对企业会计准则与企业会计制度的区别及其适用范围并不十分清楚,所以在实际工作中往往无所适从。

(一)两者定义不同

企业会计准则是指公认的企业会计核算原则和规范,是对企业会计对象进行确认、计量、记录和报告所应遵循的基本原则,在国际上通称"公认会计原则"。它是人们在会计工作的长期实践中总结、概括出来的,以保证会计信息的公允性、合法性。在西方,企业会计准则不是由政府制定,而是由民间的会计组织制定,并为大多数人所认可,因此被称为"公认会计原则"。我国的企业会计准则是由财政部制定并发布实施的。企业会计制度是指进行会计核算工作必须遵循的规范和标准,是对会计科目、会计报表做出的具体规定。我国企业会计制度也是由财政部制定并发布实

施的。在西方，通常只有企业会计准则，不存在企业会计制度。

(二) 两者侧重点不同

企业会计准则是以特定的经济业务（交易与事项）或特定的报表项目为对象，侧重于确认与计量，强调会计信息质量的基本要求、会计政策的选择和会计估计的作出等。企业会计制度则更注重会计科目的设置与运用、会计报表的格式及其编制方法。两者比较，准则更抽象一些，它为会计人员的会计核算提供了较大的选择空间，适应市场经济条件下对企业会计处理的基本要求。制度则更具体一些，易于掌握和操作，为广大会计人员所接受。

(三) 两者对会计人员的职业判断能力要求不同

企业会计准则只是提供了一个会计处理的原则性规定，对会计职业判断能力提出了较高要求。企业会计制度对会计核算工作规定得更具体、更详尽，因而缺乏弹性，也并不要求会计人员具有较高的职业判断能力。也正因为如此，我国会计实务工作者目前还需要可操作性更强的"会计制度"这种形式，以便通过"会计制度"明确本单位应当使用哪些会计科目，发生会计业务时应当记入这些科目的借方还是贷方，期末应当如何编制会计报表等。从某种意义上说，会计制度更类似于会计准则的具体操作与指南。

值得说明的是，新企业会计准则的颁布实施，标志着我国企业会计规范又上了一个新的台阶。尽管目前两大会计规范对我国企业会计核算工作都具有指导、约束作用，但随着与国际准则趋同、涵盖企业各项经济业务、可独立实施的新企业会计准则的逐步推行，企业会计准则的作用和地位将逐步被强化，而企业会计制度的作用和地位将逐步被弱化，甚至最终被取消。所以，广大会计工作者应当不断加强对新企业会计准则的学习，以尽快适应新形势下对会计核算能力的要求。

第十节　会计改革与发展

改革开放 40 余年来，我国经济体制由高度集中的计划经济到有计划的商品经济再到社会主义市场经济转换，会计改革也随之稳步推进，现已基本形成与社会主义市场经济体制相适应、与国际会计惯例相协调的会计模式。

一、40年会计改革回顾

40余年来我国会计改革大体经历了4个时期。

（一）1980年代的初步改革调整时期（1983—1992）

《中华人民共和国会计法》（以下简称《会计法》）于1985年颁布，填补了新中国会计专业法规建设的空白。财政部于1985年3月发布《中外合资经营企业会计制度》、1992年5月发布《股份制试点企业会计制度》。这两个制度的实施是我国市场经济体制下企业会计制度全面改革的前奏。这一时期虽然尚未完全冲破计划经济体制下的单一预算会计模式，但会计指导思想完成了由"工具论"向"管理论"的转变。

（二）1990年代的主动改革摸索时期（1993—1998）

1992年财政部发布企业会计准则、企业财务通则以及13个行业会计制度和10个行业财务制度（简称"两则两制"），紧接着陆续公布一系列具体会计准则。这标志着我国企业会计核算模式从传统的计划经济模式向社会主义市场经济模式转换，实现了会计制度与国际会计惯例的初步接轨。1993年颁布《中华人民共和国注册会计师法》（以下简称《注册会计师法》），极大地推动我国注册会计师行业的迅速发展壮大。1994年颁布《审计法》并分3期陆续颁布一系列独立审计准则，标志着我国独立审计准则基本体系的形成。

（三）2000年代的系统改革准备时期（1999—2009）

这一时期对原《会计法》的修订、《企业财务报告条例》的出台，企业会计准则体系的建成，标志着我国会计改革进入攻关的系统准备期。而2008年6月27日财政部等国家五部委联合发布《企业内部控制基本规范》及一系列应用规范，开创了我国企业内部控制体系的新局面。至此，具有中国特色的会计法规体系基本形成：

第一层次是会计法律，由全国人民代表大会及其常务委员会制定发布。现行会计法律有《会计法》和《注册会计师法》两部。《会计法》是调整我国经济生活中会计关系的法律总规范，是指导会计工作的最高准则。《注册会计师法》用来规范注册会计师和会计师事务所的行为。

第二层次是会计行政法规，由国务院制定并发布，或者由国务院有关部门拟订并经国务院批准发布，如《企业财务报告条例》《总会计师条例》等。

第三层次是会计准则和会计制度。国务院财政部门根据一、二两个层次的法规制定的会计准则和关于会计核算、会计监督、会计机构、会计人员以及会计工作管理等制度。

第四层次是会计规范化文件，由国务院财政部门制定并发布，如内控基本规范、管理会计指引、会计专业人才评价、会计机构设置、会计职称考评、对会计资料和会计信息的基本要求、会计市场管理等文件。

（四）2010年后的全面改革突破时期（2010—现在）

进入新时代以来，特别是"十三五"（2016－2020）开始后，会计改革全面展开和深化，会计发展步入快车道，形成了顶层设计、总体规划、明确目标和组织协调的新机制，实现了一系列推陈出新、成果丰硕、意义重大的攻关突破：

一是会计法制建设成效显著。《中华人民共和国会计法》、《中华人民共和国注册会计师法》修订取得实质性进展，《政府会计准则》和《政府会计制度》相继颁布，《会计档案管理办法》等4项部门规章修订印发，《关于加强国家统一的会计制度贯彻实施工作的指导意见》等16项规范性文件相继出台。

二是企业会计标准持续完善。保持与国际财务报告准则持续趋同的总基调，收入、金融工具等11项具体准则修订印发并得到有效实施，建立企业会计准则实施机制以积极回应并解决会计准则实施中的技术问题，为供给侧结构性改革和资本市场的健康发展提供高质量会计信息支持。

2010年4月，财政部发布《企业内部控制基本规范》的应用、评价、审计3个配套指引；2012年11月29日财政部发布《行政事业单位内部控制规范（试行）》，至此，我国内控制度体系的构建基本完成。

2014年10月，财政部发布《关于全面推进管理会计建设的指导意见》；2016年6月发布《管理会计基本指引》；尔后又发布34项应用指

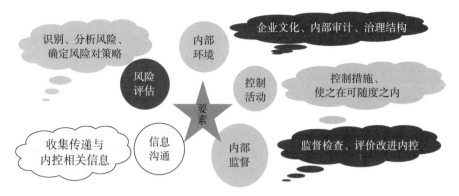

图1-5 企业内部控制五要素

引,涵盖战略管理、预算管理、成本管理、营运管理、投融资管理、绩效管理、风险管理、其他管理等8大领域。至此,我国基本建成与国际惯例接轨、有中国特色的管理会计制度体系。

三是会计职能转型实现突破。着眼于服务各类单位提高内部管理水平和风险防范能力,管理会计基本指引和系列应用指引体系陆续出台,内部控制建设的督导力度日益增强,会计凭证电子化全面推开,会计职能实现从传统的算账、记账、核账、报账向价值管理、资本运营、战略决策辅助等职能持续转型升级。

四是会计人才队伍日益壮大。会计人才培养方式持续创新、职称制度改革深入推进、人员队伍结构进一步优化,重点人才培养工程陆续推出,高端人才培养力度持续加大,为行业改革与发展提供人才保障。

五是会计服务市场更加繁荣。以无纸化、"零跑路"为重点,持续深化会计领域"放管服"改革,积极打造更友好的营商环境。大力倡导质量优先发展,狠抓服务质量整治,会计服务行业监管不断加强,会计审计质量得到有效改善。注册会计师行业和代理记账行业蓬勃发展,会计服务市场活力充分激发。

六是对外交流合作不断深化。全面参与会计国际标准的制定和重要会计国际机构治理,在会计国际规则制定的话语权不断增强。

七是会计信息化步伐突飞猛进。改革开放40余年来,我国会计核算工具大体经历了由算盘、计算器到计算机会计软件再到会计信息化的快速演变,会计信息化的发展则经历了会计电算化、会计信息化(狭义)和会计智能化3个阶段。会计信息化工作全面推进于2009年,"十三五"时期伴随着大数据、人工智能、区块链、移动互联、物联网等新技术的应用得到飞速发展，进入业财融合、智能财务、数字化财务、财务云等为特征、财务管理赋能企业数字化转型阶段。

二、"十四五"会计改革发展展望

2021年3月31日财政部发布了《会计改革与发展"十四五"规划纲要》，对"十四五"时期我国会计改革与发展提出了要求：

会计工作要不断增强政治责任感和使命感，以政治眼光提升工作的高度，立足新发展阶段，贯彻新发展理念，为构建新发展格局服务。

通过披露经济高质量发展中存在的问题，提出完善的整改措施，推动经济高质量发展，加大对经济发展中各类损失浪费的监督力度。应深入了解和正确把握经济高质量发展中的新变化、新趋势，牢固树立会计围绕促进经济高质量发展的职能定位，推动促进经济高质量发展重大政策的贯彻落实。

要从全局性、全瞻性来看待和分析企业存在的各种问题，着力分析经济高质量发展的实施情况，客观揭示经济发展中面临的关键问题和突出矛盾。针对会计过程中发现的经济高质量发展政策措施不落实、不衔接、不

图1-6 国家会计信息化发展体系图

配套等问题，会计应及时提出整改和完善措施。在新的发展阶段，会计要把促进经济高质量发展作为会计工作的最高目标。要从微观领域入手，着力反映经济高质量发展中出现的苗头性、倾向性、普遍性的问题，使会计在促进贯彻落实经济高质量发展目标、推动经济高质量发展中发挥更大的作用。

2021年12月31日财政部发布《会计信息化发展规划（2021—2025年）》，对未来5年会计信息化工作进行了具体规划部署。

"十四五"规划和2035年远景目标纲要是指导我国今后5年及15年国民经济和社会发展的纲领性文件，立足新发展阶段、贯彻新发展理念、构建新发展格局的"三新"主线贯穿全文，鲜明彰显了高质量发展的主题。

构建以国内大循环为主体、国内国际双循环相互促进的新发展格局，是我国高质量发展的客观要求。会计作为服务于国家治理体系和治理能力的基础性工作，着眼于促进国家和企事业单位的发展战略，助推经济高质量发展，推动"十四五"时期各项规划目标的顺利实施，这些都必然成为"十四五"时期会计改革与发展的新要求和新使命。

第二章

一般企业会计报表

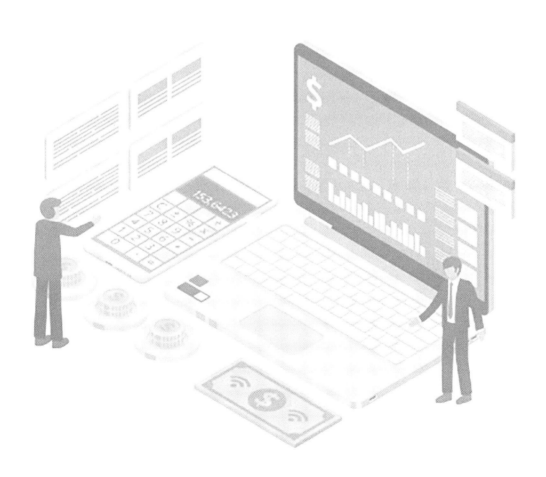

第一节 会计报表概述

一、会计报表的含义

一个企业虽然已经按照一定的会计程序将日常发生的会计事项，全面地、系统地做了会计记录，并将企业在一定时期的财务状况和一定时期内的经营成果登记在企业的账簿中，但是，这些会计数据还是比较分散，不能集中而概括地说明企业经济活动的总面貌。因此，按照会计管理的要求，还需要将这些分散的数据进一步加工整理，使之成为具有内在联系的指标体系，这就需要编制会计报表。企业的会计报表是定期地反映企业财务状况和经营成果的总结性书面文件。它以账簿记录为依据，利用统一的货币计量单位，按照统一规定的格式、内容和编制方法，定期编制。

二、会计报表的作用

（一）有利于企业的投资人和债权人及时掌握企业生产经营情况和财务状况

会计报表上的各项数字，是对企业日常核算资料进行整理后，综合加工出来的各种有用数据。将这些数据有机地联系起来，就可以反映出企业经营和财务状况的全貌。通过会计报表，投资人和债权人就可以了解到企业有多少资金，这些资金来自何处，运用得是否合理；成本和费用是超支还是节约；企业是盈利还是亏损，以及企业的偿债能力如何，等等。同时，会计报表也可以向职工群众提供他们所关心的信息，便于群众监督，有利于调动职工群众的积极性。

（二）有利于企业管理机关加强对企业的领导和监督

企业的主管部门，可以利用会计报表掌握企业的经营情况，检查企业对国家有关法规、方针政策的执行情况。财政税务部门可以利用会计报表检查企业税款计算是否正确，是否及时地、足额地上缴国家。银行部门可以利用会计报表，检查、分析企业贷款的使用情况，以及外币收支管理情况。

（三）有利于加强企业内部经营管理

企业管理人员可以利用会计报表提供的资料，分析、检查企业财务成本计划的完成情况，总结经验，揭露经营管理上的薄弱环节，以便制定改进措施。企业管理人员还可以利用会计报表提供的实际依据，预测未来，为企业决策提供必要的数据。同时，还可以为编制下期计划提供必要的参考资料。

三、会计报表的种类

按《企业会计准则》规定，我国企业会计报表包括一般企业会计报表和银行、保险、证券等行业的会计报表以及小企业会计报表。其中一般企业会计报表最具代表意义。一般企业会计报表包括资产负债表、利润表、现金流量表、所有者权益变动表等4种。

企业会计报表按照不同的方式划分，可分为不同种类。

（一）按照报表所反映的经济内容划分

会计报表所反映的经济内容就是会计对象的具体内容，即会计对象的要素。具体来说就是：资产、负债、所有者权益、收入、费用和利润。其中资产、负债和所有者权益是反映企业财务状况的要素；收入、费用和利润是反映企业经营成果的要素。按照会计对象要素的性质，会计报表可以分为反映企业财务状况的报表和反映企业经营成果的报表。反映财务状况的报表主要有资产负债表、所有者权益变动表等，反映经营成果的报表主要有利润表等。

（二）按照报表的报送对象划分

按照报表的报送对象，可以分为对外报表和对内报表两种。

对外报表，是指专门为投资人、债权人、政府部门、证券交易所等企业外部报表使用者报送的报表。这些报表主要包括资产负债表、利润表、现金流量表、所有者权益变动表等。这类报表的格式、报告内容必须符合有关法律及公认会计原则的要求。

对内报表，是指专门以企业内部职能部门和决策人为报告对象的报表。这类报表的主要目的是为内部经营决策提供资料，主要包括成本报表和有关的附表等，以及企业预算、计划业绩考评等方面的报表。这类报表的种类报告内容、格式等，一般没有统一的规定。

（三）按照报表的主从关系划分

按照会计报表的主从关系，可以分为主表和附表两类。主表，即主要报表，是指反映企业经营活动基本状况的会计报表。如资产负债表、利润表、现金流量表、所有者权益变动表等。附表，即附属报表，是指对主要报表的某些项目进行详细说明的会计报表。

（四）按照报表的时间划分

企业的会计报表，按照编制的时间不同，可以分为月报、季报、年报三类。

月报，是按月编制的会计报表。属于这类报表的有：资产负债表、利润表。

季报，是按季编制的会计报表。属于这类报表的，除上述各表外，还有外商投资企业的外币资金情况和主要产品生产成本、销售收入及销售成本表。

年报，是按年编制的会计报表。属这类报表的除以上月报、季报外，还有现金流量表、所有者权益变动表等。

（五）按照报表的编制单位划分

企业的会计报表，按照编制单位，可以分为基层报表和汇总报表两种。基层报表是由核算的基层企业编制的反映本企业情况的报表。汇总报表是由上级主管部门根据所属企业编制的基层报表，加上本身报表而综合编制的会计报表。汇总报表一般是按上下级的所属关系，逐级进行汇总。对于集团性公司，还将会计报表分为个别报表和合并报表。个别报表是指独立法人公司编制的反映本公司情况的报表。合并报表是指集团性公司将所属独立公司报表与公司本身报表合并编制的报表。

四、会计报表的编制要求

会计报表的编制，按照《企业会计准则》的相关规定，基本要求主要体现在以下七个方面。

（一）以持续经营为基础

企业的会计核算都是以持续经营为前提，会计报表的编制，同样是以持续经营为基础，根据实际发生的交易和事项，按规定进行确认和计量；企业不应以附注披露来代替确认和计量；当以持续经营为基础进行报表编制不合理时，应当采用其他基础进行编报，并据实在附注中予以披露。

（二）以会计原则为基础

编制报表时，现金流量表按照收付实现制原则；其他会计报表则应当按照权责发生制原则。

（三）遵守重要性原则

如果会计报表中某个项目的省略或者错误会影响使用者据以作出经济决策，则该项目具有重要性。重要性应根据企业所处的环境，从项目的性质和金额的大小两个方面予以判断，具体应遵守以下规定：

①对各个项目重要性的判断标准，一旦确定不得随意变更。

②在项目性质重要性的判断上，应考虑该项目的性质是否属于企业的日常活动，对企业的财务状况、经营成果和现金流量等要素是否存在显著的影响。

③在项目金额大小的重要性决断上，应当考虑该项目金额占所有要素总额（包括资产、负债、所有者权益、营业收入、营业成本、综合收益等）的比重或者报表单列项目的比重。

如果一些项目按重要程序不足以在四大报表中单独列示，但其对附注而言却具有重要性，则应在附注中给予单独披露。对于会计准则规定单独列报的项目，也应当单独列报。

④保持各分期一致性原则。会计报表项目的列报应在各个会计分期都保持一致，不得随意变更，除非发生下列两种情况：一是新的会计准则要求改变会计报表的列报项目；二是企业的经营业务性质发生重大变化，会计报表列报项目的变更能够为企业提供更可靠、更具有相关性的会计信息。

⑤金额不得相互抵销。除会计准则另有规定外，会计报表中资产项目

和负债项目的金额，收入项目和费用项目的金额，都不得相互抵销。资产项目中，按扣除减值准备后的净额列示，不属于抵销。对于非日常经营活动产生的损益，以同一交易形成的收入扣减掉费用的净额列示，也不属于抵销。

⑥符合可比性原则。在列报当期会计报表时，应当至少提供列报项目的上一可比会计期间的数据，以便进行前后期的比较。会计报表中的列报项目发生变更，应当对上期的比较数据按当期的列报要求进行调整，并在附注中披露有关调整原因和性质的说明，以及所调整各个项目的金额。

⑦明显披露重要信息。企业的会计报表中，以下重要项目必须在显著位置予以披露：一是编报单位的名称；二是报表编报日或者所涵盖的会计期间；三是金额的单位，在我国境内企业的报表都必须统一使用人民币；四是如果属于合并会计报表，应予以标明。

第二节　会计报表分述

一、资产负债表

资产负债表是反映企业在某一特定日期的基本财务状况的报表，是企业经营活动的静态反映。资产负债表是根据"资产＝负债＋所有者权益"这一平衡公式，依照一定的分类标准和一定的次序，将某一特定日期的资产、负债、所有者权益的具体项目予以适当的排列编制而成。资产负债表主要反映资产、负债和所有者权益三方面的内容。通过资产负债表，可以反映企业在某一特定日期所拥有或控制的经济资源、所承担的现时义务和所有者对净资产的要求权，帮助报表使用者全面了解企业的财务状况、分析企业的偿债能力等情况，从而为其做出经济决策提供依据。

（一）资产负债表的结构

资产负债表一般由表头、表体两部分组成。表头部分应列明报表名称、编制单位名称、资产负债表日、报表编号和计量单位；表体部分是资产负债表的主体，列示了用以说明企业财务状况的各个项目。资产负债表的表体格式一般有两种：报告式资产负债表和账户式资产负债表。报告式资产负债表是上下结构,上半部分列示资产各项目,下半部分列示负债和所有者权益各项目。账户式资产负债表是左右结构,左边列示资产各项目,反映全部资产的分布及存在状态;右边列示负债和所有者权益各项目,反映全部负债和所有者权益的内容及构成情况。不管采取什么格式,资产各项目的合计一定等于负债和所有者权益各项目的合计。

我国企业的资产负债表采用账户式结构,分为左右两方,左方为资产项目,大体按资产的流动性大小排列,流动性大的资产如"货币资金""交易性金融资产"等排在前面,流动性小的资产如"长期股权投资""固定资产"等排在后面。右方为负债及所有者权益项目,一般按要求清偿时间的先后顺序排列,"短期借款""应付票据""应付账款"等需要在一年以内或者长于一年的一个正常营业周期内偿还的流动负债排在前面,"长期借款"等在一年以上才需偿还的非流动负债排在中间,在企业清算之前不需要偿还的所有者权益项目排在后面。

账户式资产负债表中的资产各项目的合计等于负债和所有者权益各项目的合计,即资产负债表左方和右方平衡。通过账户式资产负债表,可以反映资产、负债、所有者权益之间的内在关系,即"资产=负债+所有者权益"。我国一般企业资产负债表格式如表2-1所示。

表 2-1 资产负债表

会企 01 表

编制单位:　　　　　　　　　　　年　　月　　日　　　　　　　　　　单位:元

资产	期末余额	上年年末余额	负债和所有者权益(或股东权益)	期末余额	上年年末余额
流动资产:			流动负债:		
货币资金			短期借款		
交易性金融资产			交易性金融负债		
衍生金融资产			衍生金融负债		
应收票据			应付票据		
应收账款			应付账款		
应收款项融资			预收款项		

(接下表)

（续上表）

资产	期末余额	上年年末余额	负债和所有者权益（或股东权益）	期末余额	上年年末余额
预付款项			合同负债		
其他应收款			应付职工薪酬		
存货			应交税费		
合同资产			其他应付款		
持有待售资产			持有待售负债		
一年内到期的非流动资产			一年内到期的非流动负债		
其他流动资产			其他流动负债		
流动资产合计			流动负债合计		
非流动资产：			非流动负债：		
债权投资			长期借款		
其他债权投资			应付债券		
长期应收款			其中：优先股		
长期股权投资			永续债		
其他权益工具投资			租赁负债		
其他非流动金融资产			长期应付款		
投资性房地产			预计负债		
固定资产			递延收益		
在建工程			递延所得税负债		
生产性生物资产			其他非流动负债		
油气资产			非流动负债合计		
使用权资产			负债合计		

（接下表）

(续上表)

资产	期末余额	上年年末余额	负债和所有者权益（或股东权益）	期末余额	上年年末余额
无形资产			所有者权益（或股东权益）：		
开发支出			实收资本（或股本）		
商誉			其他权益工具		
长期待摊费用			其中：优先股		
递延所得税资产			永续债		
其他非流动资产			资本公积		
非流动资产合计			减：库存股		
			其他综合收益		
			专项储备		
			盈余公积		
			未分配利润		
			所有者权益（或股东权益）合计		
资产总计			负债和所有者权益（或股东权益）总计		

（二）资产负债表的编制方法

资产负债表各项目均需填列"期末余额"和"上年年末余额"两栏。

资产负债表的"上年年末余额"栏内各项数字，应根据上年年末资产负债表的"期末余额"栏内所列数字填列。如果上年度资产负债表规定的各个项目的名称和内容与本年度不相一致，应按照本年度的规定对上年年末资产负债表各项目的名称和数字进行调整，填入本表"上年年末余额"栏内。

资产负债表的"期末余额"栏主要有以下几种填列方法：

1. 根据总账科目余额填列

如"短期借款""资本公积"等项目，根据"短期借款""资本公积"各总账科目的余额直接填列；有些项目则需根据几个总账科目的期末余额计算填列，如"货币资金"项目，需根据"库存现金""银行存款""其他货币资金"三个总账科目的期末余额的合计数填列。

2. 根据明细账科目余额计算填列

如"应付账款"项目，需要根据"应付账款"和"预付账款"两个科目所属的相关明细科目的期末贷方余额计算填列；"预付款项"项目，需要根据"应付账款"科目和"预付账款"科目所属的相关明细科目的期末借方余额减去与"预付账款"有关的坏账准备贷方余额计算填列；"预收款项"项目，需要根据"应收账款"科目和"预收账款"科目所属相关明细科目的期末贷方金额合计填列；"开发支出"项目，需要根据"研发支出"科目所属的"资本化支出"明细科目期末余额计算填列；"应付职工薪酬"项目，需要根据"应付职工薪酬"科目的明细科目期末余额计算填列；"一年内到期的非流动资产""一年内到期的非流动负债"项目，需要根据相关非流动资产和非流动负债项目的明细科目余额计算填列。

3. 根据总账科目和明细账科目余额分析计算填列

如"长期借款"项目，需要根据"长期借款"总账科目余额扣除"长期借款"科目所属的明细科目中将在一年内到期且企业不能自主地将清偿义务展期的长期借款后的金额计算填列；"其他非流动资产"项目，应根据有关科目的期末余额减去将于一年内（含一年）收回数后的金额计算填列；"其他非流动负债"项目，应根据有关科目的期末余额减去将于一年内（含一年）到期偿还数后的金额计算填列。

4. 根据有关科目余额减去其备抵科目余额后的净额填列

如资产负债表中"应收票据""应收账款""长期股权投资""在建工程"等项目，应当根据"应收票据""应收账款""长期股权投资""在建工程"等科目的期末余额减去"坏账准备""长期股权投资减值准备""在建工程减值准备"等备抵科目余额后的净额填列。"投资性房地产"（采用成本模式计量）、"固定资产"项目，应当根据"投资性房地产""固定资产"科目的期末余额，减去"投资性房地产累计折旧""投资性房地产减值准备""累计折旧""固定资产减值准备"等备抵科目的期末余额,以及"固定资产清理"科目期末余额后的净额填列;"无形资产"项目,应当根据"无形资产"科目的期末余额,减去"累计摊销""无形资产减值准备"等备抵科目余额后的净额填列。

5. 综合运用上述填列方法分析填列

如资产负债表中的"存货"项目,需要根据"原材料""库存商品""委托加工物资""周转材料""材料采购""在途物资""发出商品""材料成本差异"等总账科目期末余额的分析汇总数,再减去"存货跌价准备"科目余额后的净额填列。

二、利润表

利润表,是反映企业在一定会计期间的经营成果的报表。

通过利润表,可以反映企业在一定会计期间收入、费用、利润(或亏损)的金额和构成情况,为报表使用者全面了解企业的经营成果、分析企业的获利能力及盈利增长趋势做出经济决策提供依据。

(一)利润表的结构

利润表的结构有单步式和多步式两种。单步式利润表是将当期所有的收入列在一起,所有的费用列在一起,然后将两者相减得出当期净损益。我国企业的利润表采用多步式格式,即通过对当期的收入、费用、支出项目按性质加以归类,按利润形成的主要环节列示一些中间性利润指标,分步计算当期净损益,以便报表使用者理解企业经营成果的不同来源。

利润表一般由表头、表体两部分组成。表头部分应列明报表名称、编制单位名称、编制日期、报表编号和计量单位。表体部分为利润表的主体,列示了形成经营成果的各个项目和计算过程。

为了使报表使用者通过比较不同期间利润的实现情况,判断企业经营成果的未来发展趋势,企业需要提供比较利润表。为此,利润表金额栏分为"本期金额"和"上期金额"两栏分别填列。我国一般企业利润表的格式如表2-2所示。

表 2－2 利润表

编制单位： ___年___月 单位：元

项　　目	本期金额	上期金额
一、营业收入		
减：营业成本		
税金及附加		
销售费用		
管理费用		
研发费用		
财务费用		
其中：利息费用		
利息收入		
加：其他收益		
投资收益（损失以"－"号填列）		
其中：对联营企业和合营企业的投资收益		
以摊余成本计量的金融资产终止确认收益（损失以"－"号填列）		
净敞口套期收益（损失以"－"号填列）		
公允价值变动收益（损失以"－"号填列）		
信用减值损失（损失以"－"号填列）		
资产减值损失（损失以"－"号填列）		
资产处置收益（损失以"－"号填列）		
二、营业利润（亏损以"－"号填列）		
加：营业外收入		
减：营业外支出		
三、利润总额（亏损总额以"－"号填列）		
减：所得税费用		

（接下表）

（续上表）

项　　目	本期金额	上期金额
四、净利润（净亏损以"－"号填列）		
（一）持续经营净利润（净亏损以"－"号填列）		
（二）终止经营净利润（净亏损以"－"号填列）		
五、其他综合收益的税后净额		
（一）不能重分类进损益的其他综合收益		
1. 重新计量设定受益计划变动额		
2. 权益法下不能转损益的其他综合收益		
3. 其他权益工具投资公允价值变动		
4. 企业自身信用风险公允价值变动		
……		
（二）将重分类进损益的其他综合收益		
1. 权益法下可转损益的其他综合收益		
2. 其他债权投资公允价值变动		
3. 金融资产重分类计入其他综合收益的金额		
4. 其他债权投资信用减值准备		
5. 现金流量套期		
6. 外币财务报表折算差额		
……		
六、综合收益总额		
七、每股收益		
（一）基本每股收益		
（二）稀释每股收益		

（二）利润表的编制方法

利润表编制的原理是"收入－费用＝利润"的会计平衡公式和收入与费用的配比原则。企业在生产经营中不断地取得各项收入，同时发生各种费用，收入减去费用剩余部分为企业的盈利。如果企业经营不善，发生的生产经营费用超过取得的收入，超过部分为企业的亏损。将取得的收入和发生的相关费用进行对比，对比结果表现为企业的经营成果。企业将经营成果的核算过程和结果编成报表，即利润表。

我国一般企业利润表的主要编制步骤和内容如下：

第一步，以营业收入为基础，减去营业成本、税金及附加、销售费用、管理费用、研发费用、财务费用，加上其他收益、投资收益（或减去投资损失）、净敞口套期收益（或减去净敞口套期损失）、公允价值变动收益（或减去公允价值变动损失）、资产减值损失、信用减值损失、资产处置收益（或减去资产处置损失），计算出营业利润。

第二步，以营业利润为基础，加上营业外收入，减去营业外支出，计算出利润总额。

第三步，以利润总额为基础，减去所得税费用，计算出净利润（或净亏损）。

第四步，以净利润（或净亏损）为基础，计算出每股收益。

第五步，以净利润（或净亏损）和其他综合收益为基础，计算出综合收益总额。

利润表各项目均需填列"本期金额"和"上期金额"两栏。其中"上期金额"栏内各项数字，应根据上年该期利润表的"本期金额"栏内所列数字填列。"本期金额"栏内各期数字，除"基本每股收益"和"稀释每股收益"项目外，应当按照相关科目的发生额分析填列。如"营业收入"项目，根据"主营业务收入""其他业务收入"科目的发生额分析计算填列；"营业成本"项目，根据"主营业务成本""其他业务成本"科目的发生额分析计算填列。

三、现金流量表

现金流量表是反映企业在一定会计期间现金和现金等价物流入和流出的会计报表。现金流量表（通常也称为主表，其补充资料则称为附注或附表。下文如未注明主表或附表，均指主表）按照收付实现制原则编制，将权责发生制下的盈利信息调整为收付实现制下的现金流量信息，便于信息使用者了解企业净利润的质量。现金流量表被划分为经营活动、投资活动和筹资活动三个部分，每类活动又分为各具体项目，这些项目从不同角度反映企业业务活动的现金流入与流出,弥补了资产负债表和利润表提供信息的不足。通过现金流量表,报表使用者能够了解现金流量的影响因素,评价企业的支付能力、偿债能力和周转能力,预测企业未来现金流量,为其决策提供有力依据。

(一) 现金流量表的结构

在现金流量表中,现金及现金等价物被视为一个整体,企业现金形式的转换不会产生现金的流入和流出。例如,企业从银行提取现金,是企业现金存放形式的转换,并未流出企业,不构成现金流量。同样,现金与现金等价物之间的转换也不属于现金流量,例如,企业用现金购买三个月到期的国库券。根据企业业务活动的性质和现金流量的来源,现金流量表在结构上将企业一定期间产生的现金流量分为三类:经营活动产生的现金流量、投资活动产生的现金流量和筹资活动产生的现金流量。现金流量表的具体格式见表2-3。

表2-3 现金流量表

会企03表

编制单位: ___年___月   单位:元

项　目	本期金额	上期金额
一、经营活动产生的现金流量:		
销售商品、提供劳务收到的现金		
收到的税费返还		
收到其他与经营活动有关的现金		
经营活动现金流入小计		
购买商品、接受劳务支付的现金		
支付给职工以及为职工支付的现金		
支付的各项税费		
支付其他与经营活动有关的现金		
经营活动现金流出小计		
经营活动产生的现金流量净额		

(接下表)

（续上表）

项　　目	本期金额	上期金额
二、投资活动产生的现金流量：		
收回投资收到的现金		
取得投资收益收到的现金		
处置固定资产、无形资产和其他长期资产收回的现金净额		
处置子公司及其他营业单位收到的现金净额		
收到其他与投资活动有关的现金		
投资活动现金流入小计		
购建固定资产、无形资产和其他长期资产支付的现金		
投资支付的现金		
取得子公司及其他营业单位支付的现金净额		
支付其他与投资活动有关的现金		
投资活动现金流出小计		
投资活动产生的现金流量净额		
三、筹资活动产生的现金流量：		
吸收投资收到的现金		
取得借款收到的现金		
收到其他与筹资活动有关的现金		
筹资活动现金流入小计		
偿还债务支付的现金		
分配股利、利润或偿付利息支付的现金		
支付其他与筹资活动有关的现金		
筹资活动现金流出小计		
筹资活动产生的现金流量净额		
四、汇率变动对现金及现金等价物的影响		
五、现金及现金等价物净增加额		
加：期初现金及现金等价物余额		
六、期末现金及现金等价物余额		

(二) 现金流量表的内容

1. 经营活动产生的现金流量

经营活动是指企业投资活动和筹资活动以外的所有交易和事项。各类企业由于行业特点不同，对经营活动的认定存在一定差异。对于工商企业而言，经营活动主要包括销售商品、提供劳务、购买商品、接受劳务、支付职工薪酬、支付税费等。对于商业银行而言，经营活动主要包括吸收存款、发放贷款、同业存放、同业拆借等。对于保险公司而言，经营活动主要包括原保险业务和再保险业务等。对于证券公司而言，经营活动主要包括自营证券、代理承销证券、代理兑付证券、代理买卖证券等。企业实际收到的政府补助，无论是与资产相关还是与收益相关，均在"收到其他与经营活动有关的现金"项目填列。

2. 投资活动产生的现金流量

投资活动是指企业长期资产的购建和不包括在现金等价物范围内的投资及其处置活动。长期资产是指固定资产、无形资产、在建工程、其他资产等持有期限在一年或一个营业周期以上的资产。这里所讲的投资活动，既包括实物资产投资，也包括金融资产投资。这里之所以将"包括在现金等价物范围内的投资"排除在外，是因为已经将包括在现金等价物范围内的投资视同现金。不同企业由于行业特点不同，对投资活动的认定也存在差异。例如，交易性金融资产所产生的现金流量，对于工商企业而言，属于投资活动现金流量，而对于证券公司而言，属于经营活动现金流量。

3. 筹资活动产生的现金流量

筹资活动是指导致企业资本及债务规模和构成发生变化的活动。这里所说的资本，既包括实收资本（股本），也包括资本溢价（股本溢价）；这里所说的债务，指对外举债，包括向银行借款、发行债券以及偿还债务等。通常情况下，应付票据、应付账款等商业应付款等属于经营活动，不属于筹资活动。

此外，对于企业日常活动之外的、不经常发生的特殊项目，如自然灾害损失、保险赔款、捐赠等，应当归并到相关类别中，并单独反映。比如，对于自然灾害损失和保险赔款，如果能够确指属于流动资产损失，应当列入经营活动产生的现金流量；属于固定资产损失，应当列入投资活动产生的现金流量。

企业应当结合行业特点判断相关业务活动产生的现金流量的分类。不同形式现金之间的转换以及现金与现金等价物之间的转换均不产生现金流量。例如，因银行承兑汇票贴现而取得的现金，若银行承兑汇票贴现不符合金融资产终止确认条件，因票据贴现取得的现金在资产负债表中应确认为一项借款，该现金流入在现金流量表中相应分类为筹资活动现金流量；若银行承兑汇票贴现符合金融资产终止确认的条件，相关现金流入则分类为经营活动现金流量；若银行承兑汇票贴现不符合金融资产终止确认条件，后续票据到期偿付等导致应收票据和借款终止确认时，因不涉及现金收付，在编制现金流量表时，不得虚拟现金流量。公司发生以银行承兑汇票背书购买原材料等业务时，比照该原则处理。再如，定期存单的质押与解除质押业务，企业首先应当结合定期存单是否存在限制、是否能够随时支取等因素，判断其是否属于现金及现金等价物。如果定期存单本身不属于现金及现金等价物，其质押或解除质押不会产生现金流量；如果定期存单本身属于现金及现金等价物，被用于质押不再满足现金及现金等价物的定义，以及质押解除后重新符合现金及现金等价物的定义，均会产生现金流量。在后者情况下，对相关现金流量进行分类时，应当根据企业所属行业特点进行判断。如果企业属于金融行业，通过定期存款质押获取短期借款的活动可能属于经营活动，相关现金流量分类为经营活动现金流量；如果企业为一般非金融企业，通过定期存款质押获取短期借款的活动属于筹资活动，相关现金流量应被分类为筹资活动现金流量。

4. 汇率变动对现金及现金等价物的影响

编制现金流量表时，应当将企业外币现金流量以及境外子公司的现金流量折算成记账本位币。外币现金流量以及境外子公司的现金流量，应当采用现金流量发生日的即期汇率或按照系统合理的方法确定的、与现金流量发生日即期汇率近似的汇率折算。汇率变动对现金的影响应当作为调节项目，在现金流量表中单独列报。

汇率变动对现金的影响，指企业外币现金流量及境外子公司的现金流量折算成记账本位币时，所采用的是现金流量发生日的即期汇率或按照系统合理的方法确定的、与现金流量发生日即期汇率近似的汇率，而现金流量表"现金及现金等价物净增加额"项目中外币现金净增加额是按资产负债表日的即期汇率折算的。这两者的差额即为汇率变动对现金的影响。

在编制现金流量表时，对当期发生的外币业务，也可不必逐笔计算汇率变动对现金的影响,可以通过现金流量表补充资料中"现金及现金等价物净增加额"与现金流量表中"经营活动产生的现金流量净额""投资活动产生的现金流量净额""筹资活动产生的现金流量净额"三项之和比较,其差额即为"汇率变动对现金的影响"。

5. 现金流量表补充资料（附表）

除主表反映的信息外,企业还在补充资料（即附表）中将净利润调节为经营活动现金流量、不涉及现金收支的重大投资和筹资活动、现金及现金等价物净变动情况等信息。具体格式见表2-4。

表2-4 现金流量表补充资料

编制单位：　　　　　　　　　　　年　　月　　　　　　　　　单位：元

补充资料	本期金额	上期金额
1. 将净利润调节为经营活动现金流量：		
净利润		
加：资产减值准备		
信用损失准备		
固定资产折旧、油气资产折耗、生产性生物资产折旧		
无形资产摊销		
长期待摊费用摊销		
处置固定资产、无形资产和其他长期资产的损失（收益以"-"号填列）		
固定资产报废损失（收益以"-"号填列）		
净敞口套期损失（收益以"-"号填列）		
公允价值变动损失（收益以"-"号填列）		
财务费用（收益以"-"号填列）		
投资损失（收益以"-"号填列）		
递延所得税资产减少（增加以"-"号填列）		
递延所得税负债增加（减少以"-"号填列）		

（接下表）

（续上表）

补充资料	本期金额	上期金额
存货的减少（增加以"-"号填列）		
经营性应收项目的减少（增加以"-"号填列）		
经营性应付项目的增加（减少以"-"号填列）		
其他		
经营活动产生的现金流量净额		
2. 不涉及现金收支的重大投资和筹资活动：		
债务转为资本		
一年内到期的可转换公司债券		
融资租入固定资产		
3. 现金及现金等价物净变动情况：		
现金的期末余额		
减：现金的期初余额		
加：现金等价物的期末余额		
减：现金等价物的期初余额		
现金及现金等价物净增加额		

（1）将净利润调节为经营活动现金流量

附表采用间接法反映经营活动产生的现金流量。表中需要对四大类项目进行调整：一是实际没有支付现金的费用；二是实际没有收到现金的收益；三是不属于经营活动的损益；四是经营性应收应付项目的增减变动。

（2）不涉及现金收支的重大投资和筹资活动

不涉及现金收支的重大投资和筹资活动，反映企业一定期间内影响资产或负债但不形成该期现金收支的所有投资和筹资活动的信息。这些投资和筹资活动虽然不涉及现金收支，但对以后各期的现金流量有重大影响，例如，企业融资租入设备，将形成的负债记入"长期应付款"账户，当期并不支付设备款及租金，但以后各期必须为此支付现金，从而在一定期间内形成了一项固定的现金支出。

企业应当在附表中披露不涉及当期现金收支，但影响企业财务状况或在未来可能影响企业现金流量的重大投资和筹资活动，主要包括：一是债务转为资本，反映企业本期转为资本的债务金额；二是一年内到期的可转换公司债券，反映企业一年内到期的可转换公司债券的本息；三是融资租入固定资产，反映企业本期融资租入的固定资产。

(3) 现金及现金等价物净变动情况

企业应当在附表中披露与现金及现金等价物有关的下列信息：一是现金及现金等价物的构成及其在资产负债表中的相应金额；二是企业持有但不能由母公司或集团内其他子公司使用的大额现金及现金等价物金额。企业持有现金及现金等价物余额但不能被集团使用的情形多种多样，例如，国外经营的子公司，由于受当地外汇管制或其他立法的限制，其持有的现金及现金等价物，不能由母公司或其他子公司正常使用。

(三) 现金流量表的编制方法

1. 直接法和间接法

编制现金流量表时，列报经营活动现金流量的方法有两种：一是直接法；二是间接法。在直接法下，一般是以利润表中的营业收入为起算点，调节与经营活动相关的项目的增减变动，然后计算出经营活动产生的现金流量。在间接法下，将净利润调节为经营活动现金流量，实际上就是将按权责发生制原则确定的净利润调整为现金净流入，并剔除投资活动和筹资活动对现金流量的影响。

2. 工作底稿法、T型账户法和分析填列法

在具体编制现金流量表时，可以采用工作底稿法或T型账户法，也可以根据有关科目记录分析填列。

(1) 工作底稿法

采用工作底稿法编制现金流量表，是以工作底稿为手段，以资产负债表和利润表数据为基础，对每一项目进行分析并编制调整分录，从而编制现金流量表。工作底稿法的程序是：

第一步，将资产负债表的期初数和期末数过入工作底稿的期初数栏和期末数栏。

第二步，对当期业务进行分析并编制调整分录。编制调整分录时，要以利润表项目为基础，从"营业收入"开始，结合资产负债表项目逐一进行分析。在调整分录中，有关现金和现金等价物的事项，并不直接借记或

贷记现金，而是分别记入"经营活动产生的现金流量""投资活动产生的现金流量""筹资活动产生的现金流量"有关项目，借记表示现金流入，贷记表示现金流出。

第三步，将调整分录过入工作底稿中的相应部分。

第四步，核对调整分录，借方、贷方合计数均已经相等，资产负债表项目期初数加减调整分录中的借贷金额以后，也等于期末数。

第五步，根据工作底稿中的现金流量表项目部分编制正式的现金流量表。

（2）T型账户法

采用T型账户法编制现金流量表，是以T型账户为手段，以资产负债表和利润表数据为基础，对每一项目进行分析并编制调整分录，从而编制现金流量表。T型账户法的程序是：

第一步，为所有的非现金项目（包括资产负债表项目和利润表项目）分别开设T型账户，并将各自的期末期初变动数过入各该账户。如果项目的期末数大于期初数，则将差额过入和项目余额相同的方向；反之，过入相反的方向。

第二步，开设一个大的"现金及现金等价物"T型账户，每边分为经营活动、投资活动和筹资活动三个部分，左边记现金流入，右边记现金流出。与其他账户一样，过入期末期初变动数。

第三步，以利润表项目为基础，结合资产负债表分析每一个非现金项目的增减变动，并据此编制调整分录。

第四步，将调整分录过入各T型账户，并进行核对，该账户借贷相抵后的余额与原先过入的期末期初变动数应当一致。

第五步，根据大的"现金及现金等价物"T型账户编制正式的现金流量表。

（3）分析填列法

分析填列法是直接根据资产负债表、利润表和有关会计科目明细账的记录，分析计算出现金流量表各项目的金额，并据以编制现金流量表的一种方法。

四、所有者权益变动表

所有者权益变动表是指反映构成所有者权益各组成部分当期增减变动

情况的报表。

通过所有者权益变动表,既可以为财务报表使用者提供所有者权益总量增减变动的信息,也能为其提供所有者权益增减变动的结构性信息,特别是能够让财务报表使用者理解所有者权益增减变动的根源。

(一)所有者权益变动表的结构

在所有者权益变动表上,企业至少应当单独列示反映下列信息的项目:一是综合收益总额;二是会计政策变更和差错更正的累积影响金额;三是所有者投入资本和向所有者分配利润等;四是提取的盈余公积;五是实收资本、其他权益工具、资本公积、其他综合收益、专项储备、盈余公积、未分配利润的期初和期末余额及其调节情况。

所有者权益变动表以矩阵的形式列示:一方面,列示导致所有者权益变动的交易或事项,即所有者权益变动的来源,对一定时期所有者权益的变动情况进行全面反映;另一方面,按照所有者权益各组成部分(即实收资本、其他权益工具、资本公积、库存股、其他综合收益、盈余公积、未分配利润)列示交易或事项对所有者权益各部分的影响。

我国一般企业所有者权益变动表的格式如表2-5所示。

(二)所有者权益变动表的编制方法

所有者权益变动表各项目均需填列"本年金额"和"上年金额"两栏。

所有者权益变动表"上年金额"栏内各项数字,应根据上年度所有者权益变动表"本年金额"栏内所列数字填列。上年度所有者权益变动表规定的各个项目的名称和内容同本年度不一致的,应对上年度所有者权益变动表各项目的名称和数字按照本年度的规定进行调整,填入所有者权益变动表的"上年金额"栏内。

所有者权益变动表"本年金额"栏内各项数字一般应根据"实收资本(或股本)""其他权益工具""资本公积""库存股""其他综合收益""专项储备""盈余公积""利润分配""以前年度损益调整"科目的发生额分析填列。

企业的净利润及其分配情况作为所有者权益变动的组成部分,不需要单独编制利润分配表列示。

五、会计报表附注

(一) 附注概述

附注是对资产负债表、利润表、现金流量表和所有者权益变动表等报表中列示项目的文字描述或明细资料,以及对未能在这些报表中列示项目的说明等。附注主要起到两方面的作用:第一,附注的披露,是对资产负债表、利润表、现金流量表和所有者权益变动表列示项目含义的补充说明,以帮助财务报表使用者更准确地把握其含义。例如,通过阅读附注中披露的固定资产折旧政策的说明,使用者可以掌握报告企业与其他企业在固定资产折旧政策上的异同,以便进行更准确地比较。第二,附注提供了对资产负债表、利润表、现金流量表和所有者权益变动表中未列示项目的详细或明细说明。例如,通过阅读附注中披露的存货增减变动情况,财务报表使用者可以了解资产负债表中未单列的存货分类信息。

通过附注与资产负债表、利润表、现金流量表和所有者权益变动表列示项目的相互参照关系,以及对未能在财务报表中列示项目的说明,可以使财务报表使用者全面了解企业的财务状况、经营成果和现金流量以及所有者权益的情况。

(二) 附注的主要内容

附注是财务报表的重要组成部分。根据企业会计准则的规定,企业应当按照如下顺序披露附注的内容:

1. 企业的基本情况

①企业注册地、组织形式和总部地址。
②企业的业务性质和主要经营活动。
③母公司以及集团最终母公司的名称。
④财务报告的批准报出者和财务报告的批准报出日。
⑤营业期限有限的企业,还应当披露有关营业期限的信息。

2. 财务报表的编制基础

财务报表的编制基础是指财务报表是在持续经营基础上还是非持续经营基础上编制的。企业一般是在持续经营基础上编制财务报表,清算、破产属于非持续经营基础。

3. 遵循企业会计准则的声明

企业应当声明编制的财务报表符合企业会计准则的要求，真实、完整地反映了企业的财务状况、经营成果和现金流量等有关信息，以此明确企业编制财务报表所依据的制度基础。

4. 重要会计政策和会计估计

企业应当披露采用的重要会计政策和会计估计，不重要的会计政策和会计估计可以不披露。在披露重要会计政策和会计估计时，企业应当披露重要会计政策的确定依据和财务报表项目的计量基础，以及会计估计中所采用的关键假设和不确定因素。

会计政策的确定依据，主要是指企业在运用会计政策过程中所作的对报表中确认的项目金额最具影响的判断，有助于财务报表使用者理解企业选择和运用会计政策的背景，增加财务报表的可理解性。财务报表项目的计量基础，是指企业计量该项目采用的是历史成本、重置成本、可变现净值、现值还是公允价值，这直接影响财务报表使用者对财务报表的理解和分析。

在确定财务报表中确认的资产和负债的账面价值过程中，企业需要对不确定的未来事项在资产负债表日对这些资产和负债的影响加以估计，如企业预计固定资产未来现金流量采用的折现率和假设。这类假设的变动对这些资产和负债项目金额的确定影响很大，有可能会在下一个会计年度内作出重大调整，因此，强调这一披露要求，有助于提高财务报表的可理解性。

5. 会计政策和会计估计变更以及差错更正的说明

企业应当按照会计政策、会计估计变更和差错更正会计准则的规定，披露会计政策和会计估计变更以及差错更正的有关情况。

6. 报表重要项目的说明

企业对报表重要项目的说明，应当按照资产负债表、利润表、现金流量表、所有者权益变动表及其项目列示的顺序，采用文字和数字描述相结合的方式进行披露。报表重要项目的明细金额合计应当与报表项目金额相衔接，主要包括以下重要项目：

应收款项、存货、长期股权投资、投资性房地产、固定资产、无形资产、职工薪酬、应交税费、短期借款和长期借款、应付债券、长期应付款、营业收入、公允价值变动收益、投资收益、资产减值损失、营业外收入、营业外支出、所得税费用、其他综合收益、政府补助、借款费用。

7. 其他需要说明事项

或有和承诺事项、资产负债表日后非调整事项、关联方关系及其交易等需要说明的事项；有助于财务报表使用者评价企业管理资本的目标、政策及程序的信息。

六、财务情况说明书

财务情况说明书是对企业一定会计期间内生产经营、资金周转、利润实现及分配等情况的综合性分析报告，是财务报告的重要组成部分。它既是阅读报表的前提条件，也是对会计报表内容的若干补充。

编写财务情况说明书一般要做到突出重点、兼顾一般；注重时效、观点明确、抓住关键；客观公正、真实可靠；报告清楚、文字简练。公司应根据实际情况编制财务情况说明书固定格式，因财务情况说明书是一份公文，其应有相对固定的格式，便于公司投资者、债权人和管理者的阅读与理解，更好地为他们提供信息。一份完整财务情况说明书应主要包括以下几方面：

（一）企业生产经营的基本情况

企业主营业务范围和附属其他业务，纳入年度会计决算报表合并范围内企业从事业务的行业分布情况；未纳入合并的应明确说明原因；企业人员、职工数量和专业素质的情况；报表编报口径说明。本年度生产经营情况，包括主要产品的产量、主营业务量、销售量（出口额、进口额）及同比增减量，在所处行业中的地位，如按销售额排列的名次；经营环境变化对企业生产销售（经营）的影响；营业范围的调整情况；新产品、新技术、新工艺开发及投入情况。开发、在建项目的预期进度及工程竣工决算情况。经营中出现的问题与困难，以及需要披露的其他业务情况与事项等。

（二）利润实现、分配及企业盈亏情况

主营业务收入的同比增减额及主要影响因素，包括销售量、销售价格、销售结构变动和新产品销售，以及影响销售量的滞销产品种类、库存数量等。成本费用变动的主要因素，包括原材料费用、能源费用、工资性支出、借款利率调整对利润增减的影响。

（三）资金增减和周转情况

各项资产所占比重，应收账款、其他应收款、存货、长期投资等变化是否正常，增减原因；长期投资占所有者权益的比率及资产损失情况，包括待处理财产损益主要内容及其处理情况,按账龄分析三年以上的应收账款和其他应收款未收回原因及坏账处理办法,长期积压商品物资、不良长期投资等产生的原因及影响。

第三节 怎样快速阅读会计报表

一、概述

本章前几节较为详尽地讲述了企业一般会计报表的体系、功能、编制方法等相关内容。由于日常事务繁忙、工作节奏快,企业高管和非财务人员不易掌握和深究这些较为具体的专业知识。他们迫切希望自己具备快速阅读会计报表的能力,以便掌握企业真实的财务状况,更好地开展工作。本节以立体多维的视角、相对集中的内容、通俗易懂的文字,助力这部分读者解决快速阅读会计报表的问题。

要提高会计报表的阅读速度,一要了解报表的原理、结构、项目含义以及各表之间的逻辑对应关系,通过多读做到熟能生巧;二要视个人岗位角色和阅读目的,在颇为庞杂的内容中总体把握、有所侧重,不追求面面俱到;三是表列数据与实际情况结合、与文字材料结合,全面综合考量,切忌只抠死数字、不顾活情况,"只见树木、不见森林"。

本节内容主要讲述一般企业的一般(个别)会计报表的阅读。上市公司会计报表和集团公司合并会计报表的阅读分析在以后的章节中另作介绍。一般会计报表的阅读是上市公司报表和合并报表阅读的基础和必由之路。与阅读一般企业会计报表比较,阅读上市公司会计报表时还要关注那些与资本市场投资和监管相关的指标和事项;与个别会计报表比较,合并会计报表则增加了一些站在集团公司高度,对被合并单位个别报表数据进行加工处理的内容。

二、各会计报表阅读要领

企业会计"三大报表"的基本功能如图2-1所示。

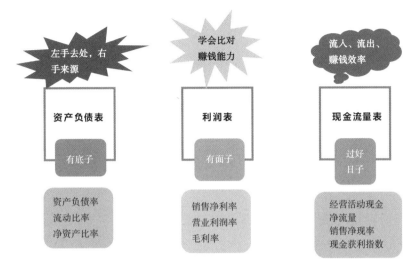

图2-1 企业会计"三大报表"的基本功能
(所有者权益变动表视同资产负债表的补充说明)

(一) 资产负债表

资产负债表反映企业在某一特定时点(一般是月底或年底)的基本财务状况(包括通常所说的资债状况、资产规模等)的会计报表。它主要回答企业"家底有多大""钱从哪里来"和"钱用在哪里"的问题,可以说反映了企业生产经营的"底子"。

资产负债表左边反映企业的资产及其结构,右边反映企业资产从哪里来。资产负债表的基本公式是

$$资产 = 负债 + 所有者权益(净资产)$$

公司资产的来源主要分两部分,一部分系举债获得,叫负债;另一部分是股东大伙凑的,叫所有者权益。资产负债表最基本、最重要的指标是资产负债率,即负债占资产的比重。该指标太高说明可能偿债风险大,太低则表明企业可能存在不善于利用财务杠杆"借钱赚钱"的情况。资产负债率如果超过100%,就是我们常说的出现了"负资产"或"资不抵债"的状况。流动比率(流动资产/流动负债)反映公司偿还短期债务的能力;速动比率(速动资产/流动负债)反映公司流动资产快速变现的能力;净资产比率(股东权益总额/总资产)反映公司的资金实力和偿债安全性。

通过资产负债表左边企业资产的分布以及流动资产与长期资产的对

比、期末与期初对比，基本可以判断企业的经营风险高低及其变化趋势；通过资产负债表右边负债与所有者权益项目金额的对比，期末与期初的对比，大体能判断企业的财务风险高低及其变化趋势。

资产负债表			
流动资产		**流动负债**	
货币资金		短期借款	
应收票据及应收账款		应付账款	
其中:应收票据		预收款项	
应收账款		合同负债	
应收款项融资		应付职工薪酬	← 举债
预付款项		应交税费	
其他应收款合计		其他应付款合计	
其中:应收利息		其中:应付利息	
应收股利		应付股利	
其他应收款		其他应付款	
存货		一年内到期的非流动负债	
其他流动资产		其他流动负债	
流动资产合计		**流动负债合计**	
非流动资产		**非流动负债**	
可供出售金融资产		长期借款	
长期股权投资			
其他权益工具投资	←	钱将要到哪去？	
投资性房地产			
固定资产		递延所得税负债	
在建工程		非流动负债合计	
无形资产		**负债合计**	
开发支出		**所有者权益(或股东权益)**	
商誉		实收资本(或股本)	
长期待摊费用		资本公积	
递延所得税资产		盈余公积	← 股东投入
其他非流动资产		未分配利润	
非流动资产合计		**股东权益合计**	
资产总计		**负债和股东权益总计**	

图2-2 资产负债表中资产的来源和去处

资产负债表中的资产总计通常称为总资产，所有者权益称为净资产。市场经济条件下的有限责任制度规定：公司以其全部法人财产为限、股东以其出资额为限承担民事责任。对有限责任公司而言，法人财产指的就是总资产，出资额指的是股东权益即所有者权益（股份有限公司的股东以其持股数承担民事责任）。

应当注意的是，前述"资不抵债"（即净资产为负数或负资产）与不能清偿到期债务即"清偿不能"不是一回事。清偿不能主要因资产流动性太差、无足够现金流而引起，且可能马上导致企业破产清算；资不抵债主要反映企业资产的总体经营效益不佳，未必表明无即期偿债能力；但企业长期处于资不抵债状态，清偿不能则是迟早的事。

（二）利润表

利润表反映企业的经营成果和营运能力，可以说是企业的"面子"，其基本公式是

$$收入 - 成本 = 利润$$

毛利率和净利率是本表的重要指标。收入减成本叫毛利，毛利率就是毛利占收入的比重，是企业获利能力的重要判断数据，是企业产品竞争力的体现，毛利率越高就越容易赚钱。毛利再减去费用、税金等就叫净利润，净利率就是净利润占收入的比重。净利率高说明企业的营业收入质量高、盈利能力强，成本和费用没有侵蚀太多的利润空间。

对于企业的盈利能力，投资者或股东关心的是自己净资产的增值幅度以及利润能否带来更大的收益，企业的债权人关注的是企业的盈利能否形成保障其债权收益的偿债能力。

利润质量，一般指的是企业利润的含金量。利润是否合理合法、是否可以持续稳定、甚至是否被操纵、虚报或作假，这些问题通过利润质量分析可以得出结论。

$$销售净现率 = 经营现金流量净额 / 销售收入$$
$$净利润现金比率 = 经营现金流量净额 / 净利润。$$

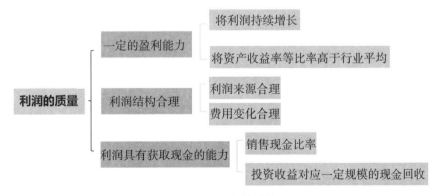

图2-3 利润的质量

根据同期的内部结构分析，可以判断企业利润的来源与构成；前后期同项目对比分析，可以判断企业盈利的变化原因及其发展趋势。故对利润表一要进行结构分析，从而判断公司盈利质量高低，二要进行前后各期比较分析，可以掌握公司盈利能力变化的原因及企业的发展能力。关注营业外收支类项目有助于帮助判断企业是否存在罚款或者其他非正常损失交易等情况。

（三）现金流量表

现金流量表是反映企业在一定期间的现金和现金等价物流入和流出的会计报表。

现金流量表反映企业现金流入、流出、结余情况，一定程度代表公司的活力，是企业的"日子"过得宽松还是紧巴的表征。现金流量是企业生产经营的血液，有时决定着企业的存亡。企业可以暂时没有利润，但是不能没有现金，资金链断裂意味着企业可能破产。

现金流量表（主表）根据用途性质将企业的现金流情况依次分为经营、投资、筹资活动三类，直观分段反映各类活动产生的现金流量。通过阅读该表，管理者可以了解相关业务的现金流情况，考量公司财务政策的效果和走向，一般读者可感知公司的发展动向是规模扩张还是内涵发展以及活跃程度。就一般的生产经营型企业而言，经营活动产生的现金流是基础和根本。经营活动有钱流入，才有能力进行投资；经营活动产生足够的现金流，才可以分红和还债。但许多企业特别是投资控股型企业的情况较为复杂，经常通过投资分红、出让股权和实物等资产，甚至借贷来弥补经营和投资活动的净现金流之不足，有时则以借新还旧的方式调整负债结构。这些情况通过现金流量表及其补充资料的阅读分析可以大体了解。

现金流量表（主表）以营业收入为起点，按收付实现制原则，以"直接法"编制，其附表即补充资料以净利润为起点，按权责发生制原则，以"间接法"编制，两张表"殊途同归"，后者是前者的补充说明和验证。

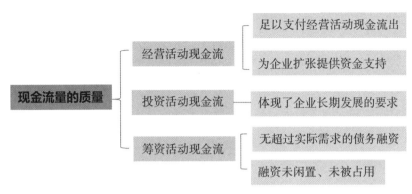

图 2-4 现金流量的质量

（四）所有者权益变动表

资产负债表只反映所有者权益的期初期末时点数，并不反映变化过程，这显然是很不够的。所有者权益变动表补充了这个缺憾，它对资产负债表中所有者权益各项目的变化过程进行具体说明。从该表中可以获得企业在报告期股东有无追加投资、企业实现净利润以及包括分红在内的利润分配的具体情况等重要信息。

（五）会计报表附注及财务情况说明书

报表附注对企业基本情况、报表编制基础、重要会计政策和会计估计以及表列重要项目的说明等均有介绍；财务情况说明书是对企业的市场环境、资债结构、生产经营、成本费用、盈亏情况、利润分配、资金运转乃至发展战略等重要事项的阐述和综合分析。将会计报表与这两个文字材料结合对照起来阅读分析，那些繁琐、枯燥、冰冷的数据就会变得立体、鲜活、有温度、有联系。可见阅读会计报表附注及财务情况说明书对会计报表的快速阅读大有帮助，不可或缺。对这两个文字材料的阅读，视读者情况可采取在阅读报表之前、之后、过程之中或相互交替结合的方法。

三、会计报表之间的关联对应逻辑关系

(一) 会计报表特征归类

资产负债表、利润表系按权责发生制原则编制,现金流量表按收付实现制原则编制,而所有者权益变动表是资产负债表中所有者权益项目期初期末变动情况的具体说明。

资产负债表反映的是企业在一定时点的财务状况,故又被称为静态报表,利润表和现金流量表反映的是企业在一定期间的财务数据,故被称为动态报表。

资产负债表和利润表按月编报,可称为月报表,现金流量表和所有者权益变动表按年编报,可称为年报表。

(二) 资产负债表、利润表、现金流量表的总体关系

三张报表从不同角度反映了企业的财务状况。资产负债表反映基本财务状况,利润表和现金流量表可以说是资产负债表的补充和说明,而现金流量表既是资产负债表和利润表的现金流情况的补充,也可以说是连接两张表的纽带和桥梁。通过利润表和现金流量表,可以从盈利与现金流两个不同维度观察评估企业的赚钱能力,而企业的家底情况则在资产负债表上得到体现。

企业生产经营活动使资产负债表中的资产逐步转化为利润表中的成本费用。企业的生产经营活动使其资产、负债、所有者权益随时发生变化。企业资产、负债、所有者权益某一时点具体构成的"横截面"状况在资产负债表中得到反映。利润表中的收入项目往往与资产负债表的流动资产相关,费用项目往往与资产负债表的存货、固定资产等项目相关。

企业经营活动、投资活动、筹资活动的资金进出对三张报表都会产生影响。前两类活动对三张报表的影响显而易见。筹资活动资金进出对利润表的影响主要是利息;对资产负债表,涉及资产、负债、所有者权益项目;对现金流量表,则是影响筹资活动的现金流量。

(三) 会计报表之间一些具体项目的勾稽关系

资产负债表的现金、银行存款及其他货币资金等项目期末数减去期初

数，应当与现金流量表最后的"现金及现金等价物净流量"相等；

三张报表中与"未分配利润"相关的数据应当计算一致。即：资产负债表的"未分配利润"期末数减去期初数，应当等于利润表"净利润"数减去所有者权益变动表"利润分配"数；

利润表中的"营业收入"和现金流量表中"经营活动产生的现金流量"里属于营业收入性质的现金流入合计数应当相等；

利润表和现金流量表补充资料中的"净利润"应当相等；

所有者权益变动表和资产负债表中"所有者权益"的各具体项目应当相等；

在无现金等价物的情形下，现金流量表中的"现金及现金等价物净增加额"一般与资产负债表的"货币资金"年末年初数之差相等；

利润表中的"营业收入"、现金流量表中的"销售商品、提供劳务收到的现金"、资产负债表中的"应收账款"等项目存在模糊勾稽关系；

利润表中的"主营业务成本"、现金流量表中的"购买商品、接受劳务支付的现金"、资产负债表中的"应付账款"之间存在模糊勾稽关系。

四、阅读会计报表应重点关注的事项

（一）企业基本情况

包括但不限于历史沿革、管理体制与架构、生产经营规模、总资产净资产规模、行业地位、发展规划、绩效指标完成情况、分配制度、重大发展项目、重大改革创新、重大诉讼、重大人事变动、企业文化等。这些情况在报表附注和财务情况说明书中一般都有介绍，也可调阅企业发展规划、工作总结等文件及询问有关部门或人员，必要时可查看相关会计账证资料。由于影响企业效益的诸多事项难以纳入会计核算的对象等原因，企业的会计报表数据往往与其实际市场价值发生背离。

（二）财务状况

1. **资产负债状况**

主要关注资产负债率、流动比率、速动比率、现金比率等指标。从这些指标可感受企业的债务风险情况。

2. 盈利能力状况

主要关注利润总额、净利润、销售毛利率、营业利润率、净资产利润率、总资产利润率等指标。除了政策性亏损企业，盈利能力指标是处于正常运营阶段企业最重要的指标。一些地区提出"不消灭企业亏损，就消灭亏损企业"，足见利润指标对企业的攸关重要性。

3. 营运能力状况

主要关注总资产周转率、流动资产周转率、应收账款周转率、存货周转率等指标。资产周转快说明企业资产的流动性好、营运状况好、资金回收快、占用沉淀少从而获利能力强。

4. 现金流情况

主要关注经营活动产生的现金流量情况和全部现金及现金等价物流量情况。现金净流入大，说明企业产品适销对路、营销管理好、支付能力强、经营有活力、投融资决策正确有效。

5. 发展能力状况

主要关注营业收入增长率、总资产增长率、营业利润增长率、净利润增长率等指标。这些指标反映企业的规模扩大和效益提升情况、做大做强的能力和可持续发展的情况。

应当注意的是，以上指标既要看绝对数值大小，也要与历史比较、与同行业比较、与计划预算比较、与上级绩效考核数比较，才能得出客观中肯的评价。

（三）报表数据是否有注水造假情况

1. 资产负债表常见注水项目

应收账款、其他应收款、预付账款、应付账款、其他应付款、预收账款、存货、无形资产。前几个往来类项目经常成为虚列营业收入、藏匿成本费用、费用支出挂账、滋生呆账坏账的防空洞；存货项目里可能存在虚假库存和存货减值的隐患；无形资产项目中除了土地使用权，经常包含过期无用的商誉、专利以及资本化的研发费用等虚列资产和"伪资产"。

2. 利润表常见注水项目

管理费用、研发费用、销售费用、营业外支出。这几个项目可能存在的问题主要是违规支出、不合理支出、奢侈浪费、超标准开支。

3. 现金流量表常见注水项目

销售商品提供劳务收到的现金、购买商品接受劳务支付的现金。有些企业为了粉饰现金流量，从关系户打入款项冒充预付货款，以后再予返还。

4. 合并报表常见注水事项

一是为了企业形象随意调整合并范围：整体指标不理想时把不良企业排除在并表之外，整体指标太好时又把不良企业纳入并报范围；二是随意调整内部销售、内部投资等项目的抵销数，造成虚增销售、浮夸业绩，导致会计信息失真。

5. 上市公司报表常见造假迹象

年报未被审计中介出具"标准无保留意见"；突然更换会计师事务所；信息披露被证监会谴责；企业正在接受监管部门调查；高管频繁离职特别是财务总监突然离职；高管大量减持套现；资本运作、并购重组、关联交易频繁；账面有利润却长期很少分红。

6. 其他常见弄虚作假情况

一是管理费用、销售费用、财务费用等费用挂账，未计入损益，从而

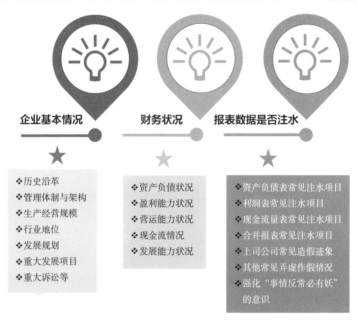

图 2-5 阅读会计报表重点关注的事项

虚列资产、虚增利润；二是通过少提折旧、少计贷款利息、少计减值准备、借款费用资本化等方式虚增利润；三是通过银行未达账、销售收入不入账等方式隐瞒收入利润，为以后留后路；四是已完工使用固定资产不"转固"（从在建工程转入固定资产），从而不提折旧、虚增利润；五是滥用会计政策和会计估计。

7. 要透过现象看本质，强化"事情反常必有妖"的意识

例如：有的企业的现金净流量长期远低于企业净利润，且长期不给股东分红；这未必完全是因为企业现金流紧张或管理层是"铁公鸡"。究其原因，可能是企业"打肿脸充胖子"，表列利润有假，实在是无钱可分。又如：有一家制造业上市公司的下属企业，注册资本很少、人手不多、场地狭小，但营收额巨大、利润颇丰，不禁令人生疑。原来，该公司与关联企业勾结：库存商品不动，两家公司互开发票，在各自账面上来回倒转多次，造成营收和利润数据可观的假象。

第三章 合并财务报表

第一节 合并财务报表简介

一、概念

合并财务报表又称合并会计报表,是指反映母公司和其全部子公司形成的企业集团整体财务状况、经营成果和现金流量的财务报表。

与个别财务报表相比,合并财务报表具有下列特点:一是反映的对象是由母公司和其全部子公司组成的会计主体;二是编制者是母公司,但所对应的会计主体是由母公司及其控制的所有子公司所构成的企业集团。

合并财务报表至少包括合并资产负债表、合并利润表、合并所有者权益变动表(或合并股东权益变动表)、合并现金流量表和附注,它们分别从不同的方面反映企业集团财务状况、经营成果及其现金流量情况,构成一个完整的合并财务报表体系。

二、编制的原则

合并财务报表的编制应在遵循财务报表编制的一般原则和要求,如真实可靠、内容完整之外,还应当遵循以下原则和要求:

1. 以个别财务报表为基础编制

合并财务报表并不是直接根据母公司和子公司账簿编制,而是利用母公司和子公司编制的反映各自财务状况和经营成果的财务报表提供的数据,通过合并财务报表的特有方法进行编制。以纳入合并范围的个别财务报表为基础,是客观性原则在编制合并财务报表时的具体体现。

2. 一体性原则

合并财务报表反映的是企业集团的财务状况和经营成果,反映的是由多个法人企业组成的一个会计主体的财务状况和经营成果,在编制合并财务报表时应当将母公司和所有纳入合并范围的子公司作为整体来看待,视为一个会计主体,母公司和子公司发生的经营活动都应当从企业集团这一整体的角度进行考虑。因此,在编制合并财务报表时,对于母公司与子公司、子公司相互之间发生的经济业务,应当视同同一会计主体之下的不同核算单位的内部业务。

3. 重要性原则

与个别财务报表相比，合并财务报表涉及多个法人主体，涉及的经营活动的范围很广，母公司与子公司经营活动往往跨越不同行业界限，有时母公司与子公司经营活动甚至相差很大。在此情况下，合并财务报表要综合反映这样的会计主体的财务状况和经营成果，必然要涉及重要性的判断问题。特别是在拥有众多子公司的情况下更是如此。在编制合并财务报表时，必须特别强调重要性原则的运用。例如某项业务对于企业集团中的某一企业具有重要性，但对于整个企业集团则不一定具有重要性，在这种情况下根据重要性原则对财务报表项目进行取舍，就具有重要的意义。此外，母公司与子公司、子公司相互之间发生的经济业务，对整个企业集团财务状况和经营成果影响不大时，为简化合并手续也应根据重要性原则进行取舍，可以不编制抵销分录而直接编制合并财务报表。

三、合并范围的确定

合并财务报表的合并范围是指纳入合并财务报表编报的子公司的范围，主要明确哪些被投资单位（或主体）应当纳入合并财务报表编报范围，哪些被投资单位（或主体）不应当纳入合并财务报表编报范围。合并财务报表的合并范围应当以控制为基础予以确定。

（一）控制的定义和判断

控制，是指投资方拥有对被投资方的权力，通过参与被投资方的相关活动而享有可变回报，并且有能力运用对被投资方的权力影响其回报金额。当投资方因参与被投资方的相关活动而享有可变回报，且有能力运用对被投资方的权力来影响上述回报时，投资方即控制被投资方。

企业要实现控制，必须具备以下两项基本要素，一是因涉入被投资方而享有可变回报；二是拥有对被投资方的权力，并且有能力运用对被投资方的权力影响其回报金额。企业只有同时具备上述两个要素时，才能控制被投资方。

实际工作中，企业在判断其能否控制被投资方时，应综合考虑所有相关事实和情况，以判断是否同时满足控制的这两个要素。相关事实和情况主要包括：被投资方的设立目的和设计；被投资方的相关活动以及如何对相关活动做出决策；投资方享有的权利是否使其目前有能力主导被投资的相关活动；投资方是否通过参与被投资方的相关活动而享有可变回报；投资方是否有能力运用对被投资方的权力影响其回报金额；投资方与其他方的关系。其中，对被投资方的设立目的和设计的分析，贯穿于判断控制的始终，也是分析上述其他事实和情况的基础。如果事实和情况表明上述控制要素中的一个或多个发生变化，投资方应当重新判断其还能否控制被投资方。

（二）母公司与子公司

企业集团是由母公司和其全部子公司构成的。如 P 公司能够控制 S 公司，P 公司和 S 公司构成了企业集团。又如，P 公司能够同时控制 S1 公司、S2 公司、S3 公司和 S4 公司，P 公司和 S1 公司、S2 公司、S3 公司、S4 公司构成了企业集团。母公司和子公司是相互依存的，有母公司必然存在子公司，同样，有子公司必然存在母公司。合并财务报表准则对母公司和子公司作了如下定义：

母公司是指控制一个或一个以上主体（含企业、被投资单位中可分割的部分，以及企业所控制的结构化主体等，下同）的主体。

子公司是指被母公司控制的主体。不论子公司的规模大小、子公司向母公司转移资金能力是否受到严格限制，也不论子公司的业务性质与母公司或企业集团内其他子公司是否有显著差别，只要是能够被母公司施加控制的，都应纳入合并范围。但是，已宣告被清理整顿的或已宣告破产的原子公司，不再是母公司的子公司，不纳入合并财务报表范围。

（三）合并范围的豁免——投资性主体

母公司应当将其全部子公司纳入合并范围。但是，如果母公司是投资性主体，则只应将那些为投资性主体的投资活动提供相关服务的子公司纳入合并范围，其他子公司不应予以合并，母公司对其他子公司的投资应当按照公允价值计量且其变动计入当期损益。

母公司如果其本身不是投资性主体，则应当将其控制的全部主体，包括投资性主体以及通过投资性主体间接控制的主体，纳入合并财务报表范围。

当母公司同时满足以下三个条件时，该母公司属于投资性主体：一是该公司以向投资方提供投资管理服务为目的，从一个或多个投资者获取资金；二是该公司的唯一经营目的，是通过资本增值、投资收益或两者兼有而让投资者获得回报；三是该公司按照公允价值对几乎所有投资的业绩进行计量和评价。

（四）控制的持续评估

控制的评估是持续的，当环境或情况发生变化时，投资方需要评估控制的基本要素中的一个或多个是否发生了变化。如果有任何事实或情况表明控制的基本要素中的一个或多个发生了变化，投资方应重新评估对被投资方是否具有控制。

四、编制前期准备事项

合并财务报表的编制涉及多个子公司，有的合并财务报表的合并范围甚至包括数百个子公司。为了使编制的合并财务报表准确、全面地反映企业集团的真实情况，必须做好一系列的前期准备事项。

（一）统一母子公司的会计政策

会计政策是指企业进行会计核算和编制财务报表时所采用的会计原则、会计程序和会计处理方法，是编制财务报表的基础，统一母公司和子公司的会计政策是保证母子公司财务报表各项目反映内容一致的基础。为此，在编制财务报表前，应当尽可能统一母公司和子公司的会计政策，统一要求子公司所采用的会计政策与母公司保持一致。对一些境外子公司，由于所在国或地区法律、会计准则等方面的原因，确实无法使其采用的会计政策与母公司所采用的会计政策保持一致，则应当要求其按照母公司所采用的会计政策重新编报财务报表，也可以由母公司根据自身所采用的会计政策对境外子公司报送的财务报表进行调整，以重编或调整编制的境外子公司财务报表，作为编制合并财务报表的基础。

（二）统一母子公司的资产负债表日及会计期间

财务报表总是反映一定日期的财务状况和一定会计期间经营成果的，母公司和子公司的个别财务报表只有在反映财务状况的日期和反映经营成果的会计期间一致的情况下，才能进行合并。为了编制合并财务报表，必须统一企业集团内所有的子公司的资产负债表日和会计期间，使子公司的资产负债表日和会计期间与母公司的资产负债表日和会计期间保持一致，以便于子公司提供相同资产负债表日和会计期间的财务报表。对于境外子公司，由于当地法律限制确实不能与母公司财务报表决算日和会计期间一致的，母公司应当按照自身的资产负债表日和会计期间对子公司的财务报表进行调整，以调整后的子公司财务报表为基础编制合并财务报表，也可以要求子公司按照母公司的资产负债表日和会计期间另行编制报送其个别财务报表。

（三）对子公司以外币表示的财务报表进行折算

对母公司和子公司的财务报表进行合并，其前提必须是母子公司个别财务报表所采用的货币计量单位一致。在我国允许外币业务比较多的企业采用某一外币作为记账本位币，境外企业一般也是采用其所在国或地区的货币作为其记账本位币。在将这些企业的财务报表纳入合并时，则必须将其折算为母公司所采用的记账本位币表示的财务报表。

（四）收集编制合并财务报表的相关资料

合并财务报表以母公司和其子公司的财务报表以及其他有关资料为依据，由母公司合并有关项目的数额编制。为编制合并财务报表，母公司应当要求子公司及时提供下列有关资料：

①子公司相应期间的财务报表。

②与母公司及与其他子公司之间发生的内部购销交易、债权债务、投资及其产生的现金流量和未实现内部销售损益的期初、期末余额及变动情况等资料。

③子公司所有者权益变动和利润分配的有关资料。

④编制合并财务报表所需要的其他资料，如非同一控制下企业合并购买日的公允价值资料。

五、编制程序

合并财务报表的编制是一项极为复杂的工作，不仅涉及本企业会计业务和财务报表，而且还涉及纳入合并范围的子公司的会计业务和财务报表。为了使合并财务报表的编制工作有条不紊，必须按照一定的程序有步骤地进行。合并财务报表编制程序大致如下：

(一) 设置合并工作底稿

合并工作底稿的作用是为合并财务报表的编制提供基础。在合并工作底稿中，对母公司和纳入合并范围的子公司的个别财务报表各项目的数额进行汇总和抵销处理，最终计算得出合并财务报表各项目的合并数。

(二) 将个别报表数据过入合并工作底稿

将母公司、纳入合并范围的子公司个别资产负债表、利润表及所有者权益变动表各项目的数据过入合并工作底稿，并在合并工作底稿中对母公司和子公司个别财务报表各项目的数据进行加总，计算得出个别资产负债表、个别利润表及个别所有者权益变动表各项目合计数额。

(三) 编制调整分录与抵销分录

将母公司与子公司、子公司相互之间发生的经济业务对个别财务报表有关项目的影响进行调整抵销处理。编制调整分录与抵销分录，进行调整抵销处理是合并财务报表编制的关键和主要内容，其目的在于将因会计政策及计量基础的差异而对个别财务报表的影响进行调整，以及将个别财务报表各项目的加总数据中重复的因素等予以抵销。

例如，母公司与子公司、子公司相互之间销售商品，期末未实现对外销售而形成存货、固定资产、在建工程、无形资产等资产的，在抵销销售商品的营业收入和营业成本的同时，还应当将各项资产所包含的未实现内部销售损益予以抵销。在对母公司与子公司、子公司相互之间销售商品形成的固定资产或无形资产所包含的未实现内部销售损益进行抵销的同时，也应当对固定资产的折旧额或无形资产的摊销额与未实现内部销售损益相关的部分进行抵销。母公司向子公司出售资产（顺流交易）所发生的未实现内部交易损益，应当全额抵销"归属于母公司所有者的净利润"。子公司向母公司出售资产（逆流交易）所发生的未实现内部交易损益，应当按照母公司对该子公司的分配比例在"归属于母公司所有者的净利润"和"少数股东损益"之间分配抵销。子公司之间出售资产所发生的未实现内部交易损益，应当按照母公司对出售方子公司的分配比例在"归属于母公司所有者的净利润"和"少数股东损益"之间分配抵销。

（四）计算合并财务报表各项目的合并数额

在母公司和纳入合并范围的子公司个别财务报表各项目加总数额的基础上，分别计算财务报表中的资产项目、负债项目、所有者权益项目、收入项目和费用项目的合并数。其计算方法如下：

1. 资产类项目

其合并数根据该项目加总的数额，加上该项目调整分录与抵销分录的借方发生额，减去该项目调整分录与抵销分录的贷方发生额计算确定。

2. 负债类项目和所有者权益类项目

其合并数根据该项目加总的数额，减去该项目调整分录与抵销分录的借方发生额，加上该项目调整分录与抵销分录的贷方发生额计算确定。

3. 有关收益类项目

其合并数根据该项目加总的数额，减去该项目调整分录与抵销分录的借方发生额，加上该项目调整分录与抵销分录的贷方发生额计算确定。

4. 有关成本费用类项目和有关利润分配的项目

其合并数根据该项目加总的数额，加上该项目调整分录与抵销分录的借方发生额，减去该项目调整分录与抵销分录的贷方发生额计算确定。

（五）填列合并财务报表

根据合并工作底稿中计算出的资产、负债、所有者权益、收入、成本费用类各项目的合并数，填列正式的合并财务报表。

六、特殊交易的会计处理

应根据《企业会计准则》关于长期股权投资、合并财务报表等相关具体规定，对包括但不限于以下特殊交易事项进行会计处理。

①母公司对子公司追加投资。包括以下几种情形：一是母公司购买子公司少数股东股权；二是企业因追加投资等原因能够对非同一控制下的被投资方实施控制；三是通过多次交易分步实现同一控制下企业合并；四是本期增加子公司时合并财务报表的处理。

②处置对子公司的投资。包括以下几种情形：一是在不丧失控制权的情况下部分处置对子公司长期股权投资；二是母公司因处置对子公司长期股权投资而丧失控制权；三是本期减少子公司时的合并报表处理。

③因子公司少数股东增资导致母公司股权稀释。

④交叉持股的合并处理。

⑤母子公司之间发生逆流交易（即子公司向母公司出售资产）时的合并报表处理。

⑥站在集团合并报表角度与其所属的母公司或个别财务报表层面的确认和计量结果不一致的，应站在企集团角度对该特殊交易事项予以调整。

第二节 合并财务报表分析

一、分析要领

合并财务报表是根据个别财务报表编制的，因此，合并财务报表的分析，实际上包含两个层面的内容，一个层面是对合并财务报表本身的分析；另一个层面是对构成合并财务报表的各个别财务报表与合并财务报表进行对比分析，从而得出整体更加清晰的图景。

（一）对合并财务报表本身的分析

集团经营管理者关心企业集团的资产营运效率、盈利能力以及资本结构，希望能够通过对合并财务报表的分析来获得这三个方面的信息，以此来增强企业集团的竞争力。

1. 集团资产营运效率的分析

对于集团资产营运效率的分析，所采用的比率和分析单一企业所采用的比率是相同的，计算的方式也是相同，主要有两大类：一是以单一资产为基础的效率比率，有代表性的是应收账款周转率、存货周转率；二是以各类资产为基础的效率比率，有代表性的是流动资产周转率、总资产周转率。但是在使用合并财务报表中的数据计算这些比率时，分析者还需要考虑合并财务报表的特殊性对比率的影响，具体包括：

①合并财务报表与个别财务报表计算出来关于营运效率的比率是不同的，因为在编制合并财务报表时，抵销内部投资、内部交易与内部往来必然导致有关资产项目与资产金额、销售收入以及销售成本的减少，而内部投资、内部交易和内部往来的抵销不一定是对应的，也不是成比例的，所

以会导致两种报表的计算结果的差异，以个别会计报表计算出来的比率会随着中间环节的增多而增大，因此其有可能虚假反映出营运效率的加快，而在合并财务报表中，由于抵销后的销售收入及销售成本代表的是整个企业集团对集团外部实现的周转额，而平均资产占用额也不包括内部交易形成的资产，因此，根据合并财务报表所得到的营运效率的比率更客观地反映了企业集团整体资产周转速度的实际情况。

②依据合并财务报表计算的营运效率比率是一个集团的综合指标，其局限性在于无法反映行业的情况。这个问题在属于横向系列的企业集团中表现得尤为明显，因为在横向系列的企业集团中，多元化经营是其一大特点，集团内部的母公司以及各个子公司所处的行业具有较大的差异，以存货周转率为例，合并财务报表上的存货余额是集团各个成员的存货数额之和扣除存货中包含的未实现利润所得的金额，如果母公司是工业企业，子公司经营房地产，这样依据合并财务报表计算出来的存货周转率就会由于母子公司存货的性质以及流动性的不同而失去意义。另外在非全资子公司的情况下，抵销未实现内部销售利润时将属于少数股东的那部分利润也抵销了，存货与销售成本及与少数股东权益没有完全配比，这会对比率的计算产生一定影响，但是如果少数股东比例较低且未实现内部销售利润率较低时，这种影响也可以忽略不计。因此，在分析企业集团的营运效率时，应该辅助阅读分部报告，才能具体了解某个行业的资产营运效率。

2. 集团盈利能力的分析

企业集团作为一个整体，合并财务报表的独到价值就在于其解决了集团内部交易重复计算的问题，能够较个别财务报表更真实地反映出企业集团整体的盈利状况。对企业集团的盈利能力的分析，所采用的比率指标可以借鉴分析个别财务报表时采用的指标，比较有代表性的是净资产收益率、总资产收益率、成本费用利润率等。但是，在利用这些比率时，分析者必须考虑合并财务报表的特殊性，具体包括：

①由于企业集团内部可能存在内部购销交易，因此，内部购销交易是否最终对外实现销售会影响合并财务报表中的相关项目，进而可以分析集团的整体盈利能力。

②虽然合并财务报表能够提供企业集团整体的盈利能力信息，但是在企业集团多元化经营的情况下，分析者还必须对合并财务报表的利润构成加以具体分析。一些学者提出了在利用合并财务报表进行盈利能力分析

时，补充一个比率指标来帮助揭示企业集团的盈利结构。

母公司对子公司投资收益占税前利润总额比率＝投资收益/利润总额

其中的两个因素都取自母公司的会计报个别财务报表。该比率反映了风险收入即投资收益占母公司税前利润的比重。如果风险收入所占的比重过大，表明母公司的利润大部分来源于子公司，母公司的盈利能力对子公司的依赖性很强，这时就要引起分析者的注意。

（二）合并财务报表与个别财务报表对比分析

①通过合并财务报表和个别财务报表的比较，可以揭示内部关联方交易的程度。一般来说，由于编制合并财务报表时要对合并企业之间的债权债务以及内部交易等关联交易进行抵销，与个别财务报表比较起来看，经营成果的变动幅度会比较明显，经营状况的变化容易读解。如果集团内部依赖关联方交易的程度越高，经过合并抵销后，相关项目的合并金额就应该越小。受关联方交易影响的主要项目有：应收款项、存货、长期投资、应付款项、营业收入、营业成本、投资收益等。

②通过合并财务报表和个别财务报表的比较，比较相关资源的相对利用效率揭示企业集团内部管理的薄弱环节。例如，可以通过比较合并报表与个别财务报表的固定资产、存货、货币资金、营业收入、营业成本等项目，了解母公司和母公司以外的其他纳入合并报表范围的子公司之间，哪一部分资产的利用效率更高些。

③通过合并财务报表和个别财务报表的比较，比较母公司利润表和合并利润表主要项目之间的差异可以揭示母公司的基本获利能力和费用发生的比较效率。

这样，将合并后公司报表和母、子公司报表两者结合起来分析，使合并财务报表分析更为有效。这种相互结合起来进行的对比分析，适合合并报表分析的各个方面。

二、与个别财务报表的分析差异

（一）反映主体的差异

合并财务报表反映的主体只是会计意义上的主体，集团内并不存在能够支配合并财务报表所列示的资源，并通过对这些资源的有效运用来谋求经济意义的主体。个别财务报表反映的是会计意义和经济意义上的主体。在分析合并财务报表和个别财务报表时要充分考虑报表所反映的主体。

(二) 报表分析方法的差异

个别财务报表分析的主要方法是比较分析法、比率分析法、因素分析法、趋势分析法等。合并财务报表分析包含两方面内容,一是分析合并财务报表本身；二是合并财务报表和个别财务报表的比较分析。

合并财务报表分析体系如图所示：

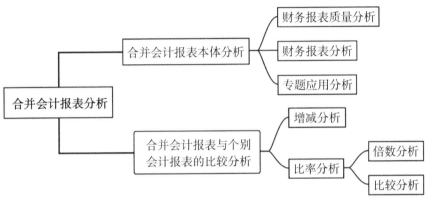

图 3-1　合并财务报表分析体系

第四章

基本的企业财务分析

第一节 财务分析概述

财务分析是根据企业财务报表等信息资料，采用专门方法，系统分析和评价企业财务状况、经营成果以及未来发展趋势的过程。

财务分析以企业财务报告及其他相关资料为主要依据，对企业的财务状况和经营成果进行评价和剖析，反映企业在运营过程中的利弊得失和发展趋势，从而为改进企业财务管理工作和优化经济决策提供重要财务信息。

一、分析的主体

财务分析的主体包括企业投资者、债权人、企业管理者、政府职能部门、供应商、顾客等利益相关者。这些利益相关者作为会计信息的需求者，他们通过分析企业的财务状况和经营成果，以做出最优的决策。而对于利益相关者中的大部分人来说，他们并没有足够的时间和机会去全面了解一个企业的财务状况和经营成果，只能够借助企业对外公布的财务报表，并对报表进行提炼、整合与加工，从而满足自己的决策需求。

企业投资者是企业收益的最终获得者和风险的最终承担者，其目的是最大限度地扩大自己的财富，因此他们主要关注企业的盈利能力和风险水平。他们在进行财务分析时，主要进行营利能力分析和风险评估，力图做出最优的投资决策。

债权人关注的是企业是否拥有偿还债务的能力。因此，在进行财务分析时，债权人侧重于分析企业的偿债能力指标，有些长期债权人，为确保资金安全，还会分析企业的可持续发展能力。

企业管理者，作为接受企业委托而对企业进行管理的人，他们更关注企业的盈利能力、财务状况及可持续发展能力。相对于外部使用人，他们能获取更多的信息，通过分析发现企业经营管理的不足，分析利润变动的过程和原因，进而加强对企业的控制，促进企业经营目标的实现。

政府职能部门作为利益相关者，需要履行监督管理职能。主要是通过财务分析对企业的各项经济政策、法规、制度的执行情况进行监督检查，保证企业发布的财务信息和财务分析报告的真实性。

其他利益相关者也是根据自己的需要来有针对性地进行财务分析。财务分析主体的立场不同,关注的重点也会有差异,他们站在不同的视角对企业财务活动进行分析。

二、分析的意义

财务分析对不同的信息使用者具有不同的意义。具体来说,财务分析的意义主要体现在如下几个方面:

(一) 可以判断企业的财务实力

通过对资产负债表和利润表有关资料进行分析,计算相关指标,可以了解企业的资产结构和负债水平是否合理,从而判断企业的偿债能力、营运能力及盈利能力等财务实力,揭示企业在财务状况方面可能存在的问题。

(二) 可以评价和考核企业的经营业绩,揭示财务活动存在的问题

通过指标的计算、分析和比较,能够评价和考核企业的盈利能力和资产周转状况,揭示其经营管理的各个方面和各个环节问题,找出差距,得出分析结论。

(三) 可以挖掘企业潜力,寻求提高企业经营管理水平和经济效益的途径

企业进行财务分析的目的不仅仅是发现问题,更重要的是分析问题和解决问题。通过财务分析,应保持和进一步发挥生产经营管理中成功的经验,对存在的问题应提出解决的策略和措施,以达到扬长避短、提高经营管理水平和经济效益的目的。

(四) 可以评价企业的发展趋势

通过各种财务分析,可以判断企业的发展趋势,预测其生产经营的前景及偿债能力,从而为企业领导层进行生产经营决策、投资者进行投资决策和债权人进行信贷决策提供重要的依据,避免因决策错误给其带来重大损失。

第二节 财务分析的内容

一、偿债能力分析

(一) 偿债能力分析的意义和作用

偿债能力的强弱是企业生存和健康发展的基本前提。通过对企业偿债能力的分析,可以了解企业的财务状况,了解企业所承担的财务风险程度。

对企业偿债能力了解需要建立在对短期偿债能力和长期偿债能力及其关系的全面了解之上。首先,即使一个盈利很高的企业,如果不能按期偿还到期债务,也会面临破产,即所谓的流量破产。此外,如果企业不能保持其短期偿债能力,也就不可能保持长期偿债能力。当然,对于财务报表的分析人员而言,仅考察短期指标是片面的,因为在追求长期利益的财务目标下,长期指标能够反映企业的综合财务状况。

偿债能力的强弱涉及企业不同利益主体的切身利益,不同利益主体对财务报表的使用目的不同,对企业偿债能力分析就有不同的意义。

1. 对于债权人而言,有利于其判断债权收回的保障程度

在市场经济条件下,企业总要面临风险,这要求企业必须拥有一定量的主权资本,以承担经营风险。在对资产的要求权需要清偿时,由于债权人具有优先受偿权,而所有者权益仅是一种剩余权益,因此融资结构不同,债权人所面临的风险也不同。一般所有者权益在企业资本结构中的比重越高,对债权人的债权保障程度就越高。

2. 对于投资者而言,有利于其进行投资决策

所有者是企业终极风险的承担者,也是剩余权益的拥有者,因此,在偿债能力方面,投资者一方面关心投入的资本能否保全,还要关心通过财务杠杆获得杠杆收益的状况。企业具有良好的偿债能力,意味着企业有较低的融资风险,这是投资者获取剩余权益的前提。因此,投资者是转移资本还是追加资本,都需要面临着风险和收益的权衡。

3. 对于经营者而言，有利于其优化融资结构、降低融资成本

良好的偿债能力是企业对外清偿债务、承担风险的后盾，是企业保持良好财务形象的基础，也是企业能获得源源不断的投资和贷款的保障。通过偿债能力分析，可以确定和保持最佳融资结构，以使企业的综合风险降至最低，并在此基础上降低融资成本。

4. 对于政府而言，有利于其进行宏观经济管理

对政府有关经济管理部门而言，评价偿债能力风险的主要目的是判断企业是否可以进入有限制的领域进行经营和财务运作，以保证整个社会经济的协调运转，维护市场秩序。

5. 对于经营性关联企业而言，有利于各自开展业务往来

对企业的供应商而言，购货企业短期偿债能力的强弱意味着该企业履行合同能力的强弱，而长期偿债能力则反映该企业是否具有长期支付能力，有助于判断购货企业的信用状况和未来业务能力，并据此作出是否建立长期稳定的业务合作关系的决策。

（二）短期偿债能力分析

在分析企业的短期偿债能力时，了解流动资产与流动负债之间的相互关系十分关键，因为一般偿还流动负债需要动用现金，而现金主要产生于流动资产。短期偿债能力的强弱并不完全取决于企业盈利的多寡，因为在权责发生制下，企业可能有很高的盈利，但却并不一定有很强的短期偿债能力，因为它可能缺乏可立即动用的现金。

短期偿债能力的衡量主要是看企业是否拥有足够的现金以偿付其流动负债，应付当前业务的需要，因而短期偿债能力指标主要反映企业的流动资产与流动负债的比率关系。此类比率主要有：流动比率、速动比率和现金比率。

1. 流动比率

流动比率，是指一定时期内企业的流动资产除以流动负债的比率，是衡量企业短期流动性方面最常用的比率之一，用以说明企业用其流动资产偿还到期债务的保障程度。其计算公式如下：

$$流动比率 = 流动资产 \div 流动负债$$

由于流动资产中存货有存在潜亏的可能，应收账款也存在坏账的风险，且这些项目的变现性较弱，因此，一般认为流动比率达到2∶1，企业

财务状况才比较稳妥可靠。

流动比率也有局限性，使用时应注意：

①较高的流动比率仅仅说明企业有较多的可变现资产用来还债，但并不足以表明有足够的现金来还债。因为，较高的流动比率有可能是由于存货的积压或应收账款的呆账造成的，在此情况下，如果现金不足，仍会出现偿债困难。

②从合理利用资金的角度而言，各行各业、各不同企业应根据自身的情况和行业特点，确定一个流动比率的最佳点。例如存货周转较快、结算资产较好的企业，其流动比率可以小于2，既能满足偿债需要，又使该比率不致过高。因为流动比率过高，往往也说明企业在资金使用上不尽合理，应将其多余的资金用于收益性较好的投资或其他方面。

③当企业用流动资产偿还流动负债或通过增加流动负债来购买流动资产时，流动比率计算公式的分子与分母将等量的增加或减少，并造成流动比率本身的变化。流动比率的这一特点，使得企业管理当局有可能在该比率不理想时，通过年末突击性偿还短期负债，下年年初再举借新债等手段粉饰其流动比率的状况。

④流动资产的长期化问题。理论上说，流动资产是指能够在一年内变现或耗用的资产。现实地看，资产负债表上的流动资产总有一些实际上是不可能在一年内变现的已经"沉淀"了一年以上的，如长期积压的存货和长期挂账的应收款项等，为使流动比率能如实反映企业的偿债能力，对于已经被长期化的那部分流动资产，最好是在计算流动比率时扣除。

⑤流动资产中虚资产的问题。在资产负债表的流动资产部分，有一些项目如待摊费用等，实际是虚资产，已经不能用于偿还债务，计算流动比率时最好也要扣除。考虑以上两点，账面的流动比率就有可能高估企业的短期偿债能力。换句话说，实际的短期偿债能力可能并没有按账面数字计算的流动比率所反映的那样高。

⑥流动比率还会掩盖流动资产或流动负债的内部结构性矛盾，这也是流动比率指标的又一个缺陷。流动比率高，可能是存货积压或滞销的结果，也可能是应收账款大量挂账和三角债的结果，甚至还可能是拥有过多的现金而未很好地加以利用的缘故，这些都会影响企业的正常经营和获利能力。

⑦流动资产的变现时间结构与流动负债的偿还时间结构很难做到一

致，即使流动比率较高，有时也难以满足偿付流动负债的需要。为弥补流动比率的这一缺陷，财务人员还必须注意观察速动比率和现金比率等指标。因此，即使一个企业有一个较高的流动比率，也不要就此认为企业的短期偿债能力就一定好。这个道理说明，财务分析人员不能过分相信单纯依据资产负债表计算的财务指标。对流动比率指标如此，其他财务指标同样如此。

实际上，流动比率是受多种因素影响的，一成不变的理想标准是不存在的。在不同国家、同一国家的不同经济发展时期、同一时期的不同行业或企业之间，流动比率的合理标准是不同的，不存在通用的标准流动比率。从国别来看，在财务报表上，日本和韩国企业的流动比率较高而美国企业较低，原因是日本的企业更多地依靠短期贷款，并可以续贷，以满足流动资产和长期资本占用的需要。从时期看，20 世纪 60 年代中期以前，美国企业界人士认为合理的最低流动比率是 2∶1，并有许多企业的流动比率保持在这个水平上或者更高。大约从 60 年代中期以后，许多企业的流动比率下降到略低于 2∶1。今天，大多数企业都没有使流动比率高于 2∶1。这个观点并不是说流动比率越低越好。每个企业，都应当结合本企业的具体情况分析确定理想的流动比率。在确定合理的流动比率时，以下两个方面是应当考虑和注意的：

第一，流动资产的实际变现能力。如果流动资产都是优良的，即不存在不良的资产，则流动资产的变现能力强，合理的流动比率值就可以低于不良流动资产较多的企业。

第二，流动负债的时间结构。流动负债都是有偿还时间的，如果各项流动负债的加权平均偿还时间小于各项流动资产的预期加权平均变现时间，则流动比率的实际数值可以比还债迫切的企业低些。

2. 速动比率

速动比率，是指一定时期内企业的速动资产除以流动负债的比率。速动资产指现金和易于变现、几乎可以随时用来偿还债务的那些流动资产，一般由货币资金、短期投资、应收票据、应收账款等构成，但不包括存货、待摊费用。存货的流动性较差，其变现要经过销货和收款两个环节，所需的时间较长；而待摊费用本身是费用的资本化，一般不能变现。因此，用流动资产扣除存货等流动性较差项目计算出来的速动比率，代表着直接的偿债能力。速动比率的计算公式如下：

$$速动比率 = 速动资产 \div 流动负债$$

速动比率与流动比率相比，在对短期偿债能力的分析考核上更加稳妥可信。一般认为，速动比率等于或稍大于1比较合适。

使用该指标时，一方面也应注意企业管理当局人为地加以粉饰，以及即期的偿债能力（现金持有量）问题。另一方面，对于判断速动比率的标准不能绝对化，对不同行业、不同企业要作具体分析，如零售企业大量采用现金结算，应收账款很少，因而允许保持低于1的速动比率。

实际分析时，该指标还会受到速动资产计算方法的影响。速动资产有两种确定方法：

①减法，即速动资产＝流动资产－存货－待摊费用，我国企业财务分析通常采用这种方法。

②加法或保守法，即速动资产＝现金＋短期可上市证券＋应收账款净额，美国多数企业财务分析采用这种方法。一般认为，速动比率的标准数值或合理标准是1，这也是对保守的速动比率而言的。

两种方法的计算结果有时会有较大差别。因为保守的速动资产扣除了数额较大的预付货款和其他流动资产。就我国企业的资产负债来说，这些被扣除的其他流动资产包括其他应收款、待摊费用等。这些项目的合计数字，在有些企业会很大，在流动资产中占有相当的比重。

根据稳健原则的要求，保守的速动比率更适宜。但是，从我国目前的情况看，由于三角债普遍，企业中相当一部分应收款项是难以在短期内收回或变现的，这部分长期挂账的应收账款作为速动资产是合理的，在计算速动比率时，需要对应收账款的结构进行具体分析，扣除那些长期挂账的被长期化了的应收账款。

一般认为，企业的速动比率至少应维持在1，但这个比例并不是绝对的，各行业和企业之间应有所差别，有的行业或企业应超过1，尤其是那些长期化了的速动资产占较大比重的企业，而有的行业或企业则可以低于1，假如这个行业或企业资金流动性和变现能力较好的话。例如，一家小规模的零售商业企业只进行现金销售而没有应收账款，就应允许它有一个低于1的速动比率，这对其正常经营和理财不会有不利影响。

速动比率和流动比率的关系取决于存货的变化方向和变化速度。或两个比率同方向和同比例变化，或同方向不同比例变化，或按不同方向变化。如果一家企业流动比率过高，而其速动比率较低，则往往说明该企业有大量存货。

3. 现金比率

现金比率,是指一定时期内企业的现金以及现金等价物除以流动负债的比率。现金指企业的货币资金,现金等价物指有价证券(一般为短期投资和短期应收票据)。它代表了企业随时可以偿债的能力或对流动负债的随时可支付程度。其计算公式为:

$$现金比率 = (货币资金 + 有价证券) \div 流动负债$$
$$= (现金 + 现金等价物) \div 流动负债$$

速动比率已将存货、待摊费用等变现能力较差的流动资产予以剔除,但速动资产中的应收账款有时也会因客户倒闭、抵押等情况使变现能力受影响,甚至出现坏账,最终减弱企业的短期偿债能力。尤其在企业一旦面临财务危机时,即使有较高的流动比率和速动比率,也无法满足债权人的要求。因此,最稳健或者说保守的方法是采用现金比率来衡量企业的短期偿债能力。

现金比率只把现金及其后备来源即可随时转换为现金的有价证券与流动负债对比,能够彻底克服流动资产的长期化和不良化所带来的高估企业的偿债能力的问题,因而可以更好地反映企业的即期偿债能力。一般情况下,当企业财务发生困难时现金流动比率指标就会显得十分重要。在某些行业现金比率总是很重要,这些行业的存货和应收账款的期间相当长,而且经营活动又具有较强的投机性和风险性。对于这类企业,应当重视观察分析其现金比率。

一般而言,现金比率越高,短期债权人的债务风险就越小。但是,如果这个指标很高,也不一定是好事,可能反映企业不善于利用现有现金资源,没有把现金投入到经营中以赚取更多的收益。因此,在对这个指标下结论之前,应充分了解企业的情况。但有一点是肯定的,过低的现金比率多半反映出企业目前的一些应付的账单都存在支付上的困难。

在多数企业,现金比率总是低于其速动比率。但是,二者的变化方向和变化速度有时并不一致,其主要原因是应收账款和应收票据等应收款项和流动性的递延项目。这里的情况类似于速动比率与流动比率的关系。

4. 流动比率、速动比率和现金比率的相互关系

流动比率、速动比率与现金比率是反映企业短期偿债能力的主要指标,但它们各自的作用力度有所不同,三者之间的相互关系可用图 4-1

表示。

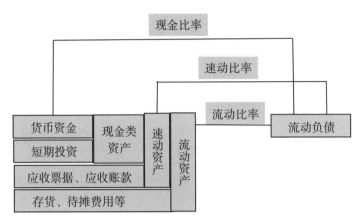

图 4-1 流动比率、速动比率和现金比率相互关系

第一，以全部流动资产作为偿付流动负债的基础，所计算的指标是流动比率。它包括了变现能力较差的存货和不能变现的待摊费用，若存货中存在超储积压物资时，会成企业短期偿债能力较强的假象。

第二，速动比率以扣除变现能力较差的存货和不能变现的待摊费用作为偿付流动负债的基础，它弥补了流动比率的不足。

第三，现金比率以现金类资产作为偿付流动负债的基础，但现金持有量过大会对企业资产利用效果产生负作用，这一指标仅在企业面临财务危机时使用，相对于流动比率和速动比率来说，其作用力度较小。

5. 影响短期偿债能力的其他因素

分析企业短期偿债能力还应注意未在财务报表上充分披露的如下因素。

（1）准备变现的长期资产

企业依据本身的经营战略往往在特定时期准备将一些长期资产（如长期投资、固定资产、无形资产）变现，因此，无疑会增强企业以后会计期间资产的流动性，分析时应谨慎处理。

（2）良好的企业商业信用

良好的企业商业信用可以使企业与有关金融机构建立长期稳定的信贷关系，企业可按规定在有效期内向银行拆借资金，用于日常经营活动；或者具备发行企业股票或企业债券的能力，增强企业资产的流动性。

(3) 承担担保责任和已贴现的商业汇票引起的债务

承担担保责任和已贴现的商业汇票引起的债务,会计上称之为"或有负债"。根据我国《票据法》规定,债务担保人负有连带偿债责任。一旦被担保人无法偿还债务,就交由担保人偿付。可见,对担保人而言,提供担保时就形成了对金融机构的或有负债,此项或有负债最终是否转变为一笔实际的负债,取决于到期时被担保人能不能偿还债务,此项或有负债也只有在被担保人到期偿还债务后才消失。目前,我国企业互为债务担保的很多,而由此造成企业破产的情况也时有发生,如郑州亚细亚集团。另外,企业已向银行贴现的商业汇票,银行仍对企业拥有资金追索权,即如果票据到期出票人无力还款给贴现银行,银行将向贴现人收取款项。因而,企业承担担保责任和已贴现的商业汇票引起的债务必然会减弱企业的短期偿债能力。对此,应在会计报表附注中加以披露。

(4) 未作记录的或有负债

未作记录的或有负债范围较广,如有纠纷的税款、尚未了结的诉讼案件、有争议的财产纠纷、大件商品的售后服务等均会对企业短期偿债能力产生负面影响。

(三) 长期偿债能力分析

相对于短期债权人,长期债权人主要关心从长期来看企业资产对债务的保障程度。

除此之外,企业是否有能力在借款期限内按时付息,以及在借款到期时清偿借款,这些企业现时经营状况的指标也值得考虑,因此,考察企业长期偿债能力的方法主要有以下两种:

一种方法是按照资产负债表所反映的数据考察企业的长期偿债能力,涉及的指标有资产负债率和产权比率等。通过这些指标,可以分析债务总额与企业资本结构规模之间的关系,可以显示出由债权人所提供的资金数额与企业所有者所提供的资金数额之间的关系。如果企业财力的绝大部分是由外部债权人提供的,则表明企业经营的风险实际上已经转移给了外部债权人。当然,如果资本结构中债务所占比例很大,就会增加不能偿还债务本金和利息的风险,因为企业可能无法获得足够偿还债务的资金。

另一种方法是按照利润表所反映的数据考察企业的长期偿债能力,涉及的指标主要有利息保障倍数等。从长期来看,采用权责发生制基础,会计所得出的报告收益与企业偿还长期债务的能力是相联系的，虽然从短期看报告收益并不等于可运用的现金，但收入和费用最终会导致现金的流动。由于报告收益与企业偿还长期债务能力之间关系密切，因此，企业的获利能力是决定企业长期偿债能力的一个非常重要的因素。

长期偿债能力的分析一般采用如下指标：

1. **资产负债率**

资产负债比率也称负债比率，是企业全部负债总额与全部资产总额的比率，表示在企业全部资金来源中，从债权人方面取得数额的所占比重。该指标用于衡量企业利用负债融资进行财务活动的能力，也是显示企业财务风险的重要标志。其计算公式如下：

$$资产负债比率 = （负债总额 \div 资产总额）\times 100\%$$

在资产负债率的计算中，可转换债券应当计算在内，至于少数股东权益是否也作为负债计算在内，西方企业的做法不一。在应用资产负债率时，应当充分考虑资产中的虚资产和不良资产的影响。虚资产和不良资产的存在，事实上将会夸大企业的偿还能力。

资产负债率体现了债权人对企业资产的贡献水平，也体现了企业在清算时债权人利益的保障程度。因此，站在债权人的立场上，资产负债率越低越好。资产负债率低，则资产中的权益部分的比例就大，企业的财务实力就强，债权人的财务风险就小。如果资产负债率过高，则企业的风险主要由债权人承担，债权人款项的安全程度小，这是债权人最关心的问题。

其次，从投资者或者股东的立场看，企业举债的目的是获利。举债资本和投资者提供的资本在企业经营中发挥着同样的作用，所以，股东所关心的总是全部资本利润率是否超过举债的成本率，有两种情况：

第一种情况：如果总资产报酬率大于债务资金成本率，则举债给投资者扩大了利益。

第二种情况：如果总资产报酬率小于债务资金成本率，则对投资者就不利了。

然而，即使是在第一种情况下，企业也不能无限制地举债，因为当资产负债率超过一定的界限时，银行或其他债权人会认为风险太大而停止对企业的放债。究竟多大的资产负债率对企业是适宜的？换句话说，什么样的负债经营规模是适度的？有的观点声称50%是资产负债率的标准值。并认为：

当资产负债率在0与50%之间变化时,属于"绿灯区",表明企业财务状况处于良好状态,经营收益比较好,投资比较安全,偿债能力较强,对债权人比较安全,对投资者有较好的收益。

当资产负债率在50%与100%之间变化时,属于"黄灯区",表明企业负债较重,企业大部分或全部的资产是负债形成的。这类企业的经营和财务风险较大,对投资者和债权人都不利。当企业处于"黄灯区"时,要向企业发出警报,使其改善企业的财务状况,以避免资不抵债情况的发生。

当资产负债率超过临界点,大于100%时,企业便进入"红灯区",财务状况恶化,有可能破产、倒闭。当企业财务状况处于"红灯区"时,应对企业经营理财活动中存在的问题进行分析,找出亏损源,采取积极的对策。

50%是一个美国的经验数值。众所周知,美国是证券或股票市场高度发达的国家,许多企业能够通过发行股票来融资,这是美国企业能够将资产负债率保持在50%或以下的重要条件。这个情况在中国或证券市场还不甚发达的其他国家很难实现或维持。实际上,即使是在证券市场发达的国家,适度的资产负债率水平或适度的负债经营规模也要综合考虑若干因素来确定。所考虑的因素至少有以下方面。

(1)经济周期

从经济发展的不同阶段看,资产负债率与经济景气成正相关关系。

经济景气时,企业面临的经济环境与市场条件比较有利,产品销路好,举债可以增加企业的发展能力和盈利能力;反之,经济不景气时,产品销路下降,银根紧缩,举债容易增加风险和债务危机。

(2)行业性质

由于各行业的具体情况不同,因此其负债能力也有差别。从行业方面看,企业负债率的差别主要有以下原因:

①资产流动性。一般而言,资产流动性较强的行业,其周转能力和变现能力较强,可容许的资产负债率的适度规模也较大。如美国零售行业的资产负债率约为60%,而制造业企业的资产负债率则一般在50%左右。

②资金密集度。属于资金密集型的行业,由于其资金利润率相对高,所以较之劳动密集型的行业,适度的负债规模较大。例如美国飞机制造业的资产负债率约为68%,而医药制造业的这一比率则约为40%。

③行业成熟度。一般而言，属于发展速度快的新兴行业，资产负债率可以高一些，而已经进入成熟或衰退的行业，则应逐步降低资产负债率。

（3）资金市场

直接融资市场比较发达时，企业的资产负债率可能较低；间接融资市场发达时，企业的资产负债率可能较高些。如日本企业资产负债率高的主要原因之一就是其资本市场发展较为缓慢，企业主要依靠银行间接融资所致。

（4）企业介入直接资本市场的程度

一般情况下，上市公司直接介入资本市场，因此其资产负债率也低于非上市公司。

（5）企业经济效益水平

获利能力越强，财务状况越好，变现能力越强的企业，就越有能力负担财务上的风险，可容许的适度负债水平也可以高些。

（6）文化传统和理财风险态度

在一个崇尚稳健和保守的文化环境中，一般不会过多地举债而增加财务风险。此外，经济学将人对风险的态度分为三种类型，即所谓风险偏好、风险中性和风险厌恶。负债的规模，无疑与企业经营者的风险态度有关，实际上也就是与举债者的心理素质有关。

对企业来说，应当根据自身的实际情况，研究确定自身可容许的适度的负债规模，以防范财务风险和财务危机。

企业的过度负债是由于预算软约束的经济体制和资本市场不发达造成的。据此分析，降低资产负债率和优化资本结构的主要措施有：

①通过深化经济体制改革，建立健全社会主义市场经济体制，强化企业的预算约束，减弱企业资金扩张和过度负债的欲望和冲动，使企业能够自主经营、自负盈亏，使企业真正确立起负债经营的风险意识。

②通过深化企业产权体制改革，完善企业法人治理结构，在企业内部建立起负债经营的自我约束体制，通过企业的自我约束，有效地控制负债规模。

③大力发展和逐步完善直接资本市场，使更多的有发展前景的企业能够通过发行股票等直接融资方式解决发展中的资金问题，这是解决企业负债水平偏高的最根本的途径。

2. 所有者权益比率和权益乘数

所有者权益比率（在股份有限公司称之为股东权益）是企业所有者权益总额与资产总额之比，表明主权资本在全部资产中所占的份额。其计算公式为：

$$所有者权益比率 = (所有者权益总额 \div 全部资产总额) \times 100\%$$

所有者权益比率与资产负债比率之和应该等于1。因此，这两个比率是从不同的侧面来反映企业的长期资金来源。所有者权益比率越大，资产负债比率就越小，企业的财务风险就越小；反之，则相反。

所有者权益比率的倒数，称作权益乘数，反映企业的资产总额是所有者权益的多少倍。该乘数越大，说明投资者投入的一定量资本在生产经营中所运营的资产越多。可以用下列公式表示：

$$权益乘数 = 全部资产总额 \div 所有者权益总额$$

3. 产权比率

产权比率，也称负债与所有者权益比率，是企业负债总额与所有者权益总额之比。其计算公式为：

$$产权比率 = (负债总额 \div 所有者权益总额) \times 100\%$$

产权比率实际上是资产负债比率的另一种表示形式，只是表达得更为直接、明显，更侧重于揭示企业财务结构的稳健程度，以及所有者权益对偿债风险的承受能力。产权比率越低，表明企业的长期偿债能力越强，债权人承担的风险越小。但如果这个比率过低，所有者权益比重过大，则意味着企业有可能失去充分发挥负债的财务杠杆作用的大好时机。

4. 有形净值债务比率

有形净值债务比率，是指将无形资产、长期待摊费用从所有者权益中予以扣除，从而计算企业负债总额与有形净值之间的比率。该指标实际上是一个更保守、谨慎的产权比率。其计算公式：

$$有形净值债务比率 = 负债总额 \div [所有者权益 - (无形资产 + 长期待摊费用)] \times 100\%$$

所有者权益代表了企业的净资产，而它减去无形资产和长期待摊费用后被称为有形资产。之所以进一步考察负债对有形资产的比例关系，是因为无形资产的价值具有很大的不确定性，而长期待摊费用本身就是企业费用的资本化，它们往往不能用于偿债。因而，在企业陷入财务危机或面临清算等特别情况下，运用该指标更能反映债权人利益的保障程度，比率越低，保障程度就越高，企业有效偿债能力也就越强；反之，则相反。

5. 利息保障倍数

利息保障倍数又称已获利息倍数，是企业息税前利润（利息费用加税前利润）与所付的利息费用的倍数关系。该指标测定企业以获取的利润承担借款利息的能力，是评价债权人投资风险程度的重要指标之一。其计算公式为：

利息保障倍数 =（税前利润 + 利息费用）÷ 利息费用

利息保障倍数是从企业的效益方面考察其长期偿债能力的，利息保障倍数越高，表明企业对偿还债务的保障程度就越强，而拥有较高的、稳定的利息保障倍数的企业，通常可以比较容易地进行债务融资，甚至在其资产负债比率相对偏高的情况下也是如此。

运用指标进行分析评价时，应注意以下问题：

（1）利息费用的计算

公式中的利息费用一般取企业当期利润表中的财务费用，但此数并不准确，因为借款利息费用应包括计入当期损益（财务费用）和予以资本化两部分，且当期财务费用项目不仅仅只有利息费用，还包括汇兑损益、利息收入等内容。因此，计算利息费用应尽量通过有关账簿取得准确数据。

（2）利息费用的实际支付能力

由于到期债务是用现金支付的，而企业的当期利润是依据"权责发生制"原则计算出来的，这意味着企业当期可能利润很高，但不一定具有支付能力。所以，使用这一指标进行分析时，还应注意企业的现金流量与利息费用的数量关系。

6. 营运资金与长期负债比率

营运资金与长期负债比率，是指企业的营运资金（即流动资产 – 流动负债）与长期负债的比例关系。其计算公式为：

营运资金与长期负债比率 =（流动资产 – 流动负债）÷ 长期负债

长期负债会随着时间的推移延续不断地转化为流动负债，即一年内到期的长期负债。因此，流动资产除了要满足偿还流动负债的要求，还须有能力偿还长期负债。一般而言，保持长期负债不超过营运资金较为理想，营运资金与长期负债比率越高，不仅表明企业的短期偿债能力较强，而且预示着企业未来偿还长期债务的保障程度也越强。但该指标在一定程度上受企业筹资策略的影响，因为在资产负债比率一定的情况下，保守的做法，是追求财务稳定性，更多地筹措长期负债；而激进的做法，是追求资本成本的节约，更多地用流动负债来筹资。

7. 长期负债比率

长期负债比率，是指企业的长期负债与负债总额之间的比例关系，用以反映企业负债中长期负债的份额。其计算公式为：

$$长期负债比率 = （长期负债 \div 负债总额） \times 100\%$$

长期负债比率的高低可以反映企业借入资金成本的高低，同时，也可反映企业筹措长期负债资金的能力。相对而言，长期负债具有期限长、成本高、风险性低、稳定性强的特点。在资金需求量一定的情况下，提高长期负债比率，就意味着企业对短期借入资金依赖性的降低，从而减轻企业的当期偿债压力。

8. 影响长期偿债能力的其他因素分析

（1）资产价值的影响

资产负债表上的资产价值主要是以历史成本为基础确认计量的，这些资产的账面价值与实际价值往往有一定的差距。

①资产的账面价值可能被高估或低估。如前所述，资产的账面价值是历史数据，而市场处于不断变化之中，某些资产的账面价值已不能完全反映其实际价值，如企业处于城市中心地段的厂房会发生大幅度增值，而一些技术落后的设备其账面价值又会大大低于市场价值。

②某些入账的资产毫无变现价值。这类项目包括短、长期待摊费用以及某些人为制造的应收账款、存货等，前者已作为费用支出，只是因为会计上的配比原则才作为资产保留在账面上，而后者是"粉饰"的结果，这类资产的流动性几乎等于零，对于企业的偿债能力毫无意义。

③尚未全部入账的资产。按照现行会计制度，企业的资产并非全部在资产负债表中得到反映，一些非常重要的项目往往未被列作资产入账。例如，企业自行开发的、成本较低而计入期间费用的商标权、专利权等，其商用价值是不容忽视的。又如，一些企业的衍生金融工具是以公允价值披露在财务附注中的，这种揭示有助于使用者分析与之相关的企业的重大盈利机会或重大潜在风险。

（2）长期经营性租赁的影响

当企业急需某项设备而又缺乏足够的资金时，可以通过租赁方式解决。财产租赁有融资租赁与经营租赁两种形式。融资租赁的设备可视同企业的自有资产，相应的租赁作为长期负债处理；而企业经营租赁的设备则不包括在固定资产总额中，如果该设备被长期占用，形成了一项长期固定的租赁费用，则实际上是一种长期筹资行为，但其租赁费用又不能作为长期负债处理，因此，需要偿还的债务和用偿债保障的资产两方面都出现了特殊情况，若被忽略就会对企业的长期偿债能力产生负面影响。

（3）或有事项和承诺事项的影响

或有事项，指企业现存的一种状态或处境，其最终结果是否发生损失或收益，依其未来不确定事项是否发生而定。按照会计上的谨慎性原则，企业应尽量预计可能发生的损失和负债，而不得预计可能发生的收益和资产（如预计合同方的违约罚款收入）。目前，我国会计制度中尚未规定对或有事项的会计处理，只是要求在表外披露已贴现的应收票据及其他企业的贷款担保，视为或有负债；此外，中国证监会要求股份公司在招股说明书中披露或有负债及重大未决诉讼事项。

承诺事项，指企业由具有法律效力的合同或协议的要求而引起义务的事项，例如，与贷款有关的承诺、信用证承诺、售后回购协议下的承诺。在未来的特定期间内，只要达到特定条件，即发生资产减少或负债增加。由此可见，无论是或有事项，还是承诺事项，均有可能减弱企业长期偿债能力，必须对此严加观察和分析，以防患于未然。

此外，国家信贷政策的调整，全球性或区域性经济发展状况等对长期偿债能力均有影响。只是这些影响大都难以进行准确的定量分析，其分析的准确性较多地依赖于分析人员的专业判断。

二、营运能力分析

（一）营运能力分析的意义和作用

营运能力分析能够评价一个企业的经营水平、管理水平，并能在此基础上预期它的发展前景，因而对各个利益主体的关系重大。

1. 有助于衡量企业资产投资水平的合理性，以促进资产的合理配置

对于企业内部管理者而言，其在追求企业价值最大化的过程中，不仅要清楚企业的盈利水平，而且要关心盈利的原因和过程。通过营运能力分析，可以了解企业生产经营对资产的需求状况，发现与企业整体经营水平不相适应的资产使用状况，从而进一步加强管理，并据此调节资产结构比例，促进资产的合理配置，最终改善财务状况，提高资金周转的速度。

2. 有助于判断企业的盈利能力，评估企业价值

企业存量资产的周转速度越快，实现收益的能力越强。另外，企业净利润的增加，并不一定反映为现金净流量的增加，这就是所谓的收益质量不佳。通过获现能力分析，可以对收益的质量作出评价，从而进一步合理评估企业价值。

3. 有助于评价企业的偿债能力和支付能力，反映企业财务的安全性

短期偿债能力指标都是基于流动资产存量的静态指标，而通过分析流动资产的获益能力和获现能力则可以了解这些资产的质量，并进一步显示短期偿债能力的质量。当企业的资产能够在周转中创造较高的收益，并产生较多的现金流量净额，就表明企业具有较强的偿债能力和支付能力，企业的财务风险就会较低。

（二）营运能力分析

营运能力主要通过资产所创造的收入来衡量，因为企业经营的目的是为了利用资产赚取盈利。在计算财务比率指标时，通常应保持其分子和分母的一致性，但利用收入来衡量资产运用效果时会产生困难。例如，某台生产设备产生的收入是多少，这是一个很难计量的问题，因为一般无法将收入分配于个别资产。因此，只能选择使用资产的周转率来说明资产使用与营业收入之间的关系，即利用资产周转率反映一个企业的营运能力与质量。一般而言，一个企业资产周转得越快，说明该企业资金的利用率越高，利用效果越好，企业的营运能力越强，质量越好。

反映资产周转能力的指标通常有周转率和周转天数两种，其一般公式为：

$$资产周转率 = 周转额 \div 平均资产$$

$$资产周转天数 = 计算期天数 \div 资产周转率$$

常见的资产周转能力指标主要包括总资产周转率、固定资产周转率、流动资产周转率、应收账款周转率、存货周转率和营业周期等。

1. 总资产周转率

总资产周转状况分析实际上就是对企业的总资产及其各项构成要素的营运能力的分析。企业总资产营运能力集中反映在总资产的销售水平上，因此总资产周转率可用于分析企业全部资产的使用效率。

第四章 基本的企业财务分析

总资产周转率是指企业营业收入与资产总额的比率，即企业的总资产在一定时期内（通常为一年）周转的次数。其计算公式如下：

总资产周转率(次数) = 营业收入 ÷ 平均资产总额

其中：

平均资产总额 = (期初资产总额 + 期末资产总额) ÷ 2

企业总资产周转率反映总资产的周转速度。总资产周转率越高，周转次数越多，表明总资产周转速度越快，说明企业的全部资产进行经营利用的效果就越好，企业的经营效率就越高，进而使企业的偿债能力和盈利能力得到增强。反之，则表明企业利用全部资产进行经营活动的能力差，效率低，最终将影响企业的盈利能力。如果总资产周转率长期处于较低的状态，企业则应采取适当措施提高各项资产的利用程度，对那些确实无法提高利用的多余、闲置资产及时进行处理，加速资产周转。

总资产周转率也可用周转天数表示，其计算公式为：

总资产周转天数 = 计算期天数 ÷ 总资产周转率(次数)

其中，"计算期天数"取决于实际计算期长短，为简便起见，我国通常定为一年，即360天。美国仍按365天计算。

2. 固定资产周转率

固定资产周转率是指企业年主营业务收入净额与固定资产平均净值的比率。它是反映企业固定资产周转状况，衡量固定资产运用效率的一项指标。其计算公式为：

固定资产周转率(次数) = 营业收入 ÷ 固定资产平均净值

固定资产周转天数 = 计算期天数 ÷ 固定资产周转率(次数)

固定资产周转率也没有绝对的判断标准，一般通过与企业原来的水平相比较加以考察，但难以找到外部条件可资借鉴的标准企业和标准比率。一般情况下，固定资产周转率越高，表明企业固定资产利用越充分，企业固定资产投资得当，固定资产结构合理，能够较充分地发挥固定资产的使用效率，企业的经营活动越有效；反之，则表明固定资产使用效率不高，企业的营运能力较差。

在利用固定资产周转率进行分析时，应注意以下问题：

①该比率的分母使用固定资产平均净额，是为了与总资产周转率计算保持一致，因为报表中资产总额均是净值。然而，即使同样的固定资产，由于企业所采用的折旧方法和使用的折旧年限长短不同，也会导致不同的

固定资产账面净值,从而影响固定资产周转率指标,造成该指标的人为差异,这也正是采用净值计算该指标的缺陷。

②企业的固定资产一般采用历史成本记账,因此在企业固定资产、销售情况都未发生变化的条件下,也可能由于通货膨胀导致物价上涨等因素使收入虚增,导致固定资产周转率提高,而实际上企业的固定资产效能并未增加。

③利用固定资产周转率进行分析时,还应注意结合流动资产投资规模、周转额、周转速度等来分析固定资产的利用效果,以免片面和偏激。

3. 流动资产周转率

流动资产周转率是指企业流动资产在一定时期内完成的周转额与流动资产平均余额的比率,即企业的流动资产在一定时期内(通常为一年)周转的次数。流动资产周转率是反映企业流动资产周转速度的指标。其计算公式如下:

流动资产周转率(次数) = 流动资产周转额 ÷ 流动资产平均占用额

其中:

流动资产平均占用额 = (期初流动资产 + 期末流动资产) ÷ 2

流动资产周转天数 = 计算期天数 ÷ 流动资产周转率(次数)

流动资产周转额通常有两种计算方法,一是按营业收入计算周转额,这种流动资产周转率称为"收入流动资产周转率"。另一种是按营业成本计算周转额,这种流动资产周转率称为"成本流动资产周转率"

按营业收入计算周转额时,流动资产周转率不仅反映企业生产经营过程中流动资产的周转速度,而且反映新创造纯收入的情况。所以,收入流动资产周转率指标不仅受企业实际投入生产经营的流动资产周转速度的影响,同时还受企业盈利水平的影响;按营业成本计算周转额时,流动资产周转率仅反映流动资产所占用的资金的周转速度。由营业收入而取得的资金中,有一部分因税利分配而不再参加流动资产周转,所以,按营业成本计算的流动资产周转率似乎更合理。

企业的流动资产周转率越高,流动资产周转速度越快,周转次数越多,表明企业以相同的流动资产完成的周转额越高,企业流动资产的经营利用效果越好,企业的经营效率越高,进而使企业的偿债能力得到增强。反之,则表明企业利用流动资产进行经营活动的能力差,效率低。

4. 应收账款周转率

应收账款周转率是指企业商品或产品赊销净额与应收账款平均余额的比率，即企业的应收账款在一定时期内（通称为一年）周转的次数。应收账款周转率是反映企业的应收账款周转速度的指标。其计算公式如下：

应收账款周转率(次数) = 赊销收入净额 ÷ 应收账款平均余额

其中：

赊销收入净额 = 销售收入 − 现销收入 − 销售退回 − 销售折让 − 销售折扣

应收账款平均余额 = (期初应收账款 + 期末应收账款) ÷ 2

应收账款周转率是反映企业应收账款变现速度快慢与管理效率高低的指标。一定期间内，企业的应收账款周转率越高，周转次数越多，表明应收账款回收速度越快，企业经营管理的效率越高，资产流动性越强，短期偿债能力越强。同时，较高的应收账款周转率，可有效地减少收款费用和坏账损失，从而相对增加企业流动资产的收益。反之，较低的应收账款周转率，则表明企业应收账款的管理效率较低，企业不仅需加强应收账款的管理和催收工作，还要根据应收账款周转率更细致地评价客户的信用程度及企业所制定的信用政策的合理性。

应收账款周转率也可以用周转天数来表示。应收账款周转天数也称为应收账款账龄，是指企业自商品或产品销售出去开始，至应收账款收回为止经历的天数。其计算公式为：

应收账款周转天数 = 计算期天数 ÷ 应收账款周转率(次数)

应收账款账龄越短，说明企业应收账款变现的速度越快，企业资金被外单位占用的时间越短，管理工作的效率越高，它是应收账款流动程度的补充指标。

在计算分析应收账款周转率指标时，应注意以下几个问题：

①赊销收入净额指标在企业内部进项分析时是适用的，但在与其他企业进行比较，或是外部报表使用者计算时，因企业公开发表的财务资料中很少披露赊销收入金额，所以在计算应收账款周转率时一般可以采取营业收入代替赊销收入的办法，并将现销收入视为收款期为零的赊销收入。

②公式中的应收账款数额应包括资产负债表中的"应收账款"与"应收票据"等全部赊销应收账款在内，并应扣除坏账准备后的净额。

③为便于分析，在实际工作中，可以用连续若干年的应收账款周转率

指标与本期应收账款周转率进行对比，以得出比较准确的分析结果。

④应收账款周转率只是分析企业流动资产周转情况的一部分，它还与客户的信用状况、企业提取坏账准备的多少、催收账款工作是否及时等因素相联系，分析中还应该综合考虑这些因素的变化情况。

5. 存货周转率

在企业的流动资产中，存货所占的比重比较大，因此要特别重视对存货的分析。

存货周转率是企业营业成本与存货平均余额的比率，即企业的存货在一定时期内（通常为一年）周转的次数。存货周转率是反映企业的存货周转速度的指标，也是衡量企业生产经营各环节中存货运营效率的综合性指标。其计算公式如下：

$$存货周转率(次数) = 营业成本 \div 存货平均余额$$

其中：

$$存货平均余额 = (期初存货 + 期末存货) \div 2$$

企业的存货周转率指标不仅是考核企业存货周转情况的指标，还与企业的获利能力直接相关。一定期间内，企业的存货周转率越高，周转次数越多，表明企业存货回收速度越快，企业的经营管理的效率越高，资产流动性越强，企业的利润就越高（在企业有利经营的条件下）；反之，则表明企业存货的管理效率较低，存货周转较慢，存货占用资金较多，企业的利润、效率较低。

存货周转率也可以用周转天数来表示，其计算公式为：

$$存货周转天数 = 计算期天数 \div 存货周转率(次数)$$

存货周转天数越少，说明企业存货变现的速度越快，存货流动性越强。

在计算分析存货周转率指标时，应注意以下几个问题：

①应尽可能结合存货的批量因素、季节性变化因素等对存货的结构以及影响存货周转速度的重要指标进行分析，通过进一步计算原材料周转率、产品周转率或某种存货的周转率，从不同角度、环节找出存货管理中的问题，在满足企业生产经营需要的同时，尽可能减少经营占用资金，提高企业存货管理水平。

②要对存货周转率的大小做出合理的判断。一方面，存货周转率指标较低，是企业经营情况欠佳的一种迹象，它可能是由于企业存货中出现冷

背残次品、存货不适应生产销售需要、存货投入资金过多等原因造成的；另一方面，存货周转率指标较高，也不能完全说明企业的存货状况很好，因为若企业存货资金投入少，可能会因存货储备不足影响生产或销售业务的进一步发展，那些采购困难的存货就容易形成储备不足的现象。此外，存货周转率提高也可能是由于企业提高了销售价格，而存货成本并未改变。分析时应注意这些情况的影响。

6. 营业周期分析

营业周期是指从取得存货开始到销售存货并收回现金为止的一段时期，即企业的生产经营周期。营业周期长短对企业生产经营具有重要影响。营业周期越短说明资产的流动性越强资产的效率越高，其收益能力也相应增强，资产风险降低。营业周期的长短还影响着企业资产规模和资产结构，周期越短，流动资产的占用相对越少；反之，则相反。因此，分析研究如何缩短企业的营业周期，对于增强资产的管理效果具有重要意义。

营业周期的长短可以通过应收账款周转天数和存货周转天数近似的反映出来，因此，我们可由应收账款周转天数和存货周转天数之和简化计算营业周期。即：

$$营业周期 = 应收账款周转天数 + 存货周转天数$$

当我们采用这种简化计算方法计算营业周期时，应注意下列因素可能会影响计算结果：

①采用营业年度或日历年度的年初、年末数简单计算平均数。营业年度的年初、年末通常是企业生产经营的淡季，应收账款和存货的数据偏低，从而使营业周期可能被缩短。而采用日历年度时，不同企业可能处于淡季，也可能处于旺季，从而使营业周期有可能被缩短，也有可能被延长。

②采用不同的存货计价方法时，同样的存货也会产生不同的价值，进而影响到存货周转天数，如在价格上涨的情况下采用后进先出法，则存货价值偏低，存货周转天数被低估，从而也人为地缩短了营业周期。

③如前所述，对于外部报表分析人而言，通常只能根据营业收入而非赊销净额计算应收账款的周转天数，这样应收账款周转天数被低估，也将导致营业周期被缩短。

三、盈利能力分析

企业盈利能力指标主要是反映企业经营活动创造利润的能力。该指标一方面体现了企业实现利润的多少和利润的稳定程度;另一方面也可以体现企业投入资金的收益能力,以及通过加速企业资产周转的盈利能力。由于能力是企业在一定时期内赚取利润的能力,最大限度地赚取利润是企业持续、稳定发展的前提。因而企业的盈利能力对企业的所有利益关系人来说都是非常重要的,不同报表使用者对盈利能力的分析有着不同的目的。企业的获利水平是衡量企业经营业绩的重要指标,也是投资人正确决定其投资去向,判断企业能否保全其资本的依据;债权人也需要通过对获利状况的分析准确评价企业债务的偿还能力,从而控制信贷风险。所以无论是投资人、债权人还是企业经营管理人员都日益重视企业盈利能力的分析。当然,在盈利能力的分析中,全面领悟分析的内容,正确掌握分析的方法是至关重要的。

(一)盈利能力分析的意义和作用

盈利能力是指企业在一定时期内获取利润的能力,体现的是企业运用其所能支配的经济资源开展某种经营活动,从中赚取利润的能力。企业的经营活动是否具有较强的盈利能力,对企业的生存、发展至关重要。

盈利能力分析是通过一定的分析方法,判断企业能获得多少利润的能力。企业盈利能力的高低无论是对于企业的投资者、债权人的投资安全保障,还是对于衡量企业经理人员的经营业绩和企业职工的工作效率等都是至关重要的。因此,盈利能力分析是企业利益相关者了解企业、认识企业、改进企业经营管理的重要手段之一。但不同报表的使用者对盈利能力分析的侧重点是不同的,因而企业盈利能力分析对不同报表使用者来说,有着不同的意义,并通常可以起到以下作用。

①利润是股东利益的源泉,只有利润的增加,才能带来股东利益的增长。此外,从长期来看,无论是股东收益还是资本收益,都离不开利润。

企业的投资者进行投资的目的是获取更多的利润,投资者总是将资金投向盈利能力强的企业。因此,投资者对盈利能力进行分析是为了判断企业盈利能力的大小、盈利能力的稳定性和持久性,以及未来盈利能力的变化趋势。在市场经济条件下,投资者尤其关心企业获取利润的多少,并重视对利润率的分析,因为企业盈利能力越强,投资者直接利益就会越高,并且还会使股票价格上升,从而使投资者获得资本收益。

②实现利润是企业偿还负债的基本条件。企业只有获得利润,才能偿

还资金来源中的负债，尤其是对于长期负债，利润是长期债务偿还的基本保障。

对于债权人来说，利润是偿债的一种重要来源。债权人通过分析企业的盈利能力来衡量其收回本息的安全程度，从而使借贷资金流向更安全、利润率更高的社会生产部门。短期债权人在企业中的直接利益是在短期内要求债务的还本付息，因此主要分析企业当期的获利水平；而长期债权人的直接利益是企业在较长时期的债务到期时，能及时足额收回本息，故而就当期而言，主要是评价其利息的保障程度。

③利润是企业管理当局管理业绩的主要衡量指标，也是其管理业绩的综合体现，是所有者（股东）与经营者（管理层本身）共同利益的集中点。

对于企业经理人员来说，分析企业的盈利能力具有十分重要的意义。首先，用已经达到的盈利能力指标与标准、基期、同行业平均水平、其他企业相比较，可以衡量经理人员工作业绩的优劣；其次，通过对盈利能力的深入分析或因素分析，可以发现经营管理中存在的重大问题，进而采取措施解决问题，提高企业经营管理水平。

总之，盈利能力分析能够用以了解、认识和评价一个企业过去的经营业绩、管理水平，以及通过对过去的评价，预测其未来的发展前景。因此，盈利能力分析成为企业及其利益相关者群体极为关注的一个重要内容。

（二）盈利能力分析的方法

盈利能力是指企业获得利润的能力，而盈利能力的分析应包括获利水平和获利的稳定性、持久性两方面的内容。在企业盈利能力分析中，人们往往重视企业获得利润的多少，而忽视企业获利的稳定性、持久性的分析。实际上，企业盈利能力的强弱不能仅以企业利润总额的高低水平来衡量。虽然利润总额可以揭示企业当期的获利总规模或总水平，但是它不能表明这一利润总额是怎样形成的，也不能反映企业的获利能否按照现在的水平维持，或者按照一定的速度增长下去，即无法揭示这一盈利能力的内在品质。所以对盈利能力的分析不仅要进行总量的分析，还要在此基础上进行获利结构的分析，以把握企业盈利能力的稳定性和持久性，尤其是后者，在报表分析中更为重要。

1. 盈利能力的稳定性分析

盈利能力的稳定性主要应从各种业务的利润结构角度进行分析，即通过分析各种业务利润在利润总额中的比重,以判别其盈利能力的稳定性。我国利润表中的利润按照业务的性质划分为商品(产品)销售利润、投资收益、营业利润、利润总额和净利润等。各利润项目又是按获利的稳定性程度顺序排列的,凡是越靠前的项目在利润总额中所占比重就越高,说明获利的稳定性越强;反之,则越弱。由于营业收入是企业的主要经营业务收入来源,因此,一个持续经营的企业总是力求保证营业收入的稳定,从而使其总体获利水平保持稳定,所以在盈利能力的稳定性分析中应侧重主营业务利润(或毛利)比重地分析,重点分析主营业务利润对企业总获利水平的影响方向和影响程度。

2. 盈利能力的持久性分析

盈利能力的持久性,即企业获利长期变动的趋势。分析盈利能力的持久性通常采用将两期或数期的损益进行比较的方式。各期的对比既可以是绝对额的比较,也可以是相对数的比较。绝对额的比较方式是将企业经常发生的收支、经营业务或商品利润的绝对额进行对比,看其获利是否能维持或增长。相对数的比较方式是选定某一会计年度为基年,用各年利润表中各收支项目余额去除以基年相同项目的余额,然后乘以100%,求得各有关项目变动的百分率,从中判断企业获利水平是否具有持续保持和增长的可能性,如企业经常性的商品销售或经营业务利润稳步增长,则说明企业盈利能力的持久性较强。

3. 盈利能力水平分析的几个指标

分析企业的盈利能力水平主要是通过计算相对性财务指标,以评价企业的盈利能力水平。这些指标一般根据资源投入及经营特点分为四大类:资本经营盈利能力分析、资产经营盈利能力分析、商品经营盈利能力分析和上市公司盈利能力分析。其包含的基本指标有净资产收益率、总资产报酬率、收入利润率、成本利润率、每股收益、普通股权益报酬率和股利发放率等。

(三) 销售盈利能力分析

销售盈利能力分析是指1元销售收入与其成本费用之间可以"挤"出来的毛利润,该比率越大则企业的盈利能力越强。关心企业盈利能力等各方面信息的使用者都非常重视销售盈利能力指标的变动,因为这是衡量一个企业总资产报酬率、资本回报率等的基础,也是同一行业中各个企业之间比较工作业绩和考察管理水平的重要一环。反映销售能力的指标有销售毛利率和营业利润率等。

1. 销售毛利率

销售毛利率是指销售毛利占营业收入的比例，而销售毛利则是营业收入与营业成本之差。其计算公式为：

$$销售毛利率 = (销售毛利 \div 营业收入) \times 100\%$$
$$= [(营业收入 - 营业成本) \div 营业收入] \times 100\%$$

由公式可以看出，企业的销售毛利率反映企业商品生产、销售的盈利能力，取决于收入与对应成本的比例。毛利是企业利润形成的基础，单位收入的毛利越高，抵补各项期间费用的能力就越强，企业的盈利能力也就越高；反之，则盈利能力越低。就一般性企业而言，影响企业收入与成本的因素有以下三种：

（1）销售商品的价格

由于营业收入是销售数量和单价的乘积，故而销售价格的高低直接影响收入的多少。

（2）购货成本或产品的生产成本

对于商用企业而言，购货成本就是其营业成本；而对于制造企业而言，营业成本则是指已销产品的生产成本。

（3）企业生产或经营商品的品种结构

由于企业销售产品的品种繁多，且每种产品的边际利润通常不同，故而企业生产或经营商品的品种结构必然影响成本的多少，以及收入的形成，即毛利的高低。

因此，就单个产品而言，提高价格或减少成本是提高利润率的主要手段，但就整个企业而言，生产或经营的产品结构是影响利润的主要因素。但若仅针对报表数据分析而言，综合分析是其唯一选择。

2. 营业利润率

营业利润率是企业营业利润与营业收入之间的比率，该指标用于衡量企业整个营业活动的盈利能力。其计算公式为：

$$营业利润率 = (营业利润 \div 营业收入) \times 100\%$$

营业利润是最能体现企业经营活动业绩的项目，是企业利润总额中最基本、最经常，同时也是最稳定的利润组成部分，营业利润占利润总额比重的多少，是说明企业盈利能力质量高低的重要依据。另外，营业利润作为一种净获利额，比销售毛利更好地说明了企业收入的净获利情况，从而能更全面、完整地体现收入的盈利能力。营业利润率越高，表明企业盈利能力越强；反之，则盈利能力越弱。

（四）资产盈利能力分析

企业的盈利能力可以通过收入与利润的比例关系来评价，还可以通过投入资产与获得利润的关系来评价。由于企业可以采用高销售利润率、低周转率的政策，也可以采用低销售利润率、高周转率的政策，所以销售利润率的高低受到企业经营政策的影响。但是，由于这种政策的选择不会改变企业的资产利润率，从而使资产利润率能更全面地反映企业获利的能力。

销售盈利能力分析主要以营业收入为基础，是就利润表本身的相关盈利能力水平指标所进行的分析，因而没有考虑投入与产出之间的关系，只是在产出与产出之间进行的比较分析，它是企业盈利能力的基础表现，但未能全面地反映企业的盈利能力，因为高利润率指标可能是靠高资本投入实现的。因此，还必须从资产运用效率和资本投入报酬角度进一步对企业的盈利情况进行分析，才能公正、客观地评价企业的盈利能力。反映资产盈利能力的主要指标包括总资产利润率、流动资产利润率、固定资产利润率等。

1. 总资产利润率

总资产利润率也称总资产报酬率，它是企业一定期间内实现的利润与该时期企业平均资产总额的比率，反映了企业总资产的综合管理效果。其计算公式为：

总资产利润率 =（净利润 ÷ 平均资产总额）× 100%

式中，平均资产总额是指期初资产总额与期末资产总额的平均数。

对于公式中的利润总额则可以有多种认识。一是采用税后净利，它有利于展示资产利润率的一个重要关系式：总资产利润率 = 销售净利率 × 资产周转率，从而可进一步分析经营获利能力和资产周转速度对总资产利润率的影响，常用于杜邦财务分析体系。但是，税后净利额必然会受到资本结构的影响，使不同时期、不同企业的总资产利润率会因资本结构等因素的不同而不可比较。二是采用息税前利润额，即用税前利润加利息表示利润总额，它可以避免因资本结构不同而导致不同的利润值，从而消除资产结构影响资产利润率的现象，能够较好地体现企业资产的总增值情况，而且便于企业之间进行横向比较，但不能反映终极所有。三是采用税后净利润加利息，它既可在一定程度上反映终极所有，又剔除了资本结构因素的影响。但它将使上述重要关系式不能直接运用。由于对资产利用效果进行评价分析主要是立足于企业内部经营管理者，因此，第二种认识即将息税前利润作为分子，显然具有更重要也更现实的意义。

总资产利润率在资产结构和资产管理效果分析中具有重要意义：

（1）总资产利润率指标集中体现了资金运动速度和资金利用效果之间的关系

资金运动越快，资产的占用总额越小而实现的业务量越大，表现为较少的资产投资能够获得较多的利润。通过对总资产利润率的分析，能使企业管理者形成一个较为完整的资产与利润关系的概念，实现资产运用与盈利挂钩，促使企业重视资产管理效果：只有合理使用资金，降低消耗，避免资产闲置、资金沉淀、资产损失浪费，方能提高总资产利润率。

（2）在企业资产总额一定的情况下，利润的多少决定着总资产利润率的高低

如前所述，资产结构对企业盈利和资产的流动性均具有重要影响，通过总资产利润率的分析，还将促使企业重视改善资产结构，增强资产的盈利性和流动性。

（3）总资产利润率指标还可以反映企业综合经营管理水平的高低

由于总资产利润率是一个综合性较强的指标，企业经营管理的各个方面与其相关，所以总资产利润率的高低，可以折射出企业综合管理水平的高低。企业综合经营管理水平越高，则企业各部门、各环节的工作效率和工作质量就越高，资产运用得当，费用控制严格，利润水平越高，总资产利润率也就越高；反之，则相反。

无疑，一个企业的总资产利润率越高，表明其资产管理的效益越好，企业的盈利能力也越强。当然，仅分析某一个会计年度的总资产利润率还不足以对企业的资产管理状况作出全面的评价，因为利润总额中可能包含着非正常因素，因此，我们通常应测算连续几年（如5年）的总资产利润率后，才能得到作出准确评价的信息。在此基础上再进行同行业的比较分析，以提高分析结论的准确性。至于要了解资产利润率高低变动的原因，则应进一步分析流动资产利润率和固定资产利润率。

2. 流动资产利润率

流动资产利润率是企业一定期间内实现的利润额与该时期企业流动资产平均占用额的比率,反映了企业流动资产的管理效果。其计算公式为:

流动资产利润率 =(净利润÷流动资产平均占用额)×100%

式中,流动资产平均占用额是指期初流动资产占用额与期末流动资产占用额的平均数。流动资产利润率也可进一步分解为:

流动资产利润率 = 销售利润率 × 流动资产周转率

显然,流动资产利润率受到销售利润率和流动资产周转速度的影响。销售利润率越高,流动资产利润率就越高;当销售利润率一定时,流动资产周转速度越快,流动资产利润率也越高。因此,流动资产利润率是反映流动资产管理效果的一个综合性较强的指标。流动资产利润率越高,说明流动资产的管理效果越好。对流动资产利润率的分析可知,销售环节盈利能力的状况对流动资产利润率有多大、怎样的影响,要增强流动资产的管理效果必须在扩大销售的同时,降低、节约成本费用;另外也了解了流动资产周转速度对流动资产利润率有多大、怎样的影响,要增强流动资产管理效果还必须加速流动资产的周转,而这取决于流动资产投入及其项目结构的合理安排。资产管理效果的提高有赖于流动资产利润率的提高,而提高流动资产利润率则是一个系统工程。

3. 固定资产利润率

固定资产利润率是企业一定期间内实现的利润额与该时期企业固定资产平均占用额的比率,它反映了企业固定资产的管理效果。其计算公式为:

固定资产利润率 =(净利润÷固定资产平均占用额)×100%

式中,固定资产平均占用额是指期初固定资产占用额与期末固定资产占用额的平均数。

需要说明的是,固定资产占用额可以是原值,也可以是净值,出于计算指标一致性的考虑,本应采用净值。但采用净值时,指标受固定资产新旧程度及企业固定资产折旧政策的影响,从而削弱了指标的可比性,因此在这里我们主张采用固定资产原值。

固定资产利润率指标也能综合性地反映固定资产的管理效果,固定资产利润率越高,固定资产的管理效果就越好。

四、市场价值分析

市场价值分析是指站在投资者的角度，对企业的价值最大化进行的分析，因为财务管理的目标就是股东价值最大化。虽然企业投资者对企业价值最大化分析所运用的指标可能是多样化的，但市场价值分析指标肯定是其中最主要的指标，因为企业价值最大化的市场体现是最公平的。市场价值分析指标主要包括每股收益、市盈率、股利支付率、市净率、每股账面价值、每股营业现金净流量、现金股利保障倍数等指标。

市场价值分析是财务报表分析的重要内容之一，具有广泛的用途，也是现代财务分析的一个必要组成部分，是进行财务估价的一种特殊形式。

（一）市场价值分析的意义

企业市场价值分析是通过分析和衡量企业的公平市场价值、投资者的盈利状况，以及盈利的分配状况，向市场提供有关信息，以帮助投资人和管理当局改善决策。

企业市场价值分析提供的信息不仅仅是企业价值的一个数字，它还包括在价值产生过程中的大量信息。例如，企业价值是由哪些因素驱动的，销售净利率对企业价值的影响有多大，提高投资资本报酬率对企业价值的影响有多大等。即使企业价值的最终评估值不很准确，这些中间信息也是很有意义的。因此，不要过分关注最终结果而忽视价值产生过程的其他信息。

企业的市场价值分为经济价值和会计价值。经济价值是经济学家所持的价值观念，它是指一项资产的公平市场价值，通常用该资产所产生的未来现金流量的现值来计量。而对于习惯于使用会计价值和历史成交价格的会计师，特别要注意区分会计价值与经济价值、现时市场价值与公平市场价值之间的关系。

（二）市场价值财务指标分析

市场价值财务指标是分析企业财务状况、股票价格、盈利能力和盈利分配状况的重要指标，一般包括以下内容。

1. 普通股每股收益

普通股每股收益（EPS）也称普通股每股利润或每股盈余，是指公司可用于普通股分配的利润与流通在外（国内为发行在外）普通股的比值。该比率反映普通股的获利水平，是衡量上市公司获利能力的重要财务指标。其公式为：

$$每股收益 = 可用于普通股分配的利润 \div 普通股股数平均数$$

每股收益指标主要是用来衡量股份公司普通股股票的价值，每股盈利越高，获利能力越强，普通股股价就越有上升的余地。每股收益的分析应将报告期实际数与上期实际数对比，与计划期目标值对比，找出差距，并分析影响变动的因素。若公司发行有可能转换为普通股的优先股，当可转换证券在一定条件下行使权利，转换成普通股时，在股本总数不变的情况下，会使每股净利减少，在进行因素分析时应考虑到可能产生的稀释效果。

2. 市盈率

市盈率是指普通股每股收益与普通股每股市价的比值。它是通过公司股票的市场行情，间接评价公司盈利能力的指标。其计算公式如下：

$$市盈率 = （每股收益 \div 普通股每股市价）\times 100\%$$

公式中，普通股每股市价通常采用年度平均价格，即全年各回收盘价的算术平均。为简单起见，并增强其适时性，也可采用报告日前一日的实际价。

普通股权益报酬率是按照股票面值计算的盈利能力，由于股票可以自由买卖和转让，股东为取得股票而支付的代价实际上并不是股票面值，而是股票价格，因此，股东们更关心按市价支付的股本额所得到的报酬。市盈率指标反映了股东每付出1元所获取的收益，将所费与所得联系起来综合考虑，比单纯的每股收益额更具说服力。一般认为，数值越大，盈利能力越强，投资回收速度越快，对投资者的吸引力越大。

必须指出，市盈率的计算，还有与上式恰恰相反的表达方式（我国股市常用此式），表示公式如下：

$$市盈率 = （普通股每股市价 \div 每股收益）\times 100\%$$

以这种形式表示的市盈率反映投资者每获得1元收益所必须支付的价格。若公司在股票市场上连续维持较高的市盈率，或与其他上市公司比较市盈率高，说明公司的经营能力和盈利能力稳定，具有潜在的成长能力，公司有较高的声誉，对股东有很大的吸引力。因为股东购买股票获取的收益由两部分组成：一是股利收入；二是股票本身市价上涨。股东认为，虽然从目前盈利情况分析，每获取 1 元所付出的代价较高，但股东相信，将来公司股票的市价必会上扬，股东们会取得更高的差价。

市盈率的这两种表示形式，对不同的投资者有不同的理解。长期投资者持有公司股票的目的是为了能在政策上影响被投资者，形成长期贸易上的伙伴关系，他们短期内并不想抛售股票，而是想取得稳定的投资收益。因此，他们关心的是公司长远的发展和投资的获利能力，往往利用市盈率的第一种表示形式通过分析比较进行投资决策。短期投资者持有公司的股票的主要目的是等待股价上扬来赚取差价，他们往往利用市盈率的第二种表示形式分析股价上涨的可能性以进行投资决策。

运用市盈率指标衡量公司的盈利能力时还应该注意两点：第一，市盈率变动因素之一是股票市场价格的升降，而影响股价升降的原因除了公司经营成效和发展前景外，还受整个经济环境、政府的宏观政策、行业发展前景以及意外因素（如灾害、战争）等的制约，因此必须对股票市场的整个形势作出全面分析，才能对市盈率的升降做出正确评价。第二，当公司总资产报酬率很低时，每股收益可能接近零，以每股收益为分母的市盈率可能很高，因此，单纯利用市盈率指标就可能错误估计公司的发展形势，最好与其他指标综合考虑。

3. 股利支付率

股利支付率是衡量普通股的每股收益中，有多大比例用于支付现金股利，它反映了公司的股利分配政策和支付股利的能力。其计算公式为：

$$股利支付率 = 普通股每股现金股利 \div 普通股每股收益$$

股利支付率是股利政策的核心。确定股利支付率，首先要弄清公司在满足未来发展所需的资本支出需求和营运资本需求后，有多少现金可用于发放股利；然后考察公司所能获得的投资项目的效益如何。如果现金充裕，投资项目的效益又很好，则应少发或不发股利；如果现金充裕但投资项目效益较差，则应多发股利。

4. 每股账面价值

每股账面价值反映发行在外的每股普通股所代表的股东权益，故也称每股净资产或每股权益。其计算公式为：

$$每股账面价值 = (股东权益总额 - 优先股权益) \div$$
$$发行(流通)在外的普通股数$$

5. 每股营业现金净流量

每股营业现金净流量反映发行在外的每股普通股所能获得的现金流量，它通常应该高于每股收益，因为现金流量中没有减去折旧等没有实际导致现金流出的费用。其计算公式为：

每股营业现金净流量 =（营业现金净流量 – 优先股股利）÷
发行(流通)在外的普通股数

6. 现金股利保障倍数

现金股利保障倍数反映的是企业用营业现金净流量支付现金股利的能力，该比例越高说明企业支付现金股利的能力越强。其计算公式为：

现金股利保障倍数 = 每股营业现金净流量 ÷ 每股现金股利

五、发展能力分析

（一）发展能力分析的意义

1. 了解资产规模及其发展水平

资产代表企业的实力，是企业取得收入的保障，也是企业偿还债务的后盾。资产的增长是企业发展的物质基础，也是企业价值增长的重要手段。企业生产经营的增长依靠资产的增长，资产的稳步增长又是企业成长状况好的标志。通常发展能力强的企业都能保证资产的稳步增长，因此，资产的增长可用以表明企业的发展水平。

2. 分析企业负债变化趋势

通过企业成长能力分析，可以判断企业未来一定时期融资变化趋势继而分析企业再融资能力。企业再融资能力除取决于企业资产优良程度及其未来一定时期的创利能力外，还取决于企业现有债务负债率及其结构，企业通过债务结构整合不仅可以提高企业负债效益，而且可以减缓债务压力甚至可以进一步提高债务比率，使其杠杆效益最大。

3. 了解企业可持续发展的能力

通过发展能力的分析，可以了解企业的资本状况。资本可以为企业实现规模经营提供资金来源。如果企业净资产规模不断增长，就反映新的资本投入，表明所有者对企业的信心，同时对企业负债筹资提供了保障，有利于企业进一步的发展对资金的需求。企业资本的增长可来源于外部资金的投入，也可来源于企业内部形成的留存收益。外部资金的投入表明企业获得新资本，企业具备了进一步发展的能力；留存收益的增长反映了企业通过自身的生产经营活动，使企业净资产不断扩大，有进一步发展的潜能。

（二）发展能力分析的指标

衡量企业发展能力的指标主要有营业收入增长率、总资产增长率、营业利润增长率、资本保值增值率和所有者权益增长率等。

1. 营业收入增长率

该指标反映的是相对化的营业收入增长情况，是衡量企业经营状况和市场占有能力、预测企业经营业务拓展趋势的重要指标。在实际分析时应考虑企业历年的销售水平、市场占有情况、行业未来发展及其他影响企业发展的潜在因素，或结合企业前三年的营业收入增长率进行趋势性分析判断。其计算公式为：

营业收入增长率 =（本年营业收入增长额÷上年营业收入）×100%

本年营业收入增长额 = 本年营业收入 - 上年营业收入

计算过程中，营业收入可以使用利润表中的"营业收入"数据。营业收入增长率大于零，表明企业本年营业收入有所增长。该指标值越高，表明企业营业收入的增长速度越快，企业市场前景越好。

2. 总资产增长率

总资产增长率是企业本年资产增长额同年初资产总额的比率，反映企业本期资产规模的增长情况。其计算公式为：

总资产增长率 =（本年资产增长额÷年初资产总额）×100%

本年资产增长额 = 年末资产总额 - 年初资产总额

总资产增长率越高，表明企业一定时期内资产经营规模扩张的速度越快。但在分析时，需要关注资产规模扩张的质和量的关系，以及企业的后续发展能力，避免盲目扩张。

3. 营业利润增长率

营业利润增长率是企业本年营业利润增长额与上年营业利润总额的比率，反映企业营业利润的增减变动情况。其计算公式为：

营业利润增长率 =（本年营业利润增长额÷上年营业利润总额）×100%

本年营业利润增长额 = 本年营业利润 - 上年营业利润

4. 资本保值增值率

资本保值增值率是指扣除客观因素影响后的所有者权益的期末总额与期初总额之比。其计算公式为：

$$资本保值增值率 = (扣除客观因素影响后的期末所有者权益 \div 期初所有者权益) \times 100\%$$

在其他因素不变的情况下，如果企业本期净利润大于0，并且利润留存率大于0，则必然会使期末所有者权益大于期初所有者权益，所以该指标也是衡量企业盈利能力的重要指标。这一指标的高低，除了受企业经营成果的影响外，还受企业利润分配政策的影响。

5. 所有者权益增长率

所有者权益增长率是企业本年所有者权益增长额与年初所有者权益的比率，反映企业当年资本的积累能力。其计算公式为：

$$所有者权益增长率 = (本年所有者权益增长额 \div 年初所有者权益) \times 100\%$$

$$本年所有者权益增长额 = 年末所有者权益 - 年初所有者权益$$

所有者权益增长率越高，表明企业的资本积累越多，应对风险、持续发展的能力越强。

六、现金流量分析

现金流量表是反映企业一定期间现金及现金等价物流入和流出信息的财务报表，是企业财务报表三大主表之一。通过揭示企业获取现金及现金等价物的能力，可以评价企业经营活动及其成果的质量；通过现金及现金等价物流入和流出结构的变化，可以评价和预测企业的财务状况。在市场经济中，现金与现金流量和一个企业的生存、发展、壮大息息相关，"现金至上"的观念名副其实。但是，要真正发挥现金流量表的作用，还需要对现金流量有深入的认识并掌握一定的分析技巧。

（一）现金流量趋势分析

现金流量表对于财务分析人员来说，一个重要的意义就是预测企业未来现金流量的变动情况。但是，单看企业一个时期的现金流量表并不能使财务人员准确地判断企业财务状况和经营成果变动的原因，不能有效地预测企业未来的现金流量状况。只有对连续数期的现金流量表进行比较分析,才能了解哪些项目发生了变化,并从中掌握其变动趋势,从大局上把握企业的发展方向,进而做出正确的决策。

1. 现金流量的趋势分析方法

现金流量的趋势分析需掌握3年或3年以上的现金流量资料通过现金流量的趋势分析,可以观察企业现金流入、流出的长期变动趋势,并根据此趋势预测企业未来现金流入、流出可能达到的水平现金流量表趋势分析的方法有两种:定比分析法和环比分析法。

2. 现金流量趋势分析应注意的问题

现金流量的趋势分析一般比较3-5年的资料就可以了,资料选择的年限太长,不仅加大了工作量,而且与当期的相关性也减弱。

除进行定比分析外,最好还能进行环比分析,因为定比分析主要是从静态角度进行分析,而环比分析主要是从动态角度进行分析,两者结合分析就会比较全面。

(二) 现金流量比率分析

现金流量比率分析是指现金流量与其他项目数据相比所得的比值。由于现金流量表按照经营活动、投资活动和筹资活动提供了现金流入、流出和净流量的数据与信息,它们是衡量和评价经营活动、投资活动和筹资活动的重要标准。因此,利用现金流量与其他有密切关系的项目数据相比得出的比率,可以从更加广泛的角度和多个方面对企业的财务状况、经营绩效和能力作出衡量与评价。现金流量比率分析是现金流量分析的一种重要方式,在财务报表分析中占有重要的地位。

现金流量比率分析主要从财务能力分析、真实收益能力分析、管理效率分析等方面进行分析。

1. 财务能力分析

财务的实质是现金流转,因此财务适应能力说到底就是企业现金流量和存量应付企业经营、偿债和投资需要的能力。这个能力越强,企业经营和理财的风险就越小,财务发生困难和危机的可能性就越小。相对于资产负债表和利润表而言,现金流量表更具有观察和分析企业财务适应能力和财务弹性的特殊优势。实务中,可借助于计算和分析如下财务比率,分析企业财务适应能力。

(1) 现金比率

现金比率 =（现金及现金等价物余额÷流动负债）×100%

或：

现金比率 =（现金净流量÷流动负债）×100%

与流动比率和速动比率比较，该指标不受那些不易变现的或容易引起沉淀的存货和应收款项的影响，因而能更准确地反映企业的短期偿债能力。该比率数值越大越能体现企业较强的现金或现金流量对偿还短期债务的能力。

现金比率是衡量企业短期偿债能力的一个重要指标。由于流动负债期限短，很快就需要用现金来偿还，若企业没有一定量的现金储备，等到债务到期时就可能措手不及。

对于债权人来说，现金比率总是越高越好。现金比率越高，说明企业的短期偿债能力越强；反之则越弱。如果现金比率达到或超过1，则表示现金余额等于或大于流动负债总额，亦即企业即使不动用其他存货、应收账款等，靠现金就足以偿还流动负债。对于债权人来说，这是最安全的。

但是对于企业的所有者和经营者而言，现金比率并不是越高越好。因为资产的流动性及其盈利能力成反比，流动性好的资产，往往盈利能力差，如现金的流动性最好，但其盈利能力最低。保持过高的现金比率，会使资产的获利能力降低，因此不应该过长时间保持太高的现金比率。

(2) 即付比率

即付比率 = 期末现金和现金等价物÷（流动负债－预收款项－
预收费用－6个月以上的短期借款）

该指标反映即期实际支付最短期债务的能力，是现金比率和流动比率指标的补充。

(3) 现金流量对负债总额之比

现金流量对负债总额之比 =（现金流量÷负债总额）×100%

该指标衡量企业用每年的现金净流量偿还全部债务的能力。指标数位越高偿债能力越强。这是在偿债能力分析中的一个重要指标，国外企业也经常采用。

(4) 现金流量对流动负债之比

现金流量对流动负债之比 =（现金净流量÷流动负债）×100%

该指标反映企业偿还当年到期债务的能力。相对于流动比率和速动比率指标，该指标排除了不正常的应收款项和存货以及其他不能变现的流动性项目的增加对计量资产流动性的影响，因而可以更准确地反映现金偿还债务的能力。

（5）现金流量对当期到期的长期负债之比

$$\text{现金流量对当期到期的长期负债之比} = (\text{现金净流量} \div \text{一年内到期的长期负债}) \times 100\%$$

这是西方企业财务分析时常用的指标。该比率数值越大，表明企业偿还到期长期债务的能力越强。

运用现金流量分析企业的偿债能力，主要是将本期取得的现金收入和本期所偿付的债务进行比较，来确定企业的偿债能力。企业本期内偿付的债务，包括以前各期借入而在本期内到期偿付的债务和本期借入在本期偿付的各项债务。

但是在正常的生产经营下，企业当期取得的现金收入，首先应当满足生产经营活动的一些基本支出，如购买货物、缴纳各种税金、支付工资等，因为这些支出是取得经营活动现金流入的前提。然后，才能满足偿还债务的现金支出，这样其正常的生产经营活动才能顺利进行。所以分析企业的偿债能力，应看企业当期取得的现金收入，在满足了经营活动的基本现金支出后，是否再有足够的现金来偿还到期债务的本息。

另外，使用经营活动净现金流量与负债比较，而不包括企业本期借入的现金数额，是因为只有在企业偿债能力较强时才能借到现金，如果企业的偿债能力较弱，债权人一般是不会借新债给企业的。

（6）现金流量对流动资产增加之比

该指标反映企业流动资产净增加额中现金及现金等价物的增加程度。其计算公式是：

$$\text{现金流量对流动资产增加之比} = (\text{现金净流量} \div \text{流动资产净增加额}) \times 100\%$$

该比率等于或接近1时，说明企业流动资产增加基本上是增加现金所致，若不考虑短期投资因素，企业流动资产中的存货和应收款项等短期沉淀性资产质量提高，至少没有形成新的挂账和存货积压，流动资产整体变现能力增强；若该比率大于1时，说明企业现金的增加幅度超过了流动资产的整体增加幅度，为增强企业偿债能力奠定了基础，但若超过2时，说明现金有闲置；该比率小于1时，说明企业现金的增加幅度小于流动资产整体增加幅度，如果不是变现性很强的短期投资有大幅增加的话，则一定是存货或应收账款增加很多,此时必须进一步分析存货和应收账款的质量。

(7) 现金流量适应率

现金流量适应率 = 经营活动现金净流量 ÷ (偿付到期长期债务额 + 购建长期资产支出额 + 支付股利额)

该指标衡量企业是否能产生足够的现金流量以偿付债务、购建长期资产和支付股利。

如果该比率大于或等于1,表示企业从经营中得到的资金,足以应付各项资本性支出、偿付到期的长期债务和现金股利的需要,不用再对外融资;反之,如果此项比率小于1,则表示企业来自经营活动的现金不足以保证上述需要,产生现金短缺。

(8) 现金支付保障率

现金支付保障率 = (本期可动用现金资源 ÷ 本期预计现金支付数) × 100%

该指标反映企业在特定期间内实际可动用资源能够满足当期现金支付的水平,是从动态角度衡量企业偿债能力发展变化的指标。本期可动用现金资源包括期初现金余额加上本期预计现金流入数,本期预计现金支付数为预计的现金流出数。

现金支付保障率应当是越高越好。如果该比率达到100%,意味着可动用现金刚好能用于现金支付;如果该比率超过100%,意味着在保证支付所需现金后,企业还能保持一定的现金余额来满足预防性和投机性需求,但若超过幅度太大,就可能使保有现金的机会成本超过满足支付所带来的收益,不符合"成本—收益"原则;如果该比率低于100%,显然会削弱企业的正常支付能力,有可能会引发支付危机,使企业面临较大的财务风险。

(9) 现金投入生产能力比率

现金投入生产能力比率 = (经营活动现金净流量 ÷ 资本性支出) × 100%

该指标反映企业一定时期经营活动现金净流量可投入形成生产能力的水平,用于间接衡量企业经营成长需要对外筹资的信赖程度。

(10) 自由现金流量

自由现金流量 = 经营活动产生的现金流量 - 资本性支出

自由现金流量是衡量企业财务弹性及内部成长能力的重要指标。其中，资本性支出是指维持企业现有生产能力的全部资本支出，包括投资、固定资产、无形资产和其他长期资产上的支出。

一般说来，企业的自由现金流量越大，表明企业内部产生现金的能力就越强，其可以自由运用的内部资金就越多，企业对外融资的要求越低，财务状况就越健康。

2. 真实收益能力分析

利润表反映的净利润是按权责发生制原则计算出来的，从理论上说，企业的净营业利润应与经营活动的现金净流量相一致，但实践中往往并非如此。由于利润是分期计算的，而且遵循的还是权责发生制原则，一旦企业销货与收款在时间上发生脱节，而且脱节时间较长，如超过1年的话，净营业利润便与经营活动的现金净流量出现背离或不相一致。实务中，销货与收款时间脱节在1年以上的情况总是时有发生，因此，利润与现金净流量的背离现象也经常出现。在利润表上净营业利润与经营活动现金净流量背离的情况下，按收付实现制原则计算的经营净收益即经营活动的现金净流量，就显得比利润更加真实可靠。因为，利润的实质是经济利益的净流入，另外，经营活动现金净流量不存在发生坏账损失的风险。根据以上原理，可以设计有关真实收益的财务比率如下。

（1）销售净现率

$$销售净现率 = (年度经营活动现金净流量 \div 年度销售收入净额) \times 100\%$$

该指标反映企业在会计年度内每实现1元的销售收入所能获得的现金净流量，体现企业销售商品所取得的变现收益水平。一般以大于销售净利润率指标数值为好。

（2）总资产净现率

$$总资产净现率 = (年度经营活动现金净流量 \div 年度平均资产总额) \times 100\%$$

该指标反映企业运用资产获得经营活动现金流量的能力，用于衡量企业资产的实际利用效果。考察近几年该指标的数据，可以观察经营资产利用效果的变化趋势。

（3）收益现金比率

$$收益现金比率 = 每股净现金流量 \div 每股净收益$$

或：

$$\text{收益现金比率} = \text{每股经营活动净现金流量} \div \text{每股净收益}$$

该指标反映每股收益中的变现收益的高低。通常，该指标若大于1，说明企业在获取1元的每股收益时，为企业带来了超过1元的现金；相反，若小于1，说明企业的变现收益小于账面收益，有一部分收益是"虚"的，而非实在的。

（4）现金获利指数

$$\text{现金获利指数} = （\text{年度净利润额} \div \text{年末经营活动现金净流量}）\times 100\%$$

该指标反映企业每实现1元的经营活动现金净流量所实现的收现性利润额，用以衡量经营活动现金流量的获利能力。

（5）每股净现金流量

$$\text{每股净现金流量} = \text{现金及现金等价物净增加额} \div \text{总股本}$$

或：

$$\text{每股净现金流量} = \text{经营活动现金净流量} \div \text{总股本}$$

或：

$$\text{每股净现金流量} = （\text{经营活动现金净流量} - \text{优先股股利}）\div \text{流通的普通股股数}$$

该指标反映每一股本或每一普通股所能创造现金净流量的能力，对于以获取现金股利为主要投资目标的投资者来说，显得尤为重要。

3. 管理效率分析

现金和信用的管理是企业财务的重要内容，其管理效率的高低可以借助现金流量表进行分析。

（1）现金流量对销售之比

$$\text{现金流量对销售之比} = （\text{销货收到的现金} \div \text{销售净收入}）\times 100\%$$

该指标体现企业销货收取价款的能力和水平。如果指标数值等于1，说明企业销售货款完全回笼；如果大于1，说明企业不仅收取了当期的销售货款，而且还回笼了部分前期的欠款。

（2）现金流量对应收账款之比

$$\text{现金流量对应收账款之比} = （\text{经营活动的现金流入} \div \text{应收账款净值}）\times 100\%$$

该指标数值越大，说明企业货款回笼速度越快，信用管理越好。

（3）现金周转率

现金周转率 = 现金流入 ÷ 年内现金平均持有额

其中，年内现金平均持有额为年初和年末现金持有额的平均数。该指标用于衡量企业现金的管理能力和效率，比值越大，表明现金闲置越少，收到的现金很快投入经营或用来调整财务结构。当然指标数值过大也不好，这可能体现企业对情况变化的应对能力差，容易陷入现金周转不灵的困境。

第三节 财务分析的基本方法

一、比较分析法

比较分析法是按照特定的指标系将客观事物加以比较，从而认识事物的本质和规律并做出正确的评价。财务报表的比较分析法，是指对两个或两个以上的可比数据进行对比，找出企业财务状况、经营成果中的差异与问题。

根据比较对象的不同，比较分析法分为趋势分析法、横向比较法和预算差异分析法。趋势分析法的比较对象是本企业的历史；横向比较法比较的对象是同类企业，如行业平均水平或竞争对手；预算差异分析法的比较对象是预算数据。在财务分析中，最常用的比较分析法是趋势分析法。

趋势分析法，是通过对比两期或连续数期财务报告中的相同指标，确定其增减变动的方向、数额和幅度，来说明企业财务状况或经营成果变动趋势的一种方法。采用这种方法，可以分析引起变化的主要原因、变动的性质，并预测企业未来的发展趋势。

比较分析法的具体运用主要有重要财务指标的比较、会计报表的比较和会计报表项目构成的比较三种方式。下面以趋势分析法为例进行进一步揭述。

（一）重要财务指标的比较

这种方法是指将不同时期财务报告中的相同指标或比率进行纵向比较，直接观察其增减变动情况及变动幅度，考察其发展趋势，预测其发展前景。用于不同时期财务指标比较的比率主要有以下两种：

1. 定基动态比率

是以某一时期的数额为固定的基期数额而计算出来的动态比率。其计算公式为：

定基动态比率 =（分析期数额÷固定基期数额）×100%

2. 环比动态比率

是以每一分析期的数据与上期数据相比较计算出来的动态比率。其计算公式为：

环比动态比率 =（分析期数额÷前期数额）×100%

（二）会计报表的比较

会计报表的比较是指将连续数期的会计报表的金额并列起来，比较各指标不同期间的增减变动金额和幅度，据以判断企业财务状况和经营成果发展变化的一种方法。具体包括资产负债表比较、利润表比较和现金流量表比较等。

（三）会计报表项目构成的比较

这种方法是在会计报表比较的基础上发展而来的，是以会计报表中的某个总体指标作为100%，再计算出各组成项目占该总体指标的百分比，从而比较各个项目百分比的增减变动，以此来判断有关财务活动的变化趋势。

采用比较分析法时，应当注意以下问题：

①用于对比的各个时期的指标，其计算口径必须保持一致。

②应剔除偶发性项目的影响，使分析所利用的数据能反映正常的生产经营状况。

③应运用例外原则对某项有显著变动的指标作重点分析，研究其产生的原因，以便采取对策，趋利避害。

二、比率分析法

比率分析法是通过计算各种比率指标来确定财务活动变动程度的方法。比率指标的类型主要有构成比率、效率比率和相关比率三类。

（一）构成比率

构成比率又称结构比率，是某项财务指标的各组成部分数值占总体数值的百分比，反映部分与总体的关系。其计算公式为：

构成比率 =（某个组成部分数值 ÷ 总体数值）× 100%

比如，企业资产中流动资产、固定资产和无形资产占资产总额的百分比（资产构成比率），企业负债中流动负债和长期负债占负债总额的百分比（负债构成比率）等。利用构成比率，可以考察总体中某个部分的形成和安排是否合理，以便协调各项财务活动。

（二）效率比率

效率比率是某项财务活动中所费与所得的比率，反映投入与产出的关系。利用效率比率搭桥，可以进行得失比较，考察经营成果，评价经济效益。

比如，将利润项目与营业成本、营业收入、资本金等项目加以对比，可以计算出成本利润率、营业利润率和资本金利润率等指标，从不同角度观察比较企业盈利能力的高低及其增减变化情况。

（三）相关比率

相关比率是以某个项目和与其有关但又不同的项目加以对比所得的比率，反映有关经济活动的相互关系。利用相关比率指标，可以考察企业相互关联的业务安排是否合理，以保障经营活动顺畅进行。

比如，将流动资产与流动负债进行对比，计算出流动比率，可以判断企业的短期偿债能力；将负债总额与资产总额进行对比，可以判断企业长期偿债能力。

采用比率分析法时，应当注意以下几点：

①对比项目的相关性。

②对比口径的一致性。

③衡量标准的科学性。

三、因素分析法

因素分析法是依据分析指标与其影响因素的关系,从数量上确定各因素对分析指标影响方向和影响程度的一种方法。

因素分析法具体有两种:连环替代法和差额分析法。

(一) 连环替代法

连环替代法是将分析指标分解为各个可以计量的因素,并根据各个因素之间的依存关系,顺次用各因素的比较值(通常为实际值)替代基准值(通常为标准值或计划值),据以测定各因素对分析指标的影响。

(二) 差额分析法

差额分析法是连环替代法的一种简化形式,是利用各个因素的比较值与基准值之间的差额,来计算各因素对分析指标的影响。

采用因素分析法时,必须注意以下问题:一是因素分解的关联性。构成经济指标的因素,必须客观上存在着因果关系,并能够反映形成该项指标差异的内在构成原因,否则失去了应用价值;二是因素替代的顺序性。确定替代因素时,必须根据各因素的依存关系,遵循一定的顺序并依次替代,不可随意加以颠倒,否则就会得出不同的计算结果;三是因素替代的连环性。因素分析法在计算每一因素变动的影响时,都是在前一次计算的基础上进行,并采用连环比较的方法确定因素变化的影响结果;四是计算结果的假定性。由于因素分析法计算的各因素变动的影响数会因替代顺序不同而有差别,因而计算结果不免带有假定性,即它不可能使每个因素计算的结果都达到绝对的准确。为此,分析时应力求使这种假定合乎逻辑,具有实际经济意义。这样,计算结果的假定性才不至于妨碍分析的有效性。

第四节 传统财务分析的局限性和演进方向

一、传统财务分析的局限性

传统财务分析主要是依据企业各个时期的资产负债表、利润表、现金流量表及报表附注的财务信息和财务数据进行分析，具有一定的局限性：

首先，由于会计核算对象的局限性等原因，财务报表不能反映企业内外经营环境的变化，也不能反映生产经营决策和经济效益实现的过程，只能反映某一时点的财务状况和某一时期的经营成果。

其次，对于企业管理当局来说，其利用财务报表进行分析的目的之一是通过了解企业真实的经营管理状况为企业的发展作出正确的决策。而财务报表提供的信息是否真实可靠不仅受财务人员所使用的会计政策和会计估计等主观因素影响，还受到通货膨胀等客观因素的影响。

第三，传统财务分析仅仅依据企业的财务报表进行分析，是对企业历史数据的分析，而决策是面向未来，报表使用者更希望获取到能体现企业未来发展趋势及经营成果的前瞻性信息。企业报表数据与其市场价值难免存在差异，有时差异较大。历史信息滞后性与信息需求超前性的矛盾是传统财务分析面临的一大难题。

二、现代财务分析的基本特点和要求

现代经济社会的发展和管理理念的变化，要求传统财务分析向现代财务分析演进。根据一些学者的观点和先进企业的经验，与传统财务分析比较，现代财务分析至少应符合以下要求：

一是财务分析的理念、模式和工具要适应经济全球化、市场化、现代化、信息化、智能化的需求。克服财务信息割裂化、财务流程碎片化、财务分析滞后化的弊端，通过业财融合、财务共享服务模式下财务数字化平台的构建，实现财务分析系统与财务预算系统、财务决算系统、财务审批等系统融合，将财务分析导入企业业务开展过程之中，实现财务分析可视化、财务管理前置化、财务风险预警化、财务信息共享化，增强企业财务发展的内生性动力。

二是财务分析不能只就财务论财务，应立足财务、超越财务，着眼企业活动、考虑企业外部环境、检索企业应对策略，关注企业的会计环境和会计策略，全方位地了解企业经营对财务报表的影响，并以财务报表数据加以推理和印证，从而得出合理的论证、判断和预测。

三是财务分析的目标要有战略眼光，视角要多维、立体，方法要综合、系统。分析运用的方法除了传统的财务分析方法，视实际情况还可使用管理会计的相关分析、投资分析和估值分析、战略绩效分析及综合绩效分析等先进、科学、有效的分析评价方法。

基于上述几个特点，现代财务分析亦可称为"全面财务分析"。此称谓与我国长期以来企业管理实践中普遍使用的"全面风险管理"和"全面质量管理"等称谓协调匹配，便于理解学习和实施推广。

图4-2 全面财务分析特点示意图

三、哈佛分析框架及其借鉴意义

由美国哈佛大学的三位学者于2002年提出的全新的财务分析框架即

"哈佛分析框架",是颇具代表性的现代财务分析模式。哈佛分析框架以战略分析为起点,通过会计分析保障数据源的准确性,结合财务分析的结果,对企业的前景作出科学合理的预测。

(一) 哈佛分析框架主要内容

哈佛分析框架主要包括战略分析、会计分析、财务分析、前景分析四部分内容。哈佛分析框架的主要贡献是引入了战略分析,使财务分析者更具有战略眼光,在了解企业行业发展趋势、行业未来盈利能力、企业发展战略的基础上对企业进行分析,将财务数据与企业发展环境、发展战略相结合,以确认企业的利润动因及风险因素,判断企业当前业绩的可持续性,并为企业未来发展指明方向。

1. 战略分析

战略分析属于定性分析,是哈佛分析框架的起点。主要包括行业分析和目标企业战略分析两方面内容。在行业分析中,可以运用 PESTE 分析法对宏观经济环境进行分析,也可以通过波特五力分析模型对行业盈利能力进行分析,了解企业所在行业的获利能力。波特五力模型是由迈克尔·波特提出的,其指出一个行业的盈利能力主要由下列五大力量决定:新进入企业的威胁、替代产品的威胁、供应商的议价能力、产品买方的议价能力、现有企业间的竞争程度。通过波特五力分析,可以发现行业的竞争地位及未来盈利能力。在进行目标企业战略分析时,可以用 SWOT 模型作为分析工具。该模型主要是在分析目标企业外部机遇与威胁、内部优势与劣势的基础上制定出可供选择的战略。

2. 会计分析

企业管理层对公司会计政策、会计估计的使用具有一定的选择权,其选择往往受到债务契约、薪酬计划的影响,可能通过对会计政策的不恰当的使用达到某种粉饰目的,这会给财务报表分析者造成障碍。因此,会计分析的重点是分析企业运用会计政策、会计估计的恰当性,企业对会计处理的灵活程度。会计分析通过评估上市公司的会计信息质量,重新调整财务报表中的相关数据,以消除财务信息中的"噪音",为接下来的财务分析提供更可靠的依据。

3. 财务分析

通过战略分析了解了企业的行业发展状况、行业盈利水平及企业发展战略，通过会计分析明确了企业管理层选用的会计政策、会计估计是否合理，在此基础上对企业进行财务分析。

作为哈佛框架主体部分的财务分析主要是通过对企业偿债能力指标、盈利能力指标、营运能力指标、现金流量情况进行分析。一方面，可以对企业过去的经营水平进行评价，为接下来的管理决策提供依据；另一方面，深入分析财务指标异常变动的原因，查看其是否符合企业所处的宏观环境和企业的发展战略，反推财务报表提供的会计信息是否可靠。

4. 前景分析

在对企业进行战略分析、会计分析、财务分析的基础上，要对企业进行前景分析。企业管理当局的决策是面向未来的，因此，有效的财务分析不仅要着眼于企业的过去和现在，更应该着眼于未来。前景分析就是基于对企业过去和现状的分析，对企业未来发展趋势做出预测。通过前景分析，可以评判企业未来发展潜力，以客观预测企业的发展前景，并指出未来可能面对的风险。利益相关者可以根据前景分析了解企业未来发展的大体情况，以便做到在收益和风险之间作出权衡，管理当局可以及时调整发展战略和具体经营方针，外部投资者可以及时调整投资决策以避免不必要的损失。

（二）哈佛分析框架的优点及参考价值

其一，哈佛分析框架站在战略的高度分析企业的财务状况，把定量分析和定性分析相结合，能够科学有效地把握企业的财务分析方向，为企业的未来发展方向指明道路。

其二，由于财务报表的质量受到多种因素的影响，包括外部环境、经营策略、会计环境和会计策略等，这样就导致资本市场上的信息不对称，哈佛分析框架囊括以上所述因素，不仅能根据报表数据的相关指标来分析企业的财务状况，而且能够从整体把握企业的发展状况。

其三，哈佛分析框架相较于传统的财务分析，不但分析了企业过去的财务数据，还综合考虑了企业的现在和将来；不但做了财务分析，还做了战略分析、会计分析和前景分析；不仅仅是对财务报表的数字进行了分析，还结合了战略、市场环境分析了财务数据的合理性，它的四个分析步骤相辅相成，形成了完整的财务分析体系。

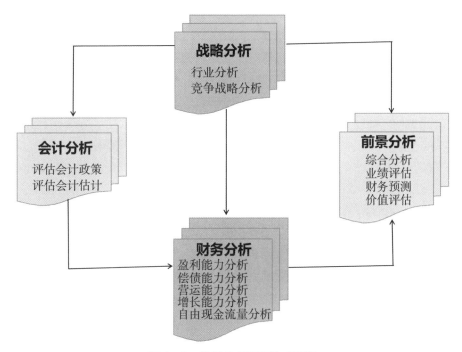

图4-3 哈佛分析框架构成要素

综上所述，从一定意义上说，哈佛分析框架可视为融合传统财务会计、管理会计及其他相关管理理念和知识升华而成的一种新的综合全面的分析工具和系统，可作为我国推行现代财务分析的参考模式。经过四十年改革开放的不断探索，我国在传统财务会计分析和管理会计分析两方面均已奠定较为扎实的基础、取得较为丰富的经验，有理由相信，哈佛分析框架在我国推行实施并开花结果，当下可为、未来可期。作为舶来品，哈佛分析框架与后文所述的若干分析评价工具一样，存在如何根据中国国情本土化，做到可操作、可持续、有实效，避免水土不服或成为花架子的问题。可借鉴近年来推行企业内控和管理会计的做法，先制订指导意见，然后陆续出台配套指引和应用指引，循序渐进地开展和普及。

第五章 上市公司相关分析

第一节 上市公司特有财务分析

一、上市公司特殊财务分析指标

上市公司和其他公司类型有着一定的差异，不少投资者会更多地关注对上市公司财务运营情况的分析和研究，力图通过对其的准确了解在投资决策的制定当中占有一定优势。一般而言，上市公司特有的财务指标主要包括下面几个方面的内容。

（一）每股收益

每股收益指的是归属到普通股股东净利润当中的每个普通股能够享受的金额，这在上市公司股东权益分配当中有着极大的应用价值。如果要对每股收益这一概念进行具体种类划分的话，可以将其分成稀释每股收益和基本每股收益这两个种类。上市公司在对自身的运营以及财务状况进行绩效水平的评估时，往往会把每股收益作为其中的基本性财务指标，而且这一指标是广大投资者非常关注的内容。

1. 基本每股收益

其计算公式为：

$$基本每股收益 = 归属于普通股股东的当期净利润 \div 发行在外普通股的加权平均数$$

2. 稀释每股收益的基础依据是上面提及的基本每股收益

假设上市公司的稀释潜在普通股已经全部转变为普通股，接下来就需要分别调整普通股股东持有的当期可以获得的净利润和发行在外普通股加权平均数计算的收益。稀释性的潜在普通股包括多种内容，只有潜在普通股的股民能够在财务报告期间或者之后的期间能够享受到普通股权利，但是一旦将其转化成普通股，这样的情况会发生一定的变化，每股绩效指标会出现波动，指标变化预期也会大受影响。如果将稀释每股收益和基本每股收益进行对照分析的话，后者更加侧重于角色和预测方面，也即投资者可以借助这一指标得出较为准确的判断以及决策。

（二）每股股利

每股股利计算公式为：

$$每股股利 = 现金股利总额 \div 发行在外普通股份股数$$

每股股利反映了普通股获得现金股利的情况。股利和现金报酬成正比。股利分配状况与企业的盈利水平、现金流量状况和股利分配政策等密切相关。

每股股利反映的是上市公司每一普通股获取股利的大小。每股股利越大，则公司股本获利能力就越强；每股股利越小，则公司股本获利能力就越弱。但需注意，上市公司每股股利发放多少，除了受上市公司获利能力大小影响以外，还取决于公司的股利发放政策。如果公司为了增强公司发展的后劲而增加公司的公积金，则当前的每股股利必然会减少；反之，则当前的每股股利会增加。

（三）市盈率

市盈率又称价格盈余比率，是股票的市场价格与其每股收益的比值。这一数据可以对股票市场的风险进行一定程度的预测。此指标具体包括静态市盈率和动态市盈率。

市盈率分析与宏观经济、公司行业、当前业绩以及未来业绩预期有密切关系，一般情况下，高科技、新能源、生物制药等具有广阔发展前景的上市公司市盈率较高，从事普通制造业等传统产业的上市公司市盈率普遍较低。不同的证券市场的平均市盈率也不相同，规模较大并在主板市场的上市公司市盈率相对较低，而规模较小的中小板和创业板的上市公司市盈率相对较高。在应用市盈率指标进行分析时，需要注意同行业资料的比较，还要结合企业的未来盈利预测判断投资价值。市盈率指标过高，说明风险较大，但是发展潜力也很大。

市盈率是在同一考察期当中，普通股每股市价和收益构成的比率。其计算公式为：

$$市盈率 = 普通股每股市场价格 \div 普通股每股收益$$

信息需求者需要了解上市公司盈利水平如何时，主要借助的就是市盈率指标，而且透过这一指标能够清楚地看到投资者对获得每一份净利润愿意支付价格的多少，可以通过评估市盈率的方式对上市公司股票投资的风险以及收益水平进行一定的预测和判断,直观展现出公司盈利水平。一般市盈率水平越高,表示市场对公司的未来发展前景和发展趋势更加看好。如果市价确定不变,那么按照每股收益越高,市盈率越低,投资风险越小。如果每股收益稳定不变,那么市价以及市盈率的水平越高,风险越大。

单纯用"市盈率"来衡量不同证券市场的优劣和贵贱具有一些片面性,因为投资股票只是对上市公司未来发展的一种期望,而已有的市盈率只能说明上市公司过去的业绩,并不能代表公司未来的发展。但同业的市盈率有参考比照的价值,如以同类股票来说,历史平均市盈率就有参照的价值,任何股票,若市盈率大大超出同类股票的价格,都需要有充分的理由支持,而这往往离不开该公司未来盈利将会有一个快速增长的动因这一预计。一家公司享有非常高的市盈率,说明投资人普遍相信该公司未来每股盈余将快速成长,以至数年后市盈率可降至合理水平。而一旦盈利增长不理想,支撑高市盈率的力量无以为继,股价往往会大幅回落。

市盈率指标用于衡量股市平均价格是否合理具有一些内在的不足。

1. 计算方法本身的缺陷

成分股指数中样本股的选择具有随意性,因为各国市场计算的平均市盈率均与其选取的样本股有关,样本进行调整,平均市盈率也随之变动。即使是综合指数,也存在亏损股与微利股对市盈率的影响不连续的问题。

2. **市盈率指标很不稳定**

随着经济的周期性波动,上市公司每股收益也会大起大落,这样算出的平均市盈率就会大起大落,以此来调控股市,必然会带来股市的动荡。

3. **每股收益只是股票投资价值中的一个影响因素**

投资者选择股票不一定要看市盈率,因为很难根据市盈率进行套利,也很难根据市盈率的大小来得出某股票是否有投资价值。

(四) 每股净资产

每股净资产是把年末净资产和上市公司发行在外的普通股股数进行比较获得的比值。其计算公式为:

每股净资产 = 年末净资产 ÷ 发行在外的年末普通股股数

公司净资产代表公司本身拥有的财产,也是股东们在公司中的权益。因此,又叫做股东权益。在会计计算上,相当于资产负债表中的总资产减去全部债务后的余额。公司净资产除以发行总股本,即得到每股净资产。例如,上市公司净资产为15亿元,总股本为10亿股,它的每股净资产值为1.5元(即15亿元/10亿股)。

每股净资产值反映了每股股票代表的公司净资产价值,为支撑股票市场价格的重要基础。每股净资产值越大,表明公司每股股票代表的财富越雄厚,通常创造利润的能力和抵御外来因素影响的能力越强。净资产收益率是公司税后利润除以所有者权益得到的百分比率,用以衡量公司运用自有资本的效率。还以上述公司为例,其税后利润为2亿元,净资产为15亿元,净资产收益率为13.33%。净资产收益率越高,表明股东投入的单位资本所获收益越多。上例13.33%表明,股东每投入1元钱便有0.13元的回报。

每股净资产这一重要的财务指标可以体现出上市公司账面的每股权益情况,这也为投资者的财务分析提出了一定的要求。在具体的投资分析过程中,每股净资产指标的使用有限,出现这一问题的原因是每股净资产指标的形成借助历史成本计算得出,不能够体现出净资产变现以及产出的价值如何,因此在使用这一指标时,要尤为注意,并且需要根据实际情况的需求进行选择。

(五) 市净率

市净率指的是将每股的市价和净资产进行比较得到的比值数,市净率可用于股票投资分析,一般来说市净率较低的股票,投资价值较高,相反,则投资价值较低;但在判断投资价值时还要考虑当时的市场环境以及公司经营情况、盈利能力等因素,通过市净率定价法估值时,首先,应根据审核后的净资产计算出发行人的每股净资产;其次,根据二级市场的平均市净率、发行人的行业情况(同类行业公司股票的市净率)、发行人的经营状况及其净资产收益等拟定估值市净率;最后,依据估值市净率与每股净资产的乘积决定估值。具体可以这样理解:市净率越小,股票投资价值越大,股价就会获得较大的保障。反之,投资价值越低。

市净率又称价格账面值比率,是普通股每股市价与普通股每股净资产的比值。它同样可以对股票市场的发展状态进行评估和判断。利用市净率进行分析的优势在于:该指标适用于资产规模和净资产规模巨大的企业,如钢铁、汽车制造等行业的企业。

市净率是指市价与每股净资产之间的比值，也是一种倍数指标，市净率的计算方法为：

$$市净率 = 股票市价 \div 每股净资产$$

股票净值即股本、资本公积、盈余公积和未分配盈余等项目的合计，它代表全体股东共同享有的权益，也称净资产。净资产的多少是由股份公司经营状况决定的，股份公司的经营业绩越好，其资产增值越快，股票净值就越高，股东所拥有的权益也就越多。

因此，股票净值是决定股票市场价格走向的主要依据。上市公司的每股内含净资产值高而每股市价不高的股票，即市净率越低的股票，其投资价值越高；反之，其投资价值越小。市净率能够较好地反映出"有所付出，即有回报"的理念，它能够帮助投资者寻求哪个上市公司能以较少的投入得到较高的产出，对于大的投资机构，它能帮助其辨别投资风险。

市净率可用于投资分析。每股净资产是股票的账面价值，它是用成本计量的，而每股市价是这些资产的现在价值，它是证券市场上交易的结果。市价高于账面价值时，则企业资产的质量较好，有发展潜力；反之，则资产质量较差，没有发展前景。优质股票的市价都超出了每股净资产许多，一般市净率达到3就可以树立较好的公司形象。市价低于每股净资产的股票，就像售价低于成本的商品一样，属于"处理品"。当然，"处理品"也不是没有购买价值，问题在于该公司今后是否有转机，或者购入后经过资产重组能否提高获利能力。

严格来说，市净率指标并非衡量获利能力的指标，每股净资产指标反映了流通在外（或发行在外）的每股普通股所代表的企业登记在账面价值上的股东权益额。一般市场价值与其账面价值并不接近，账面价值反映的是成本，是过去付出的；股票的市价反映的是现在的价值，市净率是将一个企业净资产的账面历史数据与现实市场数据放在一起比较，本身计算口径并不一致，是对过去价值的现时衡量。

运用市净率指标，可以对股票的市场前景进行判断，若投资者对某种股票的发展前景持悲观态度，股票市价就会低于其账面价值，即市净率小于1，表明投资者看淡该公司的发展前景；反之，当投资者对股票的前景表示乐观时，股票的市价就会高于其账面价值，市净率就会大于1。市净率越大，说明投资者普遍看好该公司，认为该公司有发展前途。

市净率的指标与市盈率指标不同，市盈率指标主要从股票的获利性角度进行考虑,而市净率指标主要是从股票的账面价值角度进行考虑。当然,与市盈率指标一样的是,市净率指标也必须建立在完善、健全的资本市场基础上,才能据以对公司做出合理、正确的分析评价。

市净率的作用还体现在可以作为确定新发行股票初始价格的参照标准。如果股票按照溢价发行的方法发行的话,要考虑按市场平均投资潜力状况来定溢价幅度,这时股市各种类似股票的平均市盈率便可作为参照标准。

(六) 市销率

市销率 = 总市值÷主营业务收入或者市销率 = 股价÷每股销售额

市销率越低,说明该公司股票的投资价值越大,主要适用于销售成本率较低的服务类企业,或者销售成本率趋同的传统行业的企业。

收入分析是评估企业经营前景至关重要的一步。没有销售,就不可能有收益。这也是最近两年在国际资本市场新兴起来的市场比率,主要用于创业板的企业或高科技企业。在纳斯达克市场上市的公司不要求有盈利业绩,因此无法用市盈率对股票投资的价值或风险进行判断,而用该指标进行评判。同时,在国内证券市场运用这一指标来选股可以剔除那些市盈率很低但主营业务没有核心竞争力而主要是依靠非经营性损益而增加利润的股票(上市公司)。因此该项指标既有助于考察公司收益基础的稳定性和可靠性,又能有效把握其收益的质量水平。

市销率的主要优点:一是它不会出现负值,对于亏损企业和资不抵债的企业,也可以计算出一个有意义的价值乘数;二是它比较稳定、可靠,不容易被操纵;三是收入乘数对价格政策和企业战略变化敏感,可以反映这种变化的后果。

市销率的主要缺点:一是不能反映成本的变化,而成本是影响企业现金流量和价值的重要因素之一;二是只能用于同行业对比,不同行业的市销率对比没有意义;三是上市公司关联销售较多,该指标也不能剔除关联销售的影响。

二、管理层讨论与分析

上市公司分析以及披露的内容要包括自身的财务运营实际、盈利水平、现金流、前景与趋势等内容,而得到这些信息的根据是最近三年及一期的合并财务报表。管理层的讨论和分析需要做到财务和非财务因素的整合，不可单一注重其中一个方面；不应仅以引述方式重复财务报表的内容，应选择使用逐年比较、与同行业对比分析等便于理解的形式进行分析。

（一）企业主营业务分析

上市公司是中国经济运行中具有发展优势的群体，是资本市场投资价值的源泉。提高上市公司质量，是强化上市公司竞争优势实现可持续发展的内在要求；是夯实资本市场基础，促进资本市场健康稳定发展的根本；是增强资本市场吸引力和活力，充分发挥资本市场优化资源配置功能的关键。提高上市公司质量，要立足于全体股东利益的最大化，不断提高公司治理和经营管理水平，不断提高诚信度和透明度，不断提高公司盈利能力和持续发展能力。同时，各有关方面要营造有利于上市公司规范发展的环境，支持和督促上市公司全面提高质量。

研究企业主营业务收入在收入总额当中占有的比重。企业要想获得光明的前景和更大的发展空间，必须在主营业务收入方面处于一个较高的水平，同时在整个收入总额系统当中占有较高的比重，这样企业才可以有效确保自身长远发展的正确方向，不断提升企业的利润水平，推动企业获利水平和核心竞争力的提高。

任何公司都有其特定的经营范围，公司在这一范围内通过组合生产经营要素来实现自己的盈利。上市公司也一定要有鲜明的主业才能在激烈的市场竞争中取胜。如果公司没有进行过根本性的产业转移和多种经营，主营业务状况在相当程度上决定着公司经营状况、盈利能力，进而决定着投资者的投资回报。投资者可以根据公司年报和中报的相关统计报表从以下几个方面分析上市公司的主营业务状况。

1. 公司的经营方式

经营方式分析主要考察公司是单一经营还是多元化经营。多元化经营的优点是风险相对分散，但容易导致公司经营管理缺乏针对性，造成主业不精，影响公司盈利增长。单一经营的缺点是风险相对集中，但如果其产品占有很大的市场份额，公司盈利也会很丰厚。

2. 主营业务的盈利能力和主营业务利润占净利润的比重

主营业务的盈利能力是指主营业务利润占主营业务收入的比重，主业务盈利能力越高，说明公司为实现一定的主营收入而实际付出的物化劳动和活劳动相对较少，或者意味着公司付出一定的物质消耗和劳动消耗实现的主营产出相对较多。该指标可以综合反映公司主营产品的科技含量和附加价值的大小、主营产品的竞争力和市场销售情况。

主营业务利润占净利润的比重可以衡量企业净利润的可信度和企业可持续发展能力的强弱。一般而言，一个优秀的企业，其主营业务利润占净利润总额的比重要达到70%以上。而那些主业不精，利润的取得主要依赖于企业无法控制和具有较大偶然性的投资收益、财政补贴或者营业外净收入的企业，它们的经营业绩尽管也一时"惊人"，但因为基础不牢固，其业绩只能是昙花一现。

3. 主营业务规模的扩展情况

衡量一家上市公司主营业务规模的扩展情况，一方面要看该公司主营业务收入的增长情况，另一方面要看公司的主营利润的增长和主营收入的增长是否相适应。前者是从外延的角度对公司主营业务扩展的"量"的考察，后者是从内涵的角度对公司主营业务发展的"质"的考察。一个发展势头良好的企业，其主营业务的发展总是伴随着利润的相应增长。

主营业务在上市公司的可持续发展中起着决定性的作用，其不仅是公司稳定利润的主要来源而且还左右着上市公司的核心盈利能力和市场竞争能力。主营业务利润占公司总利润的比重的高低及其稳定性还将影响公司经营业绩的稳定性从而也影响到公司的后续发展。就我国绝大多数上市公司目前所处的发展阶段而言更应该壮大主业实现规模经济提高国际竞争力。

（二）报告期经营业绩变动的解释

第一，企业报告期内总体经营情况，列示企业主营业务收入、主营业务利润、净利润的同比变动情况，说明引起变动的主要影响因素。企业应当对前期已披露的企业发展战略和经营计划的实现或实施情况、调整情况进行总结，若企业实际经营业绩较曾公开披露过的本年度盈利预测或经营计划低10%以上或高20%以上，应详细说明造成差异的原因。企业可以结合企业业务发展规模、经营区域、产品等情况，介绍与企业业务相关的宏观经济层面或外部经营环境的发展现状和变化趋势，企业的行业地位或区域市场地位，分析企业存在的主要优势和困难，分析企业经营和盈利能力的连续性和稳定性。

第二,说明报告期企业资产构成、企业销售费用、管理费用、财务费用、所得税等财务数据同比发生重大变动的情况及发生变化的主要影响因素。

第三,结合企业现金流量表相关数据,说明企业经营活动、投资活动和筹资活动产生的现金流量的构成情况,若相关数据发生重大变动,应当分析其主要影响因素。

第四,企业可以根据实际情况对企业设备利用情况、订单的获取情况、产品的销售或积压情况、主要技术人员变动情况等与企业经营相关的重要信息进行讨论和分析。

第五,企业主要控股企业及参股企业的经营情况及业绩分析。

(三) 企业未来发展的前瞻性信息

上市公司是资本市场发展的基石。十多年来,中国的上市公司不断发展壮大,已成为推动企业改革和带动行业成长的中坚力量,但受体制、机制、环境等因素影响,相当一批上市公司法人治理结构不完善,运作不规范,质量不高,严重影响了投资者的信心,制约了资本市场的健康稳定发展。

1. 进一步提升资本市场服务高质量发展能力

一是坚持注册制改革不动摇。自科创板和创业板试点注册制以来,市场运行总体平稳,融资功能进一步完善。注册制的改革方向,不能因市场的一时涨跌而动摇,不能因惯性思维而否定注册制改革总体较为成功的事实。在坚持以信息披露为核心的基础上,应充分由市场自主形成合理价格,从而发挥市场在资源配置中的决定性作用。应及时做好注册制试点总结评估和改进优化,加强投资者合法权益保护,完善退市制度。

二是支持绿色发展。为实现2030年前"碳达峰"和2060年前"碳中和"的目标,资本市场应继续支持符合条件的绿色企业融资,大力发展绿色债券市场。支持有利于生态环保和环境治理行业的企业发行上市,细化绿色债券支持项目目录。以环境信息披露为抓手,继续提升上市公司环境信息透明度,有效利用市场化手段,加快将企业利润最大化造成的社会成本内部化为企业的成本,引导企业主动保护环境、增强社会责任意识。

2. 规范公司治理

为完善公司治理，中国证监会陆续出台了一系列相关规章，包括《上市公司章程指引》、《股东大会规范意见》、《上市公司治理准则》等，并引入了独立董事制度。在股权分置改革开始后，中国证监会修订了《上市公司股东大会规则》、《上市公司章程指引》等规章，使上市公司治理结构的框架和原则基本确立，上市公司治理走上了规范发展的轨道。

3. 完善上市公司监管体制

2004年开始实行的上市公司辖区监管责任制是上市公司监管体制上的一次重大改革，这次改革提出"属地监管、权责明确、责任到人、相互配合"的要求，进一步明确了中国证监会派出机构的工作职责和定位，有效地发挥了派出机构的一线监管优势，提高了监管工作的及时性、针对性和有效性，整合了系统监管力量，提升了监管的深度和力度。在落实辖区监管责任制的基础上，中国证监会加快了由多个部门和各地方政府共同参与的上市公司综合监管体系的构建和完善，增强了监管的权威性和有效性。

4. 强化信息披露

1999年后，上市公司监管从行政审批为主逐步向以强化信息披露为主过渡，中国证监会结合资本市场发展实践，对上市公司信息披露进行了持续而全面的规范。为了配合新的《公司法》、《证券法》对上市公司信息披露提出的更高要求，提高上市公司运营的透明度，适应股权分置改革后新形势对上市公司监管的要求，监管机构着手制定《上市公司信息披露管理办法》，进一步完善信息披露规则和监管流程，提高上市公司信息披露质量及监管的有效性。

5. 建立股权激励机制

在《公司法》、《证券法》修订和股权分置改革全面推进的情况下，国内实施股权激励的法律环境和市场环境不断完善，引入股权激励机制的时机逐渐成熟。为此，中国证监会于2006年1月发布了《上市公司股权激励管理办法（试行）》。该管理办法以进一步促进上市公司建立、健全激励与约束机制为目的，规定股权激励的主要方式为限制性股票和股票期权，并从实施程序和信息披露角度对股权激励机制予以规范，对上市公司的规范运作与持续发展产生了深远影响。

6. 推动市场化并购重组

通过修订《上市公司收购管理办法》和信息披露准则，启动向特定对象发行股份认购资产的试点，推动了上市公司做优做强和鼓励上市公司控股股东将优质资产、优势项目向上市公司集中，使市场化的上市公司并购重组和企业整体上市显著增加。2007年9月，中国证监会成立上市公司并购审核委员会，专门负责对上市公司并购重组申请事项进行审核，从而进一步规范了审核制度，增强了审核工作透明度，提高了审核效率。资本市场已经成为中国企业重组和产业整合的主要场所。

第二节 上市公司投资分析和估值分析

一、上市公司投资分析

在现代投资分析中，市盈率是分析股票投资价值的重要指标之一，由于其综合对比了股票这一金融资产的两大核心要素：价格和收益，它表明了投资市场对公司盈利的估值，因而被世界各国研究机构和投资者作为投资判断最常用的一个标尺。然而，市盈率作为衡量公司的绝对价值和相对价值的标杆，其缺陷和不足也是有目共睹的。比如无法用市盈率指标确定亏损公司的价值、无法确定市盈率和增长之间的联系、无法判断市盈率高低的合理性等。

(一) 市盈率的定义

市盈率指在一个考察期（通常为12个月的时间）内，股票的价格和每股收益的比例。投资者通常利用该比例值估量某股票的投资价值，或者用该指标在不同公司的股票之间进行比较。

$$市盈率 = 每股股价 \div 每股收益$$

由于所采用的股票价格是动态变化的，其对应的每股收益无法取得对应时间的数据，所以，我们通常采用股票价格与该股上一年度每股收益相比的方式。

市盈率对个股、类股及大盘都是很重要的参考指标。高出历史平均市盈率的大盘有可能出现泡沫；高出其他行业平均市盈率的行业可能是处于高成长期的朝阳行业；如果一个公司的市盈率高于其他同类，则说明投资者预期其业绩可能有大幅高增长。由此可见，市盈率是判别价值的优良指标，是横向、纵向比较的有效工具。

(二) 市盈率指标的一些问题

1. 分母的选择需要谨慎

市盈率＝每股股价÷每股收益，分母的大小对计算结果影响非常大。所以，在选取分母时需要注意，这里的每股收益是指公司净利润扣除非经常性损益、扣除少数股东权益，然后再除以最新的股本得到。例如，有些公司的利润中包含了一些一次性的收入，如出售子公司股权、出售持有的股票、出售土地、矿产等。这些收入不能作为分母，因为这些都是一次性的，不可持续的。有些公司多元化经营，其利润来源于不同的行业，由于不同行业的估值倍数是不同的，我们在估值时必须对不同业务进行分部估值。

2. 市盈率、市场波动和行业特征

证券研究机构在使用市盈率评估公司价值时时往往会出现很大的偏差。例如，在2007年40倍以上的动态市盈率被认为是合理的，而仅仅一年之后，10倍静态市盈率的股票也无法吸引投资者的眼球；2010年，创业板、中小板、主板的同样业务的公司估值有了明显的区别；2011年，白酒行业的股票享受30倍的市盈率，而银行股却连10倍都不到。这种巨大的偏差往往是那个时点上投资者情绪的反映。同样的股票在不同的时期会有截然不同的悬殊定价，同一时点的不同股票估值也会天差地别。

3. 市盈率高低与投资判断

股票分析师可以在2011年给予2013年35倍估值目标的定价，却对那些2011年7倍的公司嗤之以鼻。我们需要警惕低市盈率公司的价值陷阱，特别是处于夕阳行业或周期顶部的公司，比如水泥、铜、钢铁等公司，行业景气度高的时候往往伴随着投资过热，水泥、钢材的价格可以翻倍的上涨，公司的盈利也水涨船高，动态、静态的市盈率极低，给人以股价严重低估的假象。一旦景气度下滑，公司产品的价格也会急转直下，最后甚至导致公司连续亏损，因此市盈率的使用要结合市场波动综合分析。资本市场往往会给予这类周期性行业一定的折价，而我们在使用市盈率对其进行估值的时候也要关注市净率指标。经验数据显示，高于4倍市净率

时就需要小心警惕了，而此时公司的市盈率往往还很低。

另外一种低市盈率的公司出现在近几年来的银行、保险、地产行业，银行股的稳定增长和高分红率、地产股的高净资产收益率和高昂的土地价值，都让投资者趋之若鹜。然而我们发现，经历了2008年的金融危机之后，房地产受到政策调控影响极大，利率市场化、信贷管控，而银行在金融创新、实体经济下行的影响下，其估值受到严重影响，因此单一的估值指标应该结合宏观和微观形势的变化而加以分析。

4. 目前主流的市盈率计算方法

①从市盈率计算的标的来分，可以分为整体市盈率、行业平均市盈率、个股市盈率。整体市盈率即为全市场所有公司的市价总和与利润总和之比；行业平均市盈率即为某个特定行业（又可细分为一级、二级、三级）总市值与利润总和之比；个股市盈率即为某上市公司的市价与每股收益之比。

②从市盈率计算的角度来分，可以分为绝对市盈率、相对市盈率。绝对市盈率即我们一般使用的市盈率，相对市盈率是指该市盈率与另一市盈率的比值，例如，医药行业相对于大盘的市盈率、医药行业相对于白酒行业的市盈率等，相对市盈率有利于我们判别该行业目前是相对大盘、相对其他同类型行业是低估还是高估，从而找到买点。这也是均值回归理论的经典应用。

③分母选择不同得到的结果也不同，分为静态市盈率、动态市盈率、滚动市盈率。

静态市盈率 = 公司市价 ÷ 公司上一年的每股收益；

动态市盈率 = 公司市价 ÷ 公司本年度预测每股收益；

滚动市盈率 = 公司市价 ÷ 公司最近的4个季度已披露每股收益之和

在实证研究中，由于预测业绩不确定性较大，动态市盈率理论上应该是缺乏解释力和精确度的，但是往往主流的估值方法都采用动态市盈率。

④分子选择不同得到的结果也不同，可以分为总市值市盈率、A股总市值市盈率、A股流通市值市盈率。

总市值市盈率 = 公司总市值 ÷ 总利润；

A股总市值市盈率 = A股总市值 ÷ A股总利润；

A股流通市值市盈率 = A股流通市值 ÷ A股总利润。

这一分类方法适用于A+H的公司和没有全流通的公司。A+H的公司在中国香港和国内两地上市，由于两地各种因素的差异，市场的整体估值往往不同，因此需要剔除这一干扰因素，用A股的总市值和A股股权所占利润来匹配相除。而对于全流通和非全流通的公司，由于流通股本大小对估值有一定影响，所以也要剔除。

（三）市盈率的价值所在

首先，市盈率指标对于衡量市场是否具有投资价值具有一定判别作用，也能够警示市场是否存在泡沫、是否过度投机。长期研究表明，市场的整体市盈率存在均值回归现象，即市盈率偏高时后续会逐步走低，市盈率偏低时后续会逐步走高。这一特性对我们判别市场的顶部和底部有一定作用，但是时点上的把握比较难，也就是市盈率低的时候并不代表市场会立刻反转，长期的底部信号并不是买入信号，市场有可能经历漫长的盘整；市盈率高的时候也并不意味着市场见顶，投机的疯狂也会持续相当长的时间。价值投资者需要有足够的耐心等待价值的回归。

其次，市盈率指标在一定程度上表现了行业之间属性的差异，为我们做行业比较提供了依据。高市盈率的行业如生物医药、食品饮料、新兴技术产业总能体现以下特征：行业稳定高速增长、行业集中度高、行业具有消费属性；而低市盈率行业往往体现为增长波动率较大、行业进入壁垒低、行业竞争格局分散等周期性属性。根据市盈率大小将行业分类为强周期、弱周期、稳定增长，或者分为上游中游下游，从而找到不同行业的估值中枢，找到定价的基准。

最后，市盈率指标是证券标的的定价依据。确定公司所处行业的平均市盈率后，通过公司披露的盈利情况，我们可以给公司估价：

$$公司价值 = 每股收益 \times 市盈率$$

这样算出的价格往往代表了市场的一致预期，一般来说，公司的价格会围绕这一价值波动。

二、上市公司估值分析

埃尔文·费雪于1930年提出了确定条件下的价值评估理论——在确定性情况下，投资项目的价值就是未来各期现金流量按照一定利率折现后的现值。若预期现金流贴现值大于现在的投资额，则投资可行，否则投资不可行。在他这一思想的指导下，派生现金流量贴现理论，并最初在股利贴现模型上实现。随着人们对股利贴现模型在实践中的运用提出质疑，自由现金流量贴现模型似乎更为符合现金流量贴现这一思路。

在实务中，乘数估值方法也会被经常采用。乘数估值法也叫做相对价值法，是采用市盈率、市净率、市销率等指标进行估值的、比较简单通用的一种方法。

（一）基于现金流的估值

1. 股利贴现模型

股利贴现模型由 Williams（1938）最先提出。Williams 认为，股票的内在投资价值是"将今后能领取的全部股息加以资本还原的现在价值的总和"，买进股票意味着"现在财富和未来财富的交换"。由此，Williams 推出了以股利贴现来确认股票内在投资价值的最一般的表达式。

$$股权价值 = \sum_{i=1}^{\infty} \frac{股利现金流量}{(1 + 股权资本成本)^i}$$

股利现金流量是企业分配给股权投资人的现金流量。

股利贴现模型可以扩展至各种形式，包括零增长模型、永续增长模型以及多阶段增长模型。

在零增长模型中，股利被假定维持恒定水平，保持为一个常数。此时，公司（股票）内在价值为：$V = D/k$。这里，D 表示恒定不变的股利；k 表示股权资本成本。这种情况往往意味着盈利全部用于分红，是一种"分光吃尽"的股利政策。所以，零增长模型实际上是一种盈利资本化的模型。

永续增长模型最早由 Myron J. Gordon 提出，因此也被称为 Gordon 模型。该模型有四个假设：①股利的支付在时间上没有穷尽；②公司采用稳定的股利政策，即股利增长率始终保持为一个恒定的常数 g；③股利增长率 g 相当于或稍低于宏观经济的名义增长率；④股利增长率 g 低于股票要求的回报率。在假定净资产收益率和留存收益率稳定的情况下，g 就可以被称为可持续增长率，它等于净资产收益率与留存收益率的乘积。其计算公式为

$$股权价值 = \frac{预期基期每股股利}{股权资本成本 - 可持续增长率}$$

多阶段增长模型包括两阶段模型、H 模型、三阶段模型等。两阶段模

型和 H 模型都是指公司股利增长分为两个阶段，区别在于两阶段模型中股利增长的两个阶段均有规律可循，如增长率高但是保持不变的超常增长阶段、零增长阶段、增长率低但保持不变的稳定增长阶段等；H 模型由 Fuller 和 Hsia 于 1984 年提出，其两阶段为超常增长阶段和稳定增长阶段，但是其超常增长阶段的增长率并不是常数，而是变化的；三阶段模型，顾名思义是公司股利增长分为三个阶段。由于多阶段增长模型的情形复杂多变，在此不作累述。

理论上讲，股票价格是市场供求关系的结果，不一定反映该股票的真正价值，而股票的价值应该在股份公司持续经营中体现。因此，公司股票的价值是由公司逐年发放的股利所决定的。而股利多少与公司的经营业绩有关。说到底，股票的内在价值是由公司的业绩决定的。通过研究一家公司的内在价值而指导投资决策，这就是股利贴现模型的现实意义了。

2. 自由现金流量贴现模型

Jensen（1986）最早提出自由现金流量概念，它是指满足所有具有正的净现值的投资项目所需资金后多余的那部分现金流量。后来许多学者在此概念基础上，将自由现金流量的概念加以量化，自由现金流量贴现模型就逐步建立起来。

自由现金流量分为股权自由现金流量和实体自由现金流量，计算如下：

$$股权自由现金流量 = 净收益 + 折旧 - 资本性支出 - 营运资本追加额 - 债务本金偿还 + 新发债务$$

$$实体自由现金流量 = 净收益 + 折旧 + 利息 \times (1 - 税率) - 资本性支出 - 营运资本追加额$$

$$股权自由现金流量 = 实体自由现金流量 - 债务现金流量$$

不同的现金流量采用不同的折现率进行折现，最终得到相同的结果。

$$股权价值 = \sum_{i=1}^{\infty} \frac{股权自由现金流量}{(1 + 股权资本成本)^i}$$

$$实体价值 = \sum_{i=1}^{\infty} \frac{实体自由现金流量}{(1 + 加权平均资本成本)^i}$$

$$股权价值 = 实体价值 - 净债务价值$$

自由现金流量代替股利概念似乎更能体现企业价值的本质，因此，自由现金流量贴现模型被认为比股利贴现模型更为合理。这是因为，企业从经营活动中获取的现金净流量增加企业价值，这符合估值的基本原理。但是，该模型也存在不足，从理论上讲，净现值为正的投资项目从长期来看，是会导致企业的经营活动现金流量增加，但是要准确预测公司未来较长期间的自由现金流量是比较困难的，因此用预测的未来自由现金流量确定公司目前的估值将会出现偏差。

（二）估值模型中的折现率

如前所述，采用不同的估值模型，同一家公司（股票）的估值结果可能会有所不同，这是因为所采用的现金流计算口径不一致，相应地，由于不同现金流属于不同的资本提供者，所以模型中采用的贴现率也会有所不同。

表5-1 不同模型的不同贴现率

模型	资本提供者	贴现率
股利贴现模型	股东	股权资本成本
自由现金流量贴现模型 ·股权自由现金流量 ·企业自由现金流量	·股东 ·股东和债权人	·股权资本成本 ·加权平均资本成本

估计股权资本成本通常比较困难，因为与其他资本不同，它几乎没有固定的投资回报率。我们通常以投资者预期的投资回报来估计股权资本成本，并用资本资产定价模型来估计。而加权平均成本的估计则要容易得多，根据债务成本（通常是确定的）和股权资本成本及其各自的权重计算而来。

1. 资本资产定价模型

资本资产定价模型是由现代资产组合理论发展而来的，后者是资产定价中出现最早、最基础的理论，由马科威茨提出。随后，William Sharpe等人又进一步发展出了资本资产定价模型。

根据资本资产定价模型，单个资产或者证券组合的预期收益包括两个部分：第一，资金的纯粹时间价值，也就是纯粹利率。这部分代表了对投资者购买某项资产而推迟消费的补偿。第二，系统性风险的报酬率。这部分代表了投资者不仅推迟消费，还面临资产价格波动带来的风险，投资者应当获得相应的补偿。简言之,资本资产定价模型的核心思想是单个资产或者证券组合的预期收益与其系统性风险线性相关。

根据风险与收益的一般关系,某资产的必要收益率是由无风险收益率和资产的风险收益率决定的,即必要收益率 = 无风险收益率 + 风险收益率。

资本资产定价模型给出了一个简单易用的表达形式:

$$R = R_f + \beta \times (R_m - R_f)$$

式中,R 表示某资产的必要收益率;β 表示该资产的系统风险系数;R_f 表示无风险收益率;R_m 表示市场组合收益率。

资本资产定价模型最大的优点在于简单、明确。它把任何一种风险证券的价格都划分为三个因素:无风险收益率、风险的价格和风险的计算单位,并把这三个因素有机结合在一起。其另一优点在于它的实用性。它使投资者可以根据绝对风险而不是总风险来对各种竞争报价的金融资产做出评价和选择。这种方法已经被金融市场上的投资者广为采纳,用来解决投资决策中的一般性问题。

当然,资本资产定价模型也不是尽善尽美的,它本身存在一定的局限性。表现在:首先,其假设前提是难以实现的。资本资产定价模型是建立在马科威茨模型基础上的,马科威茨模型的假设自然包含在其中,例如,假设市场处于完善的竞争状态。但是,实际操作中完全竞争的市场是很难实现的,"做市"时有发生。其次,β 值难以确定。某些证券由于缺乏历史数据,其 β 值不易估计。此外,由于经济的不断发展变化,各种证券的 β 值也会产生相应的变化,因此,依靠历史数据估算出的 β 值对未来的指导作用也会大打折扣。

2. 加权平均资本成本

加权平均资本成本是指企业以各种资本在企业全部资本中所占的比重为权数,对各自资本的成本进行加权平均计算出来的资本总成本。加权平均资本成本可用来确定具有平均风险投资项目所要求收益率。

其计算方法为:

$$WACC = \left(\frac{E}{V}\right) \times R_e + \left(\frac{D}{V}\right) \times R_d \times (1 - T_c)$$

这里,$WACC$ 表示加权平均资本成本;R_e 表示股本成本;R_d 表示债务成本;E 表示公司股权的市场价值;D 表示公司债务的市场价值;V 在数

值上等于 E、D 之和；E/V 表示股权价值占融资总额的百分比；D/V 表示债务占融资总额的百分比；T_c 表示企业所得税率。

例如，我们准备采用资本资产定价模型对某个上市公司进行收益率的估算时，拟采用 2016 年第一期储蓄国债（电子式，三年期）的利率 4% 作为无风险报酬率，根据分析师的估算，证券市场组合平均收益率为 15%，而该公司的贝塔系数假设被计算出来为 0.91，则该公司的必要收益率为 4% + 0.91×（15% - 4%）= 14%。

再如，前例所计算出来的 14%，其实质是股权资金的收益率，如果综合考虑公司的资金成本时，还需考虑负债的成本。假设该上市公司的债务以银行贷款为主，市场平均贷款利率为 4.75%。公司股权资金占 70%，其余均为负债。则该公司的加权平均成本为 70%×14% + 30%×4.75% = 11.23%。

（三）乘数估值法

乘数估值法利用类似企业的市场价来确定目标企业价值。这种方法是假设存在一个支配企业市场价值的主要变量，而市场价值与该变量的比值对各企业而言是类似的、可比较的。因此可以在市场上选择一个或几个与目标企业类似的企业，在分析比较的基础上，修正、调整目标企业的市场价值，最后确定被评估企业的市场价值。

根据摩根士丹利添惠的报告，1999 年的成熟市场上，证券分析师最常使用的估值方法是乘数估值法，超过 50% 的使用率。乘数估值法是通过拟估值公司的某一变量乘以价值乘数来进行估值，最常使用的估值乘数可以分为三类：基于公司市值的乘数、基于公司价值的乘数和与增长相关的乘数。

基于公司市值的乘数中，最为常用的就是市盈率，采用这个乘数时，公司价值的计算如下：

目标企业每股价值 = 可比企业平均市盈率 × 目标企业的每股收益

采用市盈率作为乘数的优点在于：首先，计算市盈率的数据容易获得，并且计算简单；其次，市盈率把价格和收益联系起来，直观地反映投入和产出的关系；最后，市盈率涵盖了风险补偿率、增长率、股利支付率的影响，具有很强的综合性。但是，它也有一定的局限性。如果收益是负数，市盈率就失去了意义。此外，市盈率除了受企业本身基本面的影响以外，还受到整个经济景气程度的影响。在经济繁荣时市盈率上升，经济衰退时市盈率下降。如果目标企业的 β 值为 1，则评估价值正确反映了对未来的预期；如果企业的 β 值显著大于 1，经济繁荣时评估价值被夸大，经济衰退时评估价值被缩小；如果 β 值明显小于 1，经济繁荣时评估价值偏低，经济衰退时评估价值偏高。如果是一个周期性的企业，则企业价值可能被歪曲。因此，市盈率模型最适合连续盈利，并且 β 值接近于 1 的企业。

同样的原理，公司估值也可以采用市净率、市销率作为乘数。但这两个乘数也具有一定的局限性。市净率作为乘数时，账面价值受会计政策选择的影响，如果各企业执行不同的会计标准或会计政策，市净率会失去可比性；对于固定资产很少的服务性企业和高科技企业，净资产与企业价值的关系不大，其市净率比较没有什么实际意义；净资产是负值的企业，其市净率没有意义，无法用于比较。市销率作为乘数最大的缺陷就在于：不能反映成本的变化，而成本是影响企业现金流量和价值的重要因素之一，因此，只适用于销售成本率较低的服务类企业，或者销售成本率趋同的传统行业的企业。

基于公司价值的乘数包括：公司价值/息税折旧摊销前盈余乘数；公司价值/销售收入乘数；公司价值/不含财务杠杆的自由现金流量乘数。

与增长相关的乘数中，最为典型的是市盈率/未来数年每股盈余的增长率乘数。该比率主要用于增长性行业，例如，奢侈品、保健商品及技术行业等。

乘数估值法的特点在于，它并不是直接从公司股权价值的内在驱动因素出发来进行价值评估，而是从价值驱动因素对公司未来盈利能力的反映程度出发，间接评估股权的价值。这也是其最大的问题：如果可比对象（目标公司）估值的正确性受到质疑，拟估值公司的内在价值就无法准确评估。另外，在不同的时期和市场环境下，估值乘数对价值驱动因素的反映程度和走向也会有所不同，所以使用乘数时，应该特别注意。

三、战略性新兴产业

历史经验表明，每一次全球经济危机都会引发科技新突破，进而推动产业革命，催生新兴产业，形成新的经济增长点。2008 年爆发全球性金融危机之后，大多数国家不约而同地把科技创新投资列为最重要的战略投资，把发展高技术产业作为带动经济社会发展的战略突破口。

（一）概念及特征

2008年全球金融危机爆发后，中国制造业的压力进一步上升，比较优势受到比较明显的削弱。在东南沿海地区，以低价出口贸易为主的企业受到的冲击更为严重。在中国人均GDP超过4000美元的情况下，沿海地区以往依靠低成本劳动力、低价原材料，来维持低价竞争的产业将难以为继。为此各地政府相继推出政策，将沿海传统产业向中西部地区有序地进行梯度转移。中国日益完善的公路、铁路运输网，将使这些产业仍具备一定的比较优势。

2009年，为应对金融危机的冲击，我国相继推出"四万亿投资规划"和"十大产业振兴规划"为改造提升国内产业基础、扩大内需市场规模，起到了关键性作用。与此同时，国家开始着手制定战略性新兴产业规划。

战略性新兴产业是以重大技术突破和重大发展需求为基础，对经济社会全局和长远发展具有重大引领带动作用，知识技术密集、物质资源消耗少、成长潜力大、综合效益好的产业。根据《国务院关于加快培育和发展战略性新兴产业的决定》和《"十二五"国家战略性新兴产业发展规划》，我国确定的战略性新兴产业包括：节能环保、新一代信息技术、生物、高端装备制造、新能源、新材料、新能源汽车等。秉承这一思路，我国拟在"十三五"时期，把战略性新兴产业作为重要任务和大事来抓，重点培育形成以集成电路为核心的新一代信息技术产业、以基因技术为核心的生物产业以及绿色低碳、高端设备与材料、数字创意等突破十万亿规模的五大产业。

（二）与传统产业的区别

学术上关于传统产业并没有一个规范的界定，通常意义上是指劳动力密集型的、以制造加工为主的行业，在经过新中国成立初期的重工业化建设以及改革开放以来的工业化建设后，我国的传统产业已初具规模，在推动我国经济长期高速发展、拉动社会就业等方面扮演着重要角色。中国仍是传统产业占主导地位的国家，如电子行业、制鞋、制衣服、光学、机械、制造业等应可归到传统行业，但若它们处于行业前端或通过创新、变革，传统产业可以转变成新兴产业、现代产业，仍然可以具有良好的发展前景。如果处在全球产业链环节的中下游，面临技术落后以及产能过剩窘境的话，企业的估值相应就要偏低些。

目前，我国劳动力、土地等要素禀赋优势逐渐丧失的趋势下，我国的传统产业迫切需要优化升级。政府力推转变发展方式、调整经济结构，并正在积极发展蕴含了大量科技创新元素的战略性新兴产业。根据"十二五"规划，战略性新兴产业规模年均增长率要保持在20%以上，2015年，战略性新兴产业增加值占国内生产总值的比重达到8%；到2020年，这一比重提高到15%。

战略性新兴产业和传统产业的一个很大不同，就在于产业生命周期。战略性新兴产业的产业成长和衰退是突发性的，而不是缓慢的成长过程。如果其率先成长起来，市场占有率迅速提高，那么市场机会将大于风险；如果它起步晚，又不能后发制人，则很可能衰退下去，则市场风险大于机会。

一般而言，战略性新兴产业上市公司盈利能力强于大部分传统产业。2013年前三季度，战略性新兴产业上市公司利润率为7.8%，高于上市公司总体6.3%的利润率（扣除金融业）。节能环保以及生物产业是目前战略性新兴产业中利润率最高的领域，2013年前三季度，两者利润率均达到13%以上。具体来看，在环保产业政策频出的带动下，节能环保产业利润率维持在高位，而生物产业作为抗经济周期产业，利润率始终保持在较高水平。当然也不排除因为外部因素的影响，部分战略新兴产业的业绩不尽如人意。例如，2011年以来，受多重负面因素影响，新能源、高端装备制造以及新材料产业经营状况表现不佳，拖累了新产业总体经营状况，并导致新产业业绩表现弱于上市公司总体的现象时有发生。

因为新产业和传统产业不同，在对各产业内企业的投资分析和估值中，就会各有侧重。传统产业更为看重其盈利性相关指标，例如市盈率；在分析和估值方法上，也更侧重采用传统的财务指标分析方法和现金流贴现等估值方法。战略新兴产业在进行分析时，更为看重的是企业的成长性，故在分析时，更重视市场占有率、客户增长量、产业前景等非财务指标，而在估值方面，就更加存在不确定性。最为典型的例子就是，京东近年来连续亏损，但其估值却能达到300多亿美元。

（三）战略新兴企业的估值判断

我国提出培育与发展战略性新兴产业的背景与发达国家不同。发达国家的战略性新兴产业的培育是在传统产业发展到相对成熟阶段之后提出来的，两者之间体现出产业发展的一个承接过程；而我国的战略性新兴产业的培育是在传统产业发展并不充分的情况下提出的，因此，我国的产业发展面临传统产业改造升级和战略性新兴产业培育的双重任务，具有一定的特殊性。

从目前的状况来看，国有企业是我国战略性新兴产业的核心力量，尤其在高端装备制造和新材料等产业，2010年59家国企创造了2210亿元的营业总收入，占所有223家公司营业总收入的55.4%，国企优势非常明显。从数量上看，非国有企业在战略新兴产业中的数量比较多，深市超过七成的战略性新兴产业上市公司属于非国有企业，估计将来在新能源、节能环保、新一代信息技术、生物等行业会有更多的非国有企业介入。

相较于传统产业，大量战略性新兴产业发展尚未步入成熟期，产业发展存在一定的不确定性，战略性新兴产业企业往往通过控制投入规模来规避产业发展的不确定性。数据显示，战略性新兴产业上市公司普遍规模较小，其主营收入总额仅占上市公司总体的8.3%，但由于战新上市公司具有较高成长性，受到市场追捧，因此估值较高，其总市值占A股总市值的20.4%。估值偏高的原因，大概在于我国提出发展战略性新兴产业的初期，市场短期的过分追捧，令该板块整体估值偏高，很大程度上已充分反映了成长预期。但是对于那些上市时间短，规模尚小，且竞争力的持续性有待验证的公司，一旦业绩无法达到市场预期，估值修复带来的股价压力可能是巨大的。

给予战略新兴企业高估值至少需要考虑以下因素：

1. 属于国家确认的战略新兴产业名录

作为战略新兴产业的企业，比较容易得到国家相关政策的支持、信贷资金和资本市场支持，因此在估值判断时应该比传统企业有更好的估值优势。

2. 国际竞争度及其优势

战略性新兴产业上市公司的主要竞争对手来自国外或是外资企业，由于各国对战略性新兴产业的重视和保护，因此判断一些企业是否是战略新兴企业需要分析其是否真正拥有核心技术、市场占有率和客户质量、技术创新能力、商业模式创新、对外投资及技术的依存度。

3. 国内竞争格局及其优势

从国内竞争对手角度，真正具有竞争力的企业在新兴产业上获得的收入应该过半数，在市场占有率上保持领先地位；在产业链的上下游关系中具有议价优势，即既有定价优势又具有成本优势；产业进入的阶段，具有明确的对接产品和服务的企业比只有概念的企业更具有先入优势。

如果竞争对手的数量众多，进入门槛如果过低，不掌握核心技术，市场空间有限，即便公司的业务属于战略新兴产业，也不应给予高估值。比如2011年我国光伏产业经过快速扩张后，面对国外需求增长有限、国内能源格局未发生重大切换的情况下，相关企业的营业收入和利润出现了巨大变化，很多公司的毛利率回归传统制造业水平，毛利率出现大幅下滑，尽管这些企业属于战略新兴产业蓝图中的一员，但是盲目投资、核心技术、产业链的位置、竞争激烈、产能过剩等因素让企业的估值快速下降。

第六章
筹资方式和投资项目分析评价

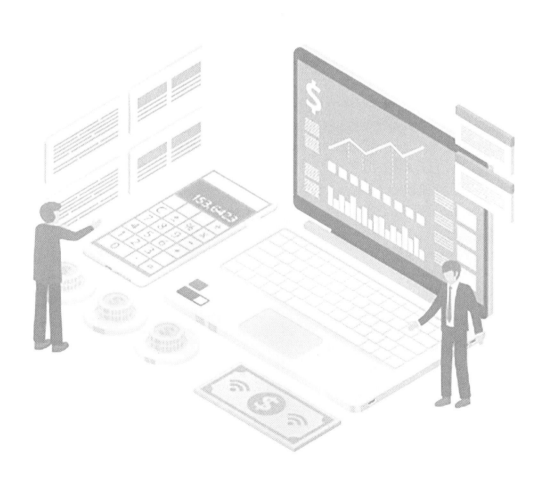

第一节 资金需要量预测

一、因素分析法

因素分析法又称分析调整法,是以有关项目基期年度的平均资金需要量为基础,根据预测年度的生产经营任务和资金周转加速的要求,进行分析调整,来预测资金需要量的一种方法。这种方法计算简便,容易掌握,但预测结果不太精确。它通常用于品种繁多、规格复杂、资金用量较小的项目。因素分析法的计算公式如下:

资金需要量 =(基期资金平均占用额 - 不合理资金占用额)× (1 + 预测期销售增长率)÷(1 + 预测期资金周转速度增长率)

例:甲企业上年度资金平均占用额为 2200 万元,经分析,其中不合理部分 200 万元,预计本年度销售增长 5%,资金周转加速 2%。则:

预测本年度资金需要量 =(2200 - 200)×(1 + 5%)÷(1 + 2%)
= 2058.82(万元)

二、销售百分比法

(一)基本原理

销售百分比法,是假设某些资产和负债与销售额存在稳定的百分比关系,根据这个假设预计外部资金需要量的方法。企业的销售规模扩大时,要相应增加流动资产;如果销售规模增加很多,还必须增加长期资产。为取得扩大销售所需增加的资产,企业需要筹措资金。这些资金,一部分来自随销售收入同比例增加的流动负债,还有一部分来自预测期的收益留存,另一部分通过外部筹资取得。

销售百分比法将反映生产经营规模的销售因素与反映资金占用的资产因素连接起来,根据销售与资产之间的数量比例关系来预计企业的外部筹资需要量。销售百分比法首先假设某些资产与销售额存在稳定的百分比关系,根据销售与资产的比例关系预计资产额,根据资产额预计相应的负债和所有者权益,进而确定筹资需求量。

（二）基本步骤

1. 确定随销售额变动而变动的资产和负债项目

随着销售额的变化，经营性资产项目将占用更多的资金。同时，随着经营性资产的增加，相应的经营性短期债务也会增加，如存货增加会导致应付账款增加，此类债务称为"自动性债务"，可以为企业提供暂时性资金。经营性资产与经营性负债的差额通常与销售额保持稳定的比例关系。这里，经营性资产项目包括库存现金、应收账款、存货等项目；而经营负债项目包括应付票据、应付账款等项目，不包括短期借款、短期融资券、长期负债等筹资性负债。

2. 确定有关项目与销售额的稳定比例关系

如果企业资金周转的营运效率保持不变，经营性资产项目与经营性负债项目将会随销售额的变动而呈正比例变动，保持稳定的百分比关系。企业应当根据历史资料和同业情况，剔除不合理的资金占用，寻找与销售额的稳定百分比关系。

3. 确定需要增加的筹资数量

预计由于销售增长而需要的资金需求增长额，扣除利润留存后，即为所需要的外部筹资额。即有：

外部融资需要量 = 满足企业增长所需的净增投资额 − 内部融资量 = （资产新增需要量 − 负债新增融资量）− 预计销售收入 × 销售净利率 ×（1 − 现金股利支付率）

上述公式即为企业融资规划的基本模型。企业利用该模型进行融资规划依据以下基本假定：

①市场预测合理假定。即假定企业根据市场分析与环境判断所得出的销售及增长预测，已涵盖涉及未来年度市场变动风险的所有因素，因此其预测结果相对合理、恰当。

②经营稳定假定。即假定企业现有盈利模式稳定、企业资产周转效率也保持不变，由此，企业资产、负债等要素与销售收入间的比例关系在规划期内将保持不变。

③融资优序假定。即假定企业融资按照以下先后顺序进行：先内部融资，后债务融资，最后为权益融资。

三、资金习性预测法

资金习性预测法，是指根据资金习性预测未来资金需要量的一种方法。所谓资金习性，是指资金的变动同产销量变动之间的依存关系。按照资金同产销量之间的依存关系，可以把资金区分为不变资金、变动资金和半变动资金。

不变资金是指在一定的产销量范围内，不受产销量变动的影响而保持固定不变的那部分资金。也就是说，产销量在一定范围内变动，这部分资金保持不变。这部分资金包括：为维持营业而占用的最低数额的现金，原材料的保险储备，必要的成品储备，厂房、机器设备等固定资产占用的资金。

变动资金是指随产销量的变动而同比例变动的那部分资金。它一般包括直接构成产品实体的原材料、外购件等占用的资金。另外，在最低储备以外的现金、存货、应收账款等也具有变动资金的性质。

半变动资金是指虽然受产销量变化的影响，但不呈同比例变动的资金，如一些辅助材料上占用的资金。半变动资金可采用一定的方法划分为不变资金和变动资金两部分。

（一）根据资金占用总额与产销量的关系预测

这种方式是根据历史上企业资金占用总额与产销量之间的关系，把资金分为不变资金和变动资金两部分，然后结合预计的销售量来预测资金需要量。

设产销量为自变量 X，资金占用为因变量 Y，它们之间的关系可用下式表示：

$$Y = a + bX$$

式中，a 表示不变资金；b 表示单位产销量所需变动资金。

（二）采用逐项分析法预测

这种方式是根据各资金占用项目（如现金、存货、应收账款、固定资产）和资金来源项目同产销量之间的关系，把各项目的资金都分成变动资金和不变资金两部分，然后汇总在一起，求出企业变动资金总额和不变资金总额，进而来预测资金需求量。

进行资金习性分析,把资金划分为变动资金和不变资金两部分,从数量上掌握了资金同销售量之间的规律性,对准确地预测资金需要量有很大帮助。

运用线性回归法必须注意以下几个问题:

①资金需要量与营业业务量之间线性关系的假定应符合实际情况;

②确定 a、b 数值,应利用连续若干年的历史资料,一般要有 3 年以上的资料;

③应考虑价格等因素的变动情况。

第二节 筹资方式 1——债务筹资

一、银行借款

(一) 银行借款的种类

1. 按提供贷款的机构,分为政策性银行贷款、商业银行贷款和其他金融机构贷款

政策性银行贷款是指执行国家政策性贷款业务的银行向企业发放的贷款,通常为长期贷款。如国家开发银行贷款,主要满足企业承建国家重点建设项目的资金需要;中国进出口信贷银行贷款,主要为大型设备的进出口提供买方信贷或卖方信贷;中国农业发展银行贷款,主要用于确保国家对粮、棉、油等政策性收购资金的供应。

商业性银行贷款是指由各商业银行,如中国工商银行、中国建设银行、中国农业银行、中国银行等,向企业提供的贷款,用以满足企业生产经营的资金需要,包括短期贷款和长期贷款。

其他金融机构贷款,如从信托投资公司取得实物或货币形式的信托投资贷款,从财务公司取得的各种中长期贷款,从保险公司取得的贷款等。其他金融机构贷款一般较商业银行贷款的期限要长,要求的利率较高,对借款企业的信用要求和担保的选择比较严格。

2. 按机构对贷款有无担保要求,分为信用贷款和担保贷款

信用贷款是指以借款人的信誉或保证人的信用为依据而获得的贷款。

企业取得这种贷款，无须以财产做抵押。对于这种贷款，由于风险较高，银行通常要收取较高的利息，往往还附加一定的限制条件。

担保贷款是指由借款人或第三方依法提供担保而获得的贷款。担保包括保证责任、财产抵押、财产质押，由此，担保贷款包括保证贷款、抵押贷款和质押贷款三种基本类型。

保证贷款是指以第三方作为保证人承诺在借款人不能偿还借款时，按约定承担一定保证责任或连带责任而取得的贷款。

抵押贷款是指以借款人或第三方的财产作为抵押物而取得的贷款。抵押是指债务人或第三方并不转移对财产的占有，只将该财产作为对债权人的担保。债务人不能履行债务时，债权人有权将该财产折价或者以拍卖、变卖的价款优先受偿。作为贷款担保的抵押品，可以是不动产、机器设备、交通运输工具等实物资产，可以是依法有权处分的土地使用权，也可以是股票、债券等有价证券等，它们必须是能够变现的资产。如果贷款到期借款企业不能或不愿偿还贷款，银行可取消企业对抵押品的赎回权。抵押贷款有利于降低银行贷款的风险，提高贷款的安全性。

质押贷款是指以借款人或第三方的动产或财产权利作为质押物而取得的贷款。质押是指债务人或第三方将其动产或财产权利移交给债权人占有，将该动产或财产权利作为债权的担保。债务人不履行债务时，债权人有权以该动产或财产权利折价或者以拍卖、变卖的价款优先受偿。作为贷款担保的质押品，可以是汇票、支票、债券、存款单、提单等信用凭证，可以是依法可以转让的股份、股票等有价证券，也可以是依法可以转让的商标专用权、专利权、著作权中的财产权等。

3. 按借款期限分类，可分为长期借款（一般为 5 年以上）、中期借款（一般为 1—5 年）和短期借款（一般为 1 年以内）

一般而言，借款期限越长利率越高。按企业取得贷款的用途，可分为基本建设贷款、专项贷款和流动资金贷款。一般而言，基本建设贷款期限较长，专项贷款次之，流动资金贷款期限最短。

（二）银行借款的筹资特点

1. 筹资速度快

与发行公司债券、融资租赁等其他债务筹资方式相比，银行借款的程序相对简单，所花时间较短，公司可以迅速获得所需资金。

2. 资本成本较低

利用银行借款筹资,一般都比发行债券和融资租赁的利息负担要低。而且无须支付证券发行费用、租赁手续费用等筹资费用。

3. 筹资弹性较大

在借款之前,公司根据当时的资本需求与银行等贷款机构直接商定贷款的时间、数量和条件。在借款期间,若公司的财务状况发生某些变化,也可与债权人再协商,变更借款数量、时间和条件,或提前偿还本息。因此,借款筹资对公司具有较大的灵活性,特别是短期借款更是如此。

4. 限制条款多

与发行公司债券相比较,银行借款合同对借款用途有明确规定,通过借款的保护性条款,对公司资本支出额度、再筹资、股利支付等行为有严格的约束,以后公司的生产经营活动和财务政策必将受到一定程度的影响。

5. 筹资数额有限

银行借款的数额往往受到贷款机构资本实力的制约,难以像发行公司债券、股票那样一次筹集到大笔资金,无法满足公司大规模筹资的需要。

二、发行公司债券

公司债券是公司依照法定程序发行、约定在一定期限还本付息的有价证券。债券是持券人拥有公司债权的书面证书,它代表债券持券人与发债公司之间的债权债务关系。

(一)发行债券的条件

在我国,根据《公司法》的规定,股份有限公司和有限责任公司,具有发行债券的资格。

根据《证券法》规定,公开发行公司债券,应当符合下列条件:一是具备健全且运行良好的组织机构;二是最近三年平均可分配利润足以支付公司债券一年的利息;三是国务院规定的其他条件。

公开发行公司债券筹集的资金,必须按照公司债券募集办法所列资金用途使用;改变资金用途,必须经债券持有人会议作出决议。公开发行债券筹措的资金,不得用于弥补亏损和非生产性支出。

（二）公司债券的种类

1. 按是否记名，分为记名债券和无记名债券

记名公司债券，应当在公司债券存根簿上载明债券持有人的姓名及住所、债券持有人取得债券的日期及债券的编号、债券总额、票面金额、利率、还本付息的期限和方式、债券的发行日期等信息。记名公司债券，由债券持有人以背书方式或者法律、行政法规规定的其他方式转让；转让后由公司将受让人的姓名或者名称及住所记载于公司债券存根簿。无记名公司债券，应当在公司债券存根簿上载明债券总额、利率、偿还期限和方式、发行日期及债券的编号。无记名公司债券的转让，由债券持有人将该债券交付给受让人后即发生转让的效力。

2. 按是否能够转换成公司股权，分为可转换债券与不可转换债券

可转换债券，是指债券持有者可以在规定的时间内按规定的价格转换为股票的一种债券。这种债券在发行时，对债券转换为股票的价格和比率等都做了详细规定。《公司法》规定，可转换债券的发行主体是股份有限公司中的上市公司。不可转换债券，是指不能转换为股票的债券，大多数公司债券属于这种类型。

3. 按有无特定财产担保，分为担保债券和信用债券

担保债券，是指以抵押方式担保发行人按期还本付息的债券，主要是指抵押债券。抵押债券按其抵押品的不同，又分为不动产抵押债券、动产抵押债券和证券信托抵押债券。信用债券是无担保债券，是仅凭公司自身的信用发行的、没有抵押品作抵押担保的债券。在公司清算时，信用债券的持有人因无特定的资产做担保品，只能作为一般债权人参与剩余财产的分配。

4. 按是否公开发行，分为公开发行债券和非公开发行债券

资信状况符合规定标准的公司债券可以向公众投资者公开发行，也可以自主选择仅面向合格投资者公开发行。未达到规定标准的公司债券公开发行应当面向合格投资者。非公开发行的公司债券应当向合格投资者发行。

5. 按发行债券企业的组织形式、经济性质、财务指标和债券发行主管部门等条件要求不同，分为公司债、企业债等

公司债由公司制企业发行、中国证监会核准；企业债一般是由中央政府部门所属机构、国有独资企业或国有控股企业发行,最终由国家发改委批准。公司债和企业债的主要区别一是前者可采取一次核准、多次发行,后者一般要求在通过审批后一年内发行;二是前者采取无担保形式,后者要求由银行或集团担保;三是前者实行核准制,后者实行审核制;发行条件前者比后者宽松。

6. 介于债权和股权之间的融资工具——永续债

永续债是一种没有明确到期日或者期限非常长,投资者不能在一个确定的时间得到本金,但是可以定期获取利息的债券。目前,国内已发行的永续债债券类型主要有可续期企业债、可续期定向融资工具、可续期公司债、永续中票等。

(三) 债券的偿还

债券偿还时间按其实际发生与规定的到期日之间的关系,分为提前偿还与到期偿还两类,其中后者又包括分批偿还和一次偿还两种。

1. 提前偿还

提前偿还又称提前赎回或收回,是指在债券尚未到期之前就予以偿还。只有在公司发行债券的契约中明确规定了有关允许提前偿还的条款,公司才可以进行此项操作。提前偿还所支付的价格通常要高于债券的面值,并随到期日的临近而逐渐下降。具有提前偿还条款的债券可使公司筹资有较大的弹性。当公司资金有结余时,可提前赎回债券;当预测利率下降时,也可提前赎回债券,而后以较低的利率来发行新债券。

2. 到期分批偿还

如果一个公司在发行同一种债券的当时就为不同编号或不同发行对象的债券规定了不同的到期日,这种债券就是分批偿还债券。因为各批债券的到期日不同,它们各自的发行价格和票面利率也可能不相同,从而导致发行费较高;但由于这种债券便于投资人挑选最合适的到期日,因而便于发行。

3. 到期一次偿还

多数情况下,发行债券的公司在债券到期日,一次性归还债券本金,并结算债券利息。

（四）发行公司债券的筹资特点

1. 一次筹资数额大

利用发行公司债券筹资，能够筹集大额的资金，满足公司大规模筹资的需要。这是与银行借款、融资租赁等债务筹资方式相比，企业选择发行公司债券筹资的主要原因，大额筹资能够适应大型公司经营规模的需要。

2. 筹资使用限制少

与银行借款相比，发行债券募集的资金在使用上具有相对的灵活性和自主性。特别是发行债券所筹集的大额资金，能够用于流动性较差的公司长期资产上。从资金使用的性质来看，银行借款一般期限短、额度小，主要用途为增加适量存货或增加小型设备等。反之，期限较长、额度较大，用于公司扩展、增加大型固定资产和基本建设投资的需求多采用发行债券方式筹资。

3. 资本成本负担较高

相对于银行借款筹资，发行债券的利息负担和筹资费用都比较高，而且债券不能像银行借款一样进行债务展期，加上大额的本金和较高的利息，在固定的到期日，将会对公司现金流量产生巨大的财务压力。不过，尽管公司债券的利息比银行借款高，但公司债券的期限长、利率相对固定。在预计市场利率持续上升的金融市场环境下，发行公司债券筹资，能够锁定资本成本。

4. 提高公司社会声誉

公司债券的发行主体，有严格的资格限制。发行公司债券，往往是股份有限公司和有实力的有限责任公司所为。通过发行公司债券，一方面筹集了大量资金，另一方面也扩大了公司的社会影响。

三、融资租赁

租赁是指出租人在承租人给予一定报酬的条件下，授予承租人在约定的期限内占有和使用财产的一种契约性行为。融资租赁又称财务租赁或资本租赁，是区别于经营租赁的一种长期租赁形式，它实质上转移了与资产所有权有关的全部风险和报酬的租赁。所有权最终可能转移也可能不转移。

(一)融资租赁的基本形式

1. 直接租赁

直接租赁是融资租赁的主要形式,承租方提出租赁申请时,出租方按照承租方的要求选购设备,然后再出租给承租方。

2. 售后回租

售后回租是指承租方由于急需资金等各种原因,将自己的资产售给出租方,然后以租赁的形式从出租方原封不动地租回资产的使用权。

3. 杠杆租赁

杠杆租赁是指涉及承租人、出租人和资金出借人三方的融资租赁业务。一般来说,当所涉及的资产价值昂贵时,出租方自己只投入部分资金,通常为资产价值的20%～40%,其余资金则通过将该资产抵押担保的方式,向第三方(通常为银行)申请贷款解决。然后,出租人将购进的设备出租给承租方,用收取的租金偿还贷款,该资产的所有权属于出租方。出租人既是债权人也是债务人,既要收取租金又要支付债务。

(二)融资租赁的筹资特点

1. 无需大量资金就能迅速获得资产

在资金缺乏的情况下,融资租赁能迅速获得所需资产。融资租赁集"融资"与"融物"于一身,融资租赁使企业在资金短缺的情况下引进设备成为可能。特别是针对中小企业、新企业而言,融资租赁是一条重要的融资途径。大型企业的大型设备、工具等固定资产,也经常通过融资租赁方式解决巨额资金的需要,如商业航空公司的飞机,大多是通过融资租赁取得的。

2. 财务风险小,财务优势明显

融资租赁与购买的一次性支出相比,能够避免一次性支付的负担,而且租金支出是未来的、分期的,企业无须一次筹集大量资金偿还。还款时,租金可以通过项目本身产生的收益来支付,是一种基于未来的"借鸡生蛋、卖蛋还钱"的筹资方式。

3. 筹资的限制条件较少

企业运用股票、债券、长期借款等筹资方式,都受到相当多的资格条件的限制,如足够的抵押品、银行贷款的信用标准、发行债券的政府管制等。相比之下,融资租赁筹资的限制条件很少。

4. 能延长资金融通的期限

通常为购置设备而贷款的借款期限比该资产的物理寿命要短得多,而融资租赁的融资期限却可接近其全部使用寿命期限;并且其金额随设备价款金额而定,无融资额度的限制。

5. 资本成本负担较高

融资租赁的租金通常比银行借款或发行债券所负担的利息高得多,租金总额通常要比设备价值高出30%。尽管与借款方式比,融资租赁能够避免到期一次性集中偿还的财务压力,但高额的固定租金也给各期的经营带来了负担。

四、债务筹资的优缺点

(一) 债务筹资的优点

1. 筹资速度较快

与股权筹资相比,债务筹资不需要经过复杂的审批手续和证券发行程序,如银行借款、融资租赁等,可以迅速地获得资金。

2. 筹资弹性较大

发行股票等股权筹资,一方面需要经过严格的政府审批;另一方面从企业的角度出发,由于股权不能退还,股权资本在未来永久性地给企业带来了资本成本的负担。利用债务筹资,可以根据企业的经营情况和财务状况,灵活地商定债务条件,控制筹资数量,安排取得资金的时间。

3. 资本成本负担较轻

一般来说,债务筹资的资本成本要低于股权筹资。其一是取得资金的手续费用等筹资费用较低;其二是利息、租金等用资费用比股权资本要低;其三是利息等资本成本可以在税前支付。

4. 可以利用财务杠杆

债务筹资不改变公司的控制权,因而股东不会出于控制权稀释的原因而反对公司举债。债权人从企业那里只能获得固定的利息或租金,不能参加公司剩余收益的分配。当企业的资本收益率(息税前利润率)高于债务利率时,会增加普通股股东的每股收益,提高净资产收益率,提升企业价值。

5. 稳定公司的控制权

债权人无权参加企业的经营管理，利用债务筹资不会改变和分散股东对公司的控制权。在信息沟通与披露等公司治理方面，债务筹资的代理成本也较低。

（二）债务筹资的缺点

1. 不能形成企业稳定的资本基础

债务资本有固定的到期日，到期需要偿还，只能作为企业的补充性资本来源。再加上取得债务往往需要进行信用评级，没有信用基础的企业和新创企业，往往难以取得足额的债务资本。现有债务资本在企业的资本结构中达到一定比例后，往往由于财务风险而不容易再取得新的债务资金。

2. 财务风险较大

债务资本有固定的到期日、固定的债息负担，抵押、质押等担保方式取得的债务，资本使用上可能会有特别的限制。这些都要求企业必须保证有一定的偿债能力，要保持资产流动性及其资产收益水平，作为债务清偿的保障，对企业的财务状况提出了更高的要求，否则会带来企业的财务危机，甚至导致企业的破产。

3. 筹资数额有限

债务筹资的数额往往受到贷款机构资本实力的制约，除发行债券方式外，一般难以像发行股票那样一次筹集到大笔资金，无法满足公司大规模筹资的需求。

第三节 筹资方式 2——股权筹资

一、吸收直接投资

吸收直接投资是非股份制企业筹集权益资本的基本方式，采用吸收直接投资的企业，资本不分为等额股份、无须公开发行股票。吸收直接投资的实际出资额中，注册资本部分，形成实收资本；超过注册资本的部分，属于资本溢价，形成资本公积。

(一) 吸收直接投资的种类

1. 吸收国家投资

国家投资是指有权代表国家投资的政府部门或机构,以国有资产投入公司,这种情况下形成的资本叫国有资本。吸收国家投资一般具有以下特点:一是产权归属国家;二是资金的运用和处置受国家约束较大;三是在国有公司中采用比较广泛。

2. 吸收法人投资

法人投资是指法人单位以其依法可支配的资产投入公司,这种情况下形成的资本叫法人资本。吸收法人投资一般具有以下特点:一是发生在法人单位之间;二是以参与公司利润分配或控制为目的;三是出资方式灵活多样。

3. 吸收外商投资

外商投资是指外国的自然人、企业或者其他组织(以下称外国投资者)直接或间接在中国境内进行的投资。外商投资企业,是指全部或者部分由外国投资者投资,依照中国法律在中国境内登记注册设立的企业。

4. 吸收社会公众投资

社会公众投资是指社会个人或本公司职工以个人合法财产投入公司,这种情况下形成的资本称为个人资本。吸收社会公众投资一般具有以下特点:一是参加投资的人员较多;二是每人投资的数额相对较少;三是以参与公司利润分配为目的。

(二) 吸收直接投资的出资方式

1. 以货币资产出资

以货币资产出资是吸收直接投资中最重要的出资方式。企业有了货币资产,便可以获取其他物质资源,支付各种费用,满足企业创建开支和随后的日常周转需要。

2. 以实物资产出资

实物出资是指投资者以房屋、建筑物、设备等固定资产和材料、燃料、商品产品等流动资产所进行的投资。实物投资应符合以下条件:一是适合企业生产、经营、研发等活动的需要;二是技术性能良好;三是作价公平合理。

实物出资中实物的作价，应当评估作价，核实财产，不得高估或者低估作价。法律、行政法规对评估作价有规定的，从其规定。国有及国有控股企业接受其他企业的非货币资产出资，必须委托有资格的资产评估机构进行资产评估。

3. 以土地使用权出资

土地使用权是指土地经营者对依法取得的土地在一定期限内有进行建筑、生产经营或其他活动的权利。土地使用权具有相对的独立性，在土地使用权存续期间，包括土地所有者在内的其他任何人和单位，不能任意收回土地和非法干预使用权人的经营活动。企业吸收土地使用权投资应符合以下条件：一是适合企业、生产、经营、研发等活动的需要；二是地理、交通条件适宜；三是作价公平合理。

4. 以知识产权出资

知识产权通常是指专有技术、商标权、专利权、非专利技术等无形资产。投资者以知识产权出资应符合以下条件：一是有助于企业研究、开发和生产出新的高科技产品；二是有助于企业提高生产效率，改进产品质量；三是有助于企业降低生产消耗、能源消耗等各种消耗；四是作价公平合理。

吸收知识产权等无形资产出资的风险较大。因为以知识产权投资，实际上是把技术转化为资本，使技术的价值固定化了，而技术具有强烈的时效性，会因其不断老化落后而导致实际价值不断减少甚至完全丧失。

此外，国家相关法律法规对无形资产出资方式另有限制：股东或者发起人不得以劳务、信用、自然人姓名、商誉、特许经营权或者设定担保的财产等作价出资。

5. 以特定债权出资

特定债权，指企业依法发行的可转换债券以及按照国家有关规定可以转作股权的债权。在实践中，企业可以将特定债权转为股权的情形主要有：一是上市公司依法发行的可转换债券；二是金融资产管理公司持有的国有及国有控股企业债权；三是企业实行公司制改建时，经银行以外的其他债权人协商同意，可以按照有关协议和企业章程的规定，将其债权转为股权；四是根据《利用外资改组国有企业暂行规定》，国有企业的境内债权人将持有的债权转给外国投资者，企业通过债转股改组为外商投资企业；五是按照《企业公司制改建有关国有资本管理与财务处理的暂行规定》，国有企业改制时，账面原有应付工资余额中欠发职工工资部分，在符合国家政策、职工自愿的条件下，依法扣除个人所得税后可转为个人投资；未退还职工的集资款也可转为个人投资。

（三）吸收直接投资的筹资特点

1. 能够尽快形成生产能力

吸收直接投资不仅可以取得一部分货币资金，而且能够直接获得所需的先进设备和技术，尽快形成生产经营能力。

2. 容易进行信息沟通

吸收直接投资的投资者比较单一，股权没有社会化、分散化，投资者甚至直接担任公司管理层职务，公司与投资者易于沟通。

3. 资本成本较高

相对于股票筹资方式来说，吸收直接投资的资本成本较高。当企业经营较好、盈利较多时，投资者往往要求将大部分盈余作为红利分配，因为向投资者支付的报酬是按其出资数额和企业实现利润的比率来计算的。不过，吸收直接投资的手续相对比较简便，筹资费用较低。

4. 公司控制权集中，不利于公司治理

采用吸收直接投资方式筹资，投资者一般都要求获得与投资数额相适应的经营管理权。如果某个投资者的投资额比例较大，则该投资者对企业的经营管理就会有相当大的控制权，容易损害其他投资者的利益。

5. 不易进行产权交易

吸收投入资本由于没有证券为媒介，不利于产权交易，难以进行产权转让。

二、发行普通股股票

股票是股份有限公司为筹措股权资本而发行的有价证券，是公司签发的证明股东持有公司股份的凭证。股票作为一种所有权凭证，代表着对发行公司净资产的所有权。股票只能由股份有限公司发行。

（一）股票的种类

1. 按股东权利和义务，分为普通股股票和优先股股票

普通股股票简称普通股，是公司发行的代表着股东享有平等的权利、

义务,不加特别限制的,股利不固定的股票。普通股是最基本的股票,股份有限公司通常情况下只发行普通股。优先股股票简称优先股,是公司发行的相对于普通股具有一定优先权的股票。其优先权利主要表现在股利分配优先权和分取剩余财产优先权上。优先股股东在股东大会上无表决权,在参与公司经营管理上受到一定限制,仅对涉及优先股权利的问题有表决权。

2. 按票面是否记名,分为记名股票和无记名股票

记名股票是在股票票面上记载有股东姓名或将名称记入公司股东名册的股票,无记名股票不登记股东名称,公司只记载股票数量、编号及发行日期。我国《公司法》规定,公司向发起人、法人发行的股票,应当为记名股票,并应当记载该发起人、法人的名称或者姓名,不得另立户名或者以代表人姓名记名;向社会公众发行的股票,可以为记名股票,也可以为无记名股票。

3. 按发行对象和上市地点,分为 A 股、B 股、H 股、N 股和 S 股等

A 股即人民币普通股票,由我国境内公司发行,境内上市交易,它以人民币标明面值,以人民币认购和交易。B 股即人民币特种股票,由我国境内公司发行,境内上市交易,它以人民币标明面值,以外币认购和交易。H 股是注册地在内地、在香港上市的股票,依此类推,在纽约和新加坡上市的股票,就分别称为 N 股和 S 股。

(二)股份有限公司首次发行股票的一般程序

1. 发起人认足股份、交付股资

发起设立方式的发起人认购公司全部股份。募集设立方式的公司发起人认购的股份不得少于公司股份总数的35%。发起人可以用货币出资,也可以非货币资产作价出资。发起设立方式下,发起人交付全部股资后,应选举董事会、监事会,由董事会办理公司设立的登记事项。募集设立方式下,发起人认足其应认购的股份并交付股资后,其余部分向社会公开募集或者向特定对象募集。

2. 提出公开募集股份的申请

募集方式设立的公司,发起人向社会公开募集股份时,必须向国务院证券监督管理部门递交募股申请,并报送批准设立公司的相关文件,包括公司章程、招股说明书等。

3. 公告招股说明书，签订承销协议

公开募集股份申请经国家批准后，应公告招股说明书。招股说明书应包括公司章程、发起人认购的股份数、本次每股票面价值和发行价格、募集资金的用途等。同时，与证券公司等证券承销机构签订承销协议。

4. 招认股份，缴纳股款

发行股票的公司或其承销机构一般用广告或书面通知办法招募股份。认股者一旦填写了认股书，就要承担认股书中约定缴纳股款的义务。如果认股者总股数超过发起人拟招募总股数，可以采取抽签的方式确定哪些认股者有权认股。认股者应在规定的期限内向代收股款的银行缴纳股款，同时交付认股书。股款收足后，发起人应委托法定的机构验资，出具验资证明。

5. 召开创立大会，选举董事会、监事会

发行股份的股款募足后，发起人应在规定期限内（法定30天内）主持召开创立大会。创立大会由发起人、认股人组成，应有代表股份总数半数以上的认股人出席方可举行。创立大会通过公司章程，选举董事会和监事会成员，并有权对公司的设立费用进行审核，对发起人用于抵作股款的财产的作价进行审核。

6. 办理公司设立登记，交割股票

经创立大会选举的董事会，应在创立大会结束后30天内，办理申请公司设立的登记事项。登记成立后，即向股东正式交付股票。

（三）股票的发行方式

1. 公开间接发行

公开间接发行股票，是指股份公司通过中介机构向社会公众公开发行股票。采用募集设立方式成立的股份有限公司，向社会公开发行股票时，必须由有资格的证券经营中介机构，如证券公司、信托投资公司等承销。这种发行方式的发行范围广，发行对象多，易于足额筹集资本。公开发行股票，同时还有利于提高公司的知名度，扩大其影响力，但公开发行方式审批手续复杂严格，发行成本高。

2. 非公开直接发行

非公开直接发行股票，是指股份公司只向少数特定对象直接发行股票，不需要中介机构承销。用发起设立方式成立和向特定对象募集方式发

行新股的股份有限公司,向发起人和特定对象发行股票,采用直接将股票销售给认购者的自销方式。这种发行方式弹性较大,企业能控制股票的发行过程,节省发行费用。但发行范围小,不易及时足额筹集资本,发行后股票的变现性差。

（四）股票上市的条件

一是具备健全且运行良好的组织机构；二是具有持续经营能力；三是最近3年财务会计报告被出具无保留意见审计报告；四是发行人及其控股股东、实际控制人最近3年不存在贪污、贿赂、侵占财产、挪用财产或者破坏社会主义市场经济秩序的刑事犯罪；五是经国务院批准的国务院证券监督管理机构规定的其他条件。上市公司发行新股,应当符合经国务院批准的国务院证券监督管理机构规定的条件,具体管理办法由国务院证券监督管理机构规定。

（五）上市公司的股票发行

上市的股份有限公司在证券市场上发行股票包括公开发行和非公开发行两种类型。公开发行股票又分为首次上市公开发行股票和上市公开发行股票,非公开发行即向特定投资者发行,也叫定向发行。

1. 首次上市公开发行股票

首次上市公开发行股票（IPO）,是指股份有限公司对社会公开发行股票并上市流通和交易。实施 IPO 的公司,自股份有限公司成立后,持续经营时间应当在3年以上（经国务院特别批准的除外）,应当符合中国证监会《首次公开发行股票并上市管理办法》规定的相关条件,并经中国证监会核准。

实施 IPO 发行的基本程序：一是公司董事会应当依法就本次股票发行的具体方案、本次募集资金使用的可行性及其他事项作出决议,并提请股东大会批准；二是公司股东大会就本次发行股票作出的决议；三是由保荐人保荐并向证监会申报；四是证监会受理,并审批核准；五是自证监会核准发行之日起,公司应在6个月内公开发行股票,超过6个月未发行的,核准失效,须经证监会重新核准后方可发行。

2. 上市公开发行股票

上市公开发行股票,是指股份有限公司已经上市后,通过证券交易所在证券市场上对社会公开发行股票。上市公开发行股票，包括增发和配股两种方式。增发是指上市公司向社会公众发售股票的再融资方式；配股是指上市公司向原有股东配售股票的再融资方式。

3. 非公开发行股票

上市公司非公开发行股票，是指上市公司采用非公开方式，向特定对象发行股票的行为，也叫定向募集增发。定向增发的对象可以是老股东，也可以是新投资者，但发行对象不超过 10 名，发行对象为境外战略投资者的，应当经国务院相关部门事先批准。

（六）发行普通股股票筹资的特点

1. 两权分离，有利于公司自主经营管理

公司通过对外发行股票筹资，公司的所有权与经营权相分离，分散了公司控制权，有利于公司自主管理、自主经营。普通股筹资的股东众多，公司日常经营管理事务主要由公司的董事会和经理层负责。但公司的控制权分散，公司也容易被经理人控制。

2. 资本成本较高

由于股票投资的风险较大，收益具有不确定性，投资者就会要求较高的风险补偿。因此，股票筹资的资本成本较高。

3. 能增强公司的社会声誉，促进股权流通和转让

普通股筹资，股东的大众化，为公司带来了广泛的社会影响。特别是上市公司，其股票的流通性强，有利于市场确认公司的价值。普通股筹资以股票作为媒介，便于股权的流通和转让，吸收新的投资者。但是，流通性强的股票交易，也容易在资本市场上被恶意收购。

4. 不易及时形成生产能力

普通股筹资吸收的一般都是货币资金，还需要通过购置和建造形成生产经营能力。相对吸收直接投资方式来说，不易及时形成生产能力。

三、留存收益

（一）留存收益的性质

从性质上看，企业通过合法有效的经营所实现的税后净利润，都属于企业的所有者。因此，属于所有者的利润包括分配给所有者的利润和尚未

分配留存于企业的利润。企业将本年度的利润部分甚至全部留存下来的原因很多，主要包括：第一，收益的确认和计量是建立在权责发生制基础上的，企业有利润，但企业不一定有相应的现金净流量增加，因而企业不一定有足够的现金将利润全部或部分派给所有者。第二，法律法规从保护债权人利益和要求企业可持续发展等角度出发，限制企业将利润全部分配出去。《公司法》规定，企业每年的税后利润，必须提取 10% 的法定公积金。公司法定公积金累计额为公司注册资本的 50% 以上的，可以不再提取。第三，企业基于自身的扩大再生产和筹资需求，也会将一部分利润留存下来。

（二）留存收益的筹资途径

1. 提取盈余公积金

盈余公积金，是指有指定用途的留存净利润，其提取基数是抵减年初累计亏损后的本年度净利润。盈余公积金主要用于企业未来的经营发展，经投资者审议后也可以用于转增股本（实收资本）和弥补公司经营亏损。

2. 未分配利润

未分配利润，是指未限定用途的留存净利润。未分配利润有两层含义：第一，这部分净利润本年没有分配给公司的股东投资者；第二，这部分净利润未指定用途，可以用于企业未来经营发展、转增股本（实收资本）、弥补公司经营亏损、以后年度利润分配。

（三）利用留存收益的筹资特点

1. 不用发生筹资费用

企业从外界筹集长期资本，与普通股筹资相比较，留存收益筹资不需要发生筹资费用，资本成本较低。

2. 维持公司的控制权分布

利用留存收益筹资，不用对外发行新股或吸收新投资者，由此增加的权益资本不会改变公司的股权结构，不会稀释原有股东的控制权。

3. 筹资数额有限

当期留存收益的最大数额是当期的净利润，不如外部筹资一次性可以筹集大量资金。如果企业发生亏损，当年没有利润留存。另外，股东和投资者从自身期望出发，往往希望企业每年发放一定股利，保持一定的利润分配比例。

四、股权筹资的优缺点

(一) 股权筹资的优点

1. 股权筹资是企业稳定的资本基础

股权资本没有固定的到期日，无须偿还，是企业的永久性资本，除非企业清算时才有可能予以偿还。这对于保障企业对资本的最低需求、促进企业长期持续稳定经营具有重要意义。

2. 股权筹资是企业良好的信誉基础

股权资本作为企业最基本的资本，代表了公司的资本实力，是企业与其他单位组织开展经营业务、进行业务活动的信誉基础。同时，股权资本也是其他方式筹资的基础，尤其可为债务筹资，包括银行借款、发行公司债券等提供信用保障。

3. 股权筹资的财务风险较小

股权资本不用在企业正常营运期内偿还，没有还本付息的财务压力。相对于债务资金而言，股权资本筹资限制少，资本使用上也无特别限制。另外，企业可以根据其经营状况和业绩的好坏，决定向投资者支付报酬的多少。

(二) 股权筹资的缺点

1. 资本成本负担较重

一般而言，股权筹资的资本成本要高于债务筹资。这主要是由于投资者投资于股权特别是投资于股票的风险较高，投资者或股东相应要求得到较高的收益率。从企业成本开支的角度来看，股利、红利从税后利润中支付，而使用债务资金的资本成本允许税前扣除。此外，普通股的发行、上市等方面的费用也十分庞大。

2. 控制权变更可能影响企业长期稳定发展

利用股权筹资，由于引进了新的投资者或出售了新的股票，必然会导致公司控制权结构的改变，而控制权变更过于频繁，又势必要影响公司管理层的人事变动和决策效率，影响公司的正常经营。

3. 信息沟通与披露成本较大

投资者或股东作为企业的所有者，有了解企业经营业务、财务状况、经营成果等的权利。企业需要通过各种渠道和方式加强与投资者的关系管理，保障投资者的权益。特别是上市公司，其股东众多而分散，只能通过公司的公开信息披露了解公司状况，这就需要公司花更多的精力，有些公司还需要设置专门的部门，进行公司的信息披露和投资者关系管理。

第四节　筹资方式3——衍生工具筹资

衍生工具筹资，包括兼具股权和债务性质的混合融资和其他衍生工具融资。我国上市公司目前最常见的混合融资方式是可转换债券融资，最常见的其他衍生工具融资是认股权证融资。

一、可转换债券

可转换债券是一种混合型证券，是公司普通债券与证券期权的组合体。可转换债券的持有人在一定期限内，可以按照事先规定的价格或者转换比例，自由地选择是否转换为公司普通股。

（一）可转换债券的基本性质

1. 证券期权性

可转换债券给予了债券持有者未来的选择权，在事先约定的期限内，投资者可以选择将债券转换为普通股票，也可以放弃转换权利，持有至债券到期还本付息。由于可转换债券持有人具有在未来按一定的价格购买股票的权利，因此可转换债券实质上是一种未来的买入期权。

2. 资本转换性

可转换债券在正常持有期，属于债权性质；转换成股票后，属于股权性质。如果在债券的转换期内，持有人没有将其转换为股票，发行企业到期必须无条件地支付本金和利息。转换成股票后，债券持有人成为企业的股权投资者。资本双重性的转换，取决于投资者是否行权。

3. 赎回与回售

可转换债券一般都会有赎回条款，发债公司在可转换债券转换前，可以按一定条件赎回债券。通常，公司股票价格在一段时期内连续高于转股价格达到某一幅度时，公司会按事先约定的价格买回未转股的可转换公司债券。同样，可转换债券一般也会有回售条款，公司股票价格在一段时期内连续低于转股价格达到某一幅度时，债券持有人可按事先约定的价格将所持债券回售给发行公司。

（二）可转换债券的基本要素

可转换债券的基本要素是指构成可转换债券基本特征的必要因素，它们代表了可转换债券与一般债券的区别。

1. 标的股票

可转换债券转换期权的标的物是可转换成的公司股票。标的股票一般是发行公司自己的普通股票。

2. 票面利率

可转换债券的票面利率一般会低于普通债券的票面利率，有时甚至还低于同期银行存款利率。因为在可转换债券的投资收益中，除了债券的利息收益外，还附加了股票买入期权的收益部分。一个设计合理的可转换债券，在大多数情况下其股票买入期权的收益足以弥补债券利息收益的差额。

3. 转换价格

转换价格是指可转换债券在转换期内据以转换为普通股的折算价格，即将可转换债券转换为普通股的每股普通股的价格。如每股 30 元，即是指可转换债券转股时，将债券金额按每股 30 元转换为相应股数的股票。由于可转换债券在未来可以行权转换成股票，在债券发售时，所确定的转换价格一般比发售日股票市场价格高出一定比例，如高出 10%～30%。《上市公司证券发行管理办法》规定，转股价格应不低于募集说明书公告日前 20 个交易日该公司股票交易均价和前 1 个交易日的均价。因配股、增发、送股、派息、分立及其他原因引起上市公司股份变动的，应当同时调整转股价格。

4. 转换比率

转换比率是指每一张可转换债券在既定的转换价格下能转换为普通股股票的数量。在债券面值和转换价格确定的前提下，转换比率为债券面值与转换价格之商：

$$转换比率 = \frac{债券面值}{转换价格}$$

5. 转换期

转换期指的是可转换债券持有人能够行使转换权的有效期限。可转换债券的转换期可以与债券的期限相同，也可以短于债券的期限。转换期间的设定通常有四种情形：债券发行日至到期日；发行日至到期前；发行后某日至到期日；发行后某日至到期前。至于选择哪种，要看公司的资本使用状况、项目情况、投资者要求等。由于转换价格高于公司发债时股价，投资者一般不会在发行后立即行使转换权。《上市公司证券发行管理办法》规定，可转换债券自发行结束之日起6个月后方可转换为公司股票，转股期限由公司根据可转换债券的存续期限及公司财务状况确定。

6. 赎回条款

赎回条款是指发债公司按事先约定的价格买回未转股债券的条件规定，赎回一般发生在公司股票价格一段时期内连续高于转股价格达到某一幅度时。赎回条款通常包括：不可赎回期间与赎回期间；赎回价格（一般高于可转换债券的面值）；赎回条件（分为无条件赎回和有条件赎回）等。

发债公司在赎回债券之前，要向债券持有人发出赎回通知，要求他们在将债券转股与卖回给发债公司之间作出选择。一般情况下，投资者大多会将债券转换为普通股。可见，设置赎回条款最主要的功能是强制债券持有者积极行使转股权，因此又被称为加速条款。同时也能使发债公司避免在市场利率下降后，继续向债券持有人按照较高的票面利率支付利息所蒙受的损失。

7. 回售条款

回售条款是指债券持有人有权按照事先约定的价格将债券卖回给发债公司的条件规定。回售一般发生在公司股票价格在一段时期内连续低于转股价格达到某一幅度时。回售对于投资者而言实际上是一种卖权，有利于降低投资者的持券风险。与赎回一样，回售条款也有回售时间、回售价格和回售条件等规定。

8. 强制性转换条款

强制性转换条款是指在某些条件具备之后，债券持有人必须将可转换债券转换为股票，无权要求偿还债券本金的条件规定。公司可设置强制性转换条款保证可转换债券顺利地转换成股票，预防投资者到期集中挤兑引发公司破产的悲剧。

（三）可转换债券的发行条件

根据《上市公司证券发行管理办法》的规定，上市公司发行可转换债券，除了应当符合增发股票的一般条件之外，还应当符合以下条件：

①最近3个会计年度加权平均净资产收益率平均不低于6%。扣除非经常性损益后的净利润与扣除前的净利润相比，以低者作为加权平均净资产收益率的计算依据。

②本次发行后累计公司债券余额不超过最近一期期末净资产额的40%。

③最近3个会计年度实现的年均可分配利润不少于公司债券1年的利息。

根据《上市公司证券发行管理办法》的规定，发行分离交易的可转换公司债券，除符合公开增发股票的一般条件外，还应当符合的规定包括：公司最近一期末经审计的净资产不低于人民币15亿元；最近3个会计年度实现的年均可分配利润不少于公司债券1年的利息；最近3个会计年度经营活动产生的现金流量净额平均不少于公司债券1年的利息；本次发行后累计公司债券余额不超过最近一期末净资产额的40%，预计所附认股权全部行权后募集的资金总量不超过拟发行公司债券金额等。分离交易的可转换公司债券募集说明书应当约定，上市公司改变公告的募集资金用途的，赋予债券持有人一次回售的权利。

（四）可转换债券的筹资特点

1. 筹资灵活

可转换债券是将传统的债务筹资功能和股票筹资功能结合起来，筹资性质和时间上具有灵活性。债券发行企业先以债务方式取得资金，到了债券转换期，如果股票市价较高，债券持有人将会按约定的价格转换为股票，避免了企业还本付息之负担。如果公司股票长期低迷，投资者不愿意将债券转换为股票，企业及时还本付息清偿债务，也能避免未来长期的股东资本成本负担。

2. 资本成本较低

可转换债券的利率低于同一条件下普通债券的利率，降低了公司的筹资成本；此外，在可转换债券转换为普通股时，公司无需另外支付筹资费用，又节约了股票的筹资成本。

3. 筹资效率高

可转换债券在发行时，规定的转换价格往往高于当时本公司的股票价格。如果这些债券将来都转换成了股权，这相当于在债券发行之际，就以高于当时股票市价的价格新发行了股票，以较少的股份代价筹集了更多的股份资金。因此在公司发行新股时机不佳时，可以先发行可转换债券，以便其将来变相发行普通股。

4. 存在一定的财务压力

可转换债券存在不转换的财务压力。如果在转换期内公司股价处于恶化性的低位，持券者到期不会转股，会造成公司因集中兑付债券本金而带来的财务压力。可转换债券还存在回售的财务压力。若可转换债券发行后，公司股价长期低迷，在设计有回售条款的情况下，投资者集中在一段时间内将债券回售给发行公司，加大了公司的财务支付压力。

二、认股权证

认股权证是一种由上市公司发行的证明文件，持有人有权在一定时间内以约定价格认购该公司发行的一定数量的股票。广义的权证（warrant），是一种持有人有权于某一特定期间或到期日，按约定的价格认购或沽出一定数量的标的资产的期权。按买或卖的不同权利，可分为认购权证和认沽权证，又称为看涨权证和看跌权证。认股权证，属于认购权证。

（一）认股权证的基本性质

1. 认股权证的期权性

认股权证本质上是一种股票期权，属于衍生金融工具，具有实现融资和股票期权激励的双重功能。但认股权证本身是一种认购普通股的期权，它没有普通股的红利收入，也没有普通股相应的投票权。

2. 认股权证是一种投资工具

投资者可以通过购买认股权证获得市场价与认购价之间的股票差价收益，因此它是一种具有内在价值的投资工具。

（二）认股权证的筹资特点

1. 认股权证是一种融资促进工具

认股权证的发行人是发行标的股票的上市公司，认股权证通过以约定价格认购公司股票的契约方式，能保证公司在规定的期限内完成股票发行计划，顺利实现融资。

2. 有助于改善上市公司的治理结构

采用认股权证进行融资，融资的实现是缓期分批实现的。上市公司及其大股东的利益，与投资者是否在到期之前执行认股权证密切相关。因此，在认股权证有效期间，上市公司管理层及其大股东任何有损公司价值的行为，都可能降低上市公司的股价，从而降低投资者执行认股权证的可能性，这将损害上市公司管理层及其大股东的利益。所以，认股权证能够约束上市公司的败德行为，并激励他们更加努力地提升上市公司的市场价值。

3. 有利于推进上市公司的股权激励机制

认股权证是常用的员工激励工具，通过给予管理者和重要员工一定的认股权证，可以把管理者和员工的利益与企业价值成长紧密联系在一起，建立一个管理者与员工通过提升企业价值实现自身财富增值的利益驱动机制。

三、优先股

优先股是指股份有限公司发行的具有优先权利、相对优先于一般普通种类股份的股份种类。在利润分配及剩余财产清偿分配的权利方面，优先股持有人优先于普通股股东；但在参与公司决策管理等方面，优先股的权利受到限制。

（一）优先股的基本性质

1. 约定股息

相对于普通股而言，优先股的股利收益是事先约定的，也是相对固定的。由于优先股的股息率事先已作规定，因此优先股的股息一般不会根据公司经营情况而变化，而且优先股一般也不再参与公司普通股的利润分红。但优先股的固定股息率各年可以不同，另外，优先股也可以采用浮动股息率分配利润。公司章程中规定优先股采用固定股息率的，可以在优先股存续期内采取相同的固定股息率，或明确每年的固定股息率，各年度的股息率可以不同；公司章程中规定优先股采用浮动股息率的，应当明确优先股存续期内票面股息率的计算方法。

2. 权利优先

优先股在年度利润分配和剩余财产清偿分配方面，具有比普通股股东优先的权利。优先股可以先于普通股获得股息，公司的可分配利润先分给优先股股东，剩余部分再分给普通股股东。在剩余财产方面，优先股的清偿顺序先于普通股而次于债权人。一旦公司清算，剩余财产先分给债权人，再分给优先股股东，最后分给普通股股东。

优先股的优先权利是相对于普通股而言的，与公司债权人不同，优先股股东不可以要求经营成果不佳无法分配股利的公司支付固定股息；优先股股东也不可以要求无法支付股息的公司进入破产程序，不能向人民法院提出企业重整、和解或者破产清算申请。

3. 权利范围小

优先股股东一般没有选举权和被选举权，对股份公司的重大经营事项无表决权。仅在股东大会表决与优先股股东自身利益直接相关的特定事项时，具有有限表决权，例如，修改公司章程中与优先股股东利益相关的事项条款时，优先股股东有表决权。

(二) 优先股的种类

1. 固定股息率优先股和浮动股息率优先股

优先股股息率在股权存续期内不作调整的，称为固定股息率优先股；优先股股息率根据约定的计算方法进行调整的，称为浮动股息率优先股。优先股采用浮动股息率的，在优先股存续期内票面股息率的计算方法在公司章程中要事先明确。

2. 强制分红优先股与非强制分红优先股

公司在章程中规定，在有可分配税后利润时必须向优先股股东分配利润的，称为强制分红优先股，否则即为非强制分红优先股。

3. 累积优先股和非累积优先股

根据公司因当年可分配利润不足而未向优先股股东足额派发股息，差额部分是否累积到下一会计年度，可分为累积优先股和非累积优先股。累积优先股是指公司在某一时期所获盈利不足，导致当年可分配利润不足以支付优先股股息时，则将应付股息累积到次年或以后某一年盈利时，在普通股的股息发放之前，连同本年优先股股息一并发放。非累积优先股则是指公司不足以支付优先股的全部股息时，对所欠股息部分，优先股股东不能要求公司在以后年度补发。

4. 参与优先股和非参与优先股

根据优先股股东按照确定的股息率分配股息后，是否有权同普通股股东一起参加剩余税后利润分配，可分为参与优先股和非参与优先股。持有人只能获取一定股息但不能参加公司额外分红的优先股，称为非参与优先股。持有人除可按规定的股息率优先获得股息外，还可与普通股股东分享公司的剩余收益的优先股，称为参与优先股。对于有权同普通股股东一起参加剩余利润分配的参与优先股，公司章程应明确优先股股东参与剩余利润分配的比例、条件等事项。

5. 可转换优先股和不可转换优先股

根据优先股是否可以转换成普通股，可分为可转换优先股和不可转换优先股。可转换优先股是指在规定的时间内，优先股股东或发行人可以按照一定的转换比率把优先股换成该公司普通股。否则是不可转换优先股。

6. 可回购优先股和不可回购优先股

根据发行人或优先股股东是否享有要求公司回购优先股的权利，可分为可回购优先股和不可回购优先股。可回购优先股是指允许发行公司按发行价加上一定比例的补偿收益回购的优先股。公司通常在认为可以用较低股息率发行新的优先股时，用此方法回购已发行的优先股股票。不附有回购条款的优先股，则被称为不可回购优先股。回购优先股包括发行人要求赎回优先股和投资者要求回售优先股两种情况，应在公司章程和招股文件中规定其具体条件。发行人要求赎回优先股的，必须完全支付所欠股息。

（三）优先股的特点

优先股既像公司债券，又像公司股票，因此优先股筹资属于混合筹资，其筹资特点兼有债务筹资和股权筹资性质。

1. 有利于丰富资本市场的投资结构

优先股有利于为投资者提供多元化投资渠道，增加固定收益型产品。看重现金红利的投资者可投资优先股，而希望分享公司经营成果成长的投资者则可以选择普通股。

2. 有利于股份公司股权资本结构的调整

发行优先股,是股份公司股权资本结构调整的重要方式。公司资本结构调整中,既包括债务资本和股权资本的结构调整,也包括股权资本的内部结构调整。

3. 有利于保障普通股收益和控制权

优先股的每股收益是固定的,只要净利润增加并且高于优先股股息,普通股的每股收益就会上升。另外,优先股股东无表决权,因此不影响普通股股东对企业的控制权,也基本上不会稀释原普通股的权益。

4. 有利于降低公司财务风险

优先股股利不是公司必须偿付的一项法定债务,如果公司财务状况恶化、经营成果不佳,这种股利可以不支付,从而相对避免了企业的财务负担。由于优先股没有规定最终到期日,它实质上是一种永续性借款。优先股的收回由企业决定,企业可在有利条件下收回优先股,具有较大的灵活性。发行优先股,增加了权益资本,从而改善了公司的财务状况。对于高成长企业来说,承诺给优先股的股息与其成长性相比而言是比较低的。同时,由于发行优先股相当于发行无限期的债券,可以获得长期的低成本资金,但优先股又不是负债而是权益资本,能够提高公司的资产质量。总之,从财务角度上看,优先股属于股债连接产品。作为资本,可以降低企业整体负债率;作为负债,可以增加长期资金来源,有利于公司的长久发展。

5. 可能给股份公司带来一定的财务压力

首先是资本成本相对于债务较高。主要是由于优先股股息不能抵减所得税,而债务利息可以抵减所得税。这是利用优先股筹资的最大不利因素。其次是股利支付相对于普通股的固定性。针对固定股息率优先股、强制分红优先股、可累积优先股而言,股利支付的固定性可能成为企业的一项财务负担。

第五节 筹资方式4——筹资实务创新

企业筹资方式和筹资渠道的变化与国家金融业的发展密切相关。随着经济的发展和金融政策的完善，我国企业筹资方式和筹资渠道逐步呈现多元化趋势。

一、商业票据融资

商业票据融资是指通过商业票据进行融通资金。商业票据是一种商业信用工具，是由债务人向债权人开出的、承诺在一定时期内支付一定款项的支付保证书，其实质是无担保、可转让的短期期票。商业票据融资具有融资成本较低、灵活方便等特点。

二、中期票据融资

中期票据是指具有法人资格的非金融类企业在银行间债券市场按计划分期发行的、约定在一定期限还本付息的债务融资工具。发行中期票据一般要求具有稳定的偿债资金来源；拥有连续三年的经审计的会计报表，且最近一个会计年度盈利；主体信用评级达到 AAA；待偿还债券余额不超过企业净资产的 40%；募集资金应用于企业生产经营活动，并在发行文件中明确披露资金用途；发行利率、发行价格和相关费用由市场化方式确定。

中期票据具有如下特点：一是发行机制灵活。中期票据发行采用注册制，一次注册通过后两年内可分次发行；可选择固定利率或浮动利率，到期还本付息；付息可选择按年或季等。二是用款方式灵活。中期票据可用于中长期流动资金、置换银行借款、项目建设等。三是融资额度大。企业申请发行中期票据，按规定发行额度最多可达企业净资产的 40%。四是使用期限长。中期票据的发行期限在 1 年以上，一般 3～5 年，最长可达 10 年。五是成本较低。根据企业信用评级和当时市场利率，中期票据利率较中长期贷款等融资方式往往低 20%～30%。六是无须担保抵押。发行中期票据，主要依靠企业自身信用，无需担保和抵押。

中期票据因为有上述特点，在实务中得到了广泛的应用，尤其是近些年来在我国上市公司中应用颇多。

三、股权众筹融资

股权众筹融资主要是指通过互联网形式进行公开小额股权融资的活动。股权众筹融资必须通过股权众筹融资中介机构平台（互联网网站或其他类似的电子媒介）进行。股权众筹融资方应为小微企业，应通过股权众筹融资中介机构向投资人如实披露企业的商业模式、经营管理、财务、资金使用等关键信息，不得误导或欺诈投资者。股权众筹融资业务由证监会负责监管。

四、企业应收账款证券化

企业应收账款资产支持证券，是指证券公司、基金管理公司子公司作为管理人，通过设立资产支持专项计划开展资产证券化业务，以企业应收账款债权为基础资产或基础资产现金流来源所发行的资产支持证券。企业应收账款证券化是企业拓宽融资渠道、降低融资成本、盘活存量资产、提高资产使用效率的重要途径。

根据《应收账款质押登记办法》，应收账款是指权利人因提供一定的货物、服务或设施而获得的要求义务人付款的权利以及依法享有的其他付款请求权，包括现有的和未来的金钱债权，但不包括因票据或其他有价证券而产生的付款请求权，以及法律、行政法规禁止转让的付款请求权。

上述质押登记办法所称应收账款包括以下权利：一是销售、出租产生的债权，包括销售货物，供应水、电、气、暖，知识产权的许可使用，出租动产或不动产等；二是提供医疗、教育、旅游等服务或劳务产生的债权；三是能源、交通运输、水利、环境保护、市政工程等基础设施和公用事业项目收益权；四是提供贷款或其他信用活动产生的债权；五是其他以合同为基础的具有金钱给付内容的债权。

五、融资租赁债权资产证券化

融资租赁债权资产支持证券是指证券公司、基金管理公司子公司作为管理人，通过设立资产支持专项计划开展资产证券化业务，以融资租赁债权为基础资产或基础资产现金流来源所发行的资产支持证券。

融资租赁债权是指融资租赁公司依据融资租赁合同对债务人（承租人）享有的租金债权、附属担保权益（如有）及其他权利（如有）。

六、商圈融资

商圈融资模式包括商圈担保融资、供应链融资、商铺经营权、租赁权质押、仓单质押、存货质押、动产质押、企业集合债券等。发展商圈融资是缓解中小商贸企业融资困难的重大举措。改革开放以来，我国以商品交易市场、商业街区、物流园区、电子商务平台等为主要形式的商圈发展迅速，已成为我国中小商贸服务企业生存与发展的重要载体。但是，由于商圈内多数商贸经营主体属中小企业，抵押物少、信用记录不健全，"融资难"问题较为突出，亟须探索适应中小商贸服务企业特点的融资新模式。发展商圈融资有助于增强中小商贸经营主体的融资能力，缓解融资困难，促进中小商贸企业健康发展；有助于促进商圈发展，增强经营主体集聚力，提升产业关联度，整合产业价值链，推进商贸服务业结构调整和升级，从而带动税收、就业增长和区域经济发展，实现搞活流通、扩大消费的战略目标；同时，也有助于银行业金融机构和融资性担保机构等培养长期稳定的优质客户群体，扩大授信规模，降低融资风险。

七、供应链融资

供应链融资，是将供应链核心企业及其上下游配套企业作为一个整体，根据供应链中相关企业的交易关系和行业特点制定基于货权和现金流控制的"一揽子"金融解决方案的一种融资模式。供应链融资解决了上下游企业融资难、担保难的问题，而且通过打通上下游融资瓶颈，还可以降低供应链条融资成本，提高核心企业及配套企业的竞争力。

八、绿色信贷

绿色信贷，也称可持续融资或环境融资。它是指银行业金融机构为支持环保产业、倡导绿色文明、发展绿色经济而提供的信贷融资。绿色信贷重点支持节能环保、清洁生产、清洁能源、生态环境、基础设施绿色升级和绿色服务六大类产业。

九、能效信贷

能效信贷，是指银行业金融机构为支持用能单位提高能源利用效率，降低能源消耗而提供的信贷融资。

能效信贷业务的重点服务领域。一是工业节能，主要涉及电力、煤炭、钢铁、有色金属、石油石化、化工、建材、造纸、纺织、印染、食品加工、照明等重点行业；二是建筑节能，主要涉及既有和新建居住建筑，国家机关办公建筑和商业、服务业、教育、科研、文化、卫生等其他公共建筑，建筑集中供热、供冷系统节能设备及系统优化，可再生能源建筑应用等；三是交通运输节能，主要涉及铁路运输、公路运输、水路运输、航空运输和城市交通等行业；四是与节能项目、服务、技术和设备有关的其他重要领域。

能效信贷包括用能单位能效项目信贷和节能服务公司合同能源管理信贷两种方式。用能单位能效项目信贷是指银行业金融机构向用能单位投资的能效项目提供的信贷融资。用能单位是项目的投资人和借款人。合同能源管理信贷是指银行业金融机构向节能服务公司实施的合同能源管理项目提供的信贷融资。节能服务公司是项目的投资人和借款人。

合同能源管理是指节能服务公司与用能单位以合同形式约定节能项目的节能目标，节能服务公司为实现节能目标向用能单位提供必要的服务，用能单位以节能效益支付节能服务公司的投入及其合理利润的节能服务机制。合同能源管理包括节能效益分享型、节能量保证型、能源费用托管型、融资租赁型和混合型等类型。

节能服务公司是指提供用能状况诊断、能效项目设计、改造（施工、设备安装、调试）、运行管理等服务的专业化公司。

第六节　筹资方式5——小微型创新公司的特殊融资方式

一、天使投资

天使投资通常指自由投资者或非正式投资机构对原创项目或处于初创期特别是"种子期"的小型初创企业进行的一次性前期投资，是权益资本投资的一种形式。创新企业只要有潜力，都可能获得相应的帮助。天使投资视投资者的不同，主要有天使投资人、天使投资团队、天使投资基金和企业孵化器等模式。企业孵化器在一些地方被称为创新中心。在深圳南山高科技创业园区、盐田生物高科技园区等地实行的"产业化平台＋机构天使＋开放式创新"模式颇为典型，它解决了初创企业需求精准、快速营销的难题，成为培育成功的科技企业和创业家的孵化器。

二、风险投资

风险投资又称为创业投资,其投资原理或赢利模式与保险业相似,它把资本投向隐藏着失败风险的高新技术及其产品的研究开发领域,促使高新技术成果迅速产业化、商品化,以获取高额资本收益。风险投资的对象主要是过了种子期的项目。投资者不要求控股权,也不需要任何担保或抵押。风险投资的投资者主要为专业的风险投资机构和私募基金等。成立于上世纪八九十年代改革开放初期的深圳市创新投、高新投等大型国有企业是全国风险投资的领跑者和成功范例。

三、众筹

前已述及,众筹是大众筹资或群众筹资的简称。这是一种近年来活跃于网络平台的大众筹资形式,适用于创业者创业初期的筹资需要。在我国,目前既有在淘宝网上的产品众筹,也有众筹网等专业化平台,已成为创业者筹集创业基资金的重要渠道。与传统融资方式比较,众筹具有低门槛、多样性等特点。

四、政府补贴或贷款

政府补助一般既无需偿还也不参与公司分红。财政性贷款一般为低息或财政贴息。财政资金对中小企业特别是创新创业型企业的支持通常采取设立专项基金的方式。可分为两类:一是鼓励科技创新和劳动人口的就业方面的基金,另一类是帮助降低市场风险方面的基金。深圳市近年的科技型企业创业资助举措对单个最高不超过 100 万元的科技型小微企业创业、留学回国人员创业、科技创新竞赛优胜者等项目进行资助,对大学毕业生进行创业资助、项目贷款、场租补贴、税费减免等诸多支助。在新冠疫情期间,政府对以饮食商品门店为主的民营及个体市场主体直接给予房租、就业、生活等方面的补助。

第七节　投资项目财务评价

一、投资决策与货币时间价值

（一）投资决策

投资决策指的是对投资项目各个可行性方案进行分析和评价并从中选择最优方案的过程。投资项目决策的分析评价需要采用一些专门的指标和方法。本节介绍的是几个常用的分析评价指标，以这几个指标命名的分析评价方法即为常用的分析评价方法。投资项目分析评价的重点是货币时间价值和现金流量。企业在重大项目投资决策前一般应对该项目进行尽职调查（即谨慎性调查）。

（二）货币时间价值

1. 货币时间价值的概念

货币时间价值也称资金时间价值，是指在没有风险和没有通货膨胀的情况下，货币经历一定时间的投资和再投资所增加的价值。例如，现将100元存入银行，一年后将从银行取回105元（假设银行存款年利率为5%），其中的5元或利率5%就是货币时间价值。

2. 现值、终值和年金

现值指货币或资金的现在价值，即未来某一时点上一定数额的资金折合现在的价值（即"本金"）。现值可通过查"一元复利现值系数表"取得。

终值指货币或资金的未来价值，即现在一定数额的资金经过若干期后的价值（即"本利和"）。终值可通过查"一元复利终值系数表"取得。

年金是每隔相同时间（1年、半年、1个月等）发生一笔等额现金流入或等额现金流出的形式。分期等额存款、每年相等的销售收入、分期等额偿还贷款、定期等额支付租金等，都属于年金的形式。年金现值和终值可通过查"一元年金现值系数表"和"一元年金终值系数表"取得。

以上终值和现值均是基于复利计算的结果。复利又称"利滚利"，即上一期的利息计入下一期的本金一并计算利息的方法。

二、评价指标1——项目现金流量（NCF）

现金流量是投资项目财务可行性分析的主要分析对象，净现值、内含收益率、回收期等财务评价指标，均是以现金流量为对象进行可行性评价的。利润只是期间财务报告的结果，对于投资方案财务可行性来说，项目的现金流量状况比会计期间盈亏状况更为重要。一个投资项目能否顺利进行，有无经济效益，不一定取决于有无会计期间利润，而在于能否带来正现金流量，即整个项目能否获得超过项目投资的现金回收。企业应科学合理地进行资金筹划和调度，力避因用短期贷款进行长期投资即"短贷长投"，从而导致资金链断裂的风险。

由一项长期投资方案所引起的在未来一定期间所发生的现金收支，叫作现金流量。其中，现金收入称为现金流入量，现金支出称为现金流出量，现金流入量与现金流出量相抵后的余额，称为现金净流量。

在一般情况下，投资决策中的现金流量通常指现金净流量。这里，所谓的现金既指库存现金、银行存款等货币性资产，也可以指相关非货币性资产（如原材料、设备等）的变现价值。

投资项目从整个经济寿命周期来看，大致可以分为三个阶段：投资期、营业期、终结期，现金流量的各个项目也可归属于各个阶段之中。

（一）投资期

投资阶段的现金流量主要是现金流出量，即在该投资项目上的原始投资，包括在长期资产上的投资和垫支的营运资金。如果该项目的筹建费较高，也可作为初始阶段的现金流出量计入递延资产。在一般情况下，初始阶段中固定资产的原始投资通常在年内一次性投入（如购买设备），如果原始投资不是一次性投入（如工程建造），则应把投资归属于不同投入年份之中。

1. 长期资产投资

长期资产投资包括在固定资产、无形资产、递延资产等长期资产上的购入、建造、运输、安装、试运行等方面所需的现金支出，如购置成本、运输费、安装费等。对于投资实施后导致固定资产性能改进而发生的改良支出，属于固定资产的后期投资。

2. 营运资金垫支

营运资金垫支是指投资项目形成了生产能力，需要在流动资产上追加的投资。由于扩大了企业生产能力，原材料、在产品、产成品等流动资产规模也随之扩大，需要追加投入日常营运资金。同时，企业营业规模扩充后，应付账款等结算性流动负债也随之增加，自动补充了一部分日常营运资金的需要。因此，为该投资垫支的营运资金是追加的流动资产扩大量与结算性流动负债扩大量的净差额。为简化计算，垫支的营运资金在营业期的流入流出过程可忽略不计，只考虑投资期投入与终结期收回对现金流量的影响。

（二）营业期

营业阶段是投资项目的主要阶段，该阶段既有现金流入量，也有现金流出量。现金流入量主要是营运各年的营业收入，现金流出量主要是营运各年的付现营运成本。

另外，营业期内某一年发生的大修理支出，如果会计处理在本年内一次性作为损益性支出，则直接作为该年付现成本；如果跨年摊销处理，则本年作为投资性的现金流出量，摊销年份以非付现成本形式处理。营业期内某一年发生的改良支出是一种投资，应作为该年的现金流出量，以后年份通过折旧收回。

在正常营业阶段，由于营运各年的营业收入和付现营运成本数额比较稳定，如不考虑所得税因素，营业阶段各年现金净流量一般为：

$$\text{营业现金净流量}(NCF) = \text{营业收入} - \text{付现成本}$$
$$= \text{营业利润} + \text{非付现成本}$$

式中，非付现成本主要是固定资产年折旧费用、长期资产摊销费用、资产减值损失等。其中，长期资产摊销费用主要有跨年的大修理摊销费用、改良工程折旧摊销费用、筹建费摊销费用等。

所得税是投资项目的现金支出，即现金流出量。考虑所得税对投资项目现金流量的影响，投资项目正常营运阶段所获得的营业现金净流量，可按下列公式进行测算：

$$\text{营业现金净流量}(NCF) = \text{营业收入} - \text{付现成本} - \text{所得税}$$

或：

$$= \text{税后营业利润} + \text{非付现成本}$$

或：
= 收入 × (1 - 所得税税率) - 付现成本 × (1 - 所得税税率)
+ 非付现成本 × 所得税税率

(三) 终结期

终结阶段的现金流量主要是现金流入量，包括固定资产变价净收入、固定资产变现净损益和垫支营运资金的收回。

1. **固定资产变价净收入**

投资项目在终结阶段，原有固定资产将退出生产经营，企业对固定资产进行清理处置。固定资产变价净收入，是指固定资产出售或报废时的出售价款或残值收入扣除清理费用后的净额。

2. **固定资产变现净损益对现金净流量的影响**

固定资产变现净损益对现金净流量的影响用公式表示如下：

固定资产变现净损益对现金净流量的影响 = (账面价值 - 变价净收入) × 所得税税率

如果（账面价值 - 变价净收入）>0，则意味着发生了变现净损失，可以抵税，减少现金流出，增加现金净流量。如果（账面价值 - 变价净收入）<0，则意味着实现了变现净收益，应该纳税，增加现金流出，减少现金净流量。

变现时固定资产账面价值指的是固定资产账面原值与变现时按照税法规定计提的累计折旧的差额。如果变现时，按照税法的规定，折旧已经全部计提，则变现时固定资产账面价值等于税法规定的净残值；如果变现时，按照税法的规定，折旧没有全部计提，则变现时固定资产账面价值等于税法规定的净残值与剩余的未计提折旧之和。

3. **垫支营运资金的收回**

伴随着固定资产的出售或报废，投资项目的经济寿命结束，企业将与该项目相关的存货出售，应收账款收回，应付账款也随之偿付。营运资金恢复到原有水平，项目开始垫支的营运资金在项目结束时得到回收。

在实务中，对某一投资项目在不同时点上现金流量数额的测算，通常通过编制"投资项目现金流量表"进行。通过该表，能测算出投资项目相关现金流量的时间和数额，以便进一步进行投资项目可行性分析。

在投资项目管理的实践中，由于所得税的影响，营业阶段现金流量的测算比较复杂，需要在所得税基础上考虑税后收入、税后付现成本，以及非付现成本抵税对营业现金流量的影响。

三、评价指标2——净现值（NPV）

（一）基本原理

一个投资项目，其未来现金净流量现值与原始投资额现值之间的差额，称为净现值（NPV）。计算公式为：

净现值 = 未来现金净流量现值 − 原始投资额现值

计算净现值时，要按预定的贴现率对投资项目的未来现金流量和原始投资额进行贴现。预定贴现率是投资者所期望的最低投资收益率。净现值为正，方案可行，说明方案的实际收益率高于所要求的收益率；净现值为负，方案不可取，说明方案的实际投资收益率低于所要求的收益率。

当净现值为零时，说明方案的投资收益刚好达到所要求的投资收益，方案也可行。所以，净现值的经济含义是投资方案收益超过基本收益后的剩余收益。其他条件相同时，净现值越大，方案越好。采用净现值法来评价投资方案，一般有以下步骤：

第一，测定投资方案各年的现金流量，包括现金流出量和现金流入量。

第二，设定投资方案采用的贴现率。

通常确定贴现率的参考标准：

一是以市场利率为标准。资本市场的市场利率是整个社会投资收益率的最低水平，可以视为一般最低收益率要求。

二是以投资者希望获得的预期最低投资收益率为标准。这就考虑了投资项目的风险补偿因素以及通货膨胀因素。

三是以企业平均资本成本率为标准。企业投资所需要的资金，都或多或少地具有资本成本，企业筹资承担的资本成本率水平，给投资项目提出了最低收益率要求。

第三，按设定的贴现率，分别将各年的现金流出量和现金流入量折算成现值。

第四，将未来的现金净流量现值与投资额现值进行比较，若前者大于或等于后者，方案可行；若前者小于后者，方案不可行，说明方案的实际收益率达不到投资者所要求的收益率。

(二) 对净现值法的评价

净现值法简便易行，其主要优点在于：

第一，适用性强，能基本满足项目年限相同的互斥投资方案决策。如有 A、B 两个项目，资本成本率为 10%，A 项目投资 50 000 元可获净现值 10 000 元，B 项目投资 20 000 元可获净现值 8 000 元。尽管 A 项目投资额大，但在计算净现值时已经考虑了实施该项目所承担的还本付息负担，因此净现值大的 A 项目优于 B 项目。

第二，能灵活地考虑投资风险。净现值法在所设定的贴现率中包含投资风险收益率要求，就能有效地考虑投资风险。例如，某投资项目期限 15 年，资本成本率 18%，由于投资项目时间长，风险也较大，所以投资者认定，在投资项目的有效使用期限 15 年中第一个五年期内以 18% 折现，第二个五年期内以 20% 折现，第三个五年期内以 25% 折现，以此来体现投资风险。

净现值法也具有明显的缺陷，主要表现在：

第一，所采用的贴现率不易确定。如果两方案采用不同的贴现率贴现，采用净现值法不能够得出正确结论。同一方案中，如果要考虑投资风险，要求的风险收益率不易确定。

第二，不适用于独立投资方案的比较决策。如果各方案的原始投资额现值不相等，有时无法作出正确决策。独立投资方案，是指两个以上投资项目互不依赖，可以同时并存。如对外投资购买甲股票或购买乙股票，它们之间并不冲突。在独立投资方案比较中，尽管某项目净现值大于其他项目，但所需投资额大，获利能力可能低于其他项目，而该项目与其他项目又是非互斥的，因此只凭净现值大小无法决策。

第三，不能直接用于对寿命期不同的互斥投资方案进行决策。某项目尽管净现值小，但其寿命期短；另一项目尽管净现值大，但它是在较长的寿命期内取得的。两项目由于寿命期不同，因而净现值是不可比的。要采用净现值法对寿命期不同的投资方案进行决策，需要将各方案均转化为相等寿命期进行比较。

四、评价指标3——年金净流量（ANCF）

投资项目的未来现金净流量与原始投资额的差额，构成该项目的现金净流量总额。项目期间内全部现金净流量总额的总现值或总终值折算为等额年金的平均现金净流量，称为年金净流量（ANCF）。年金净流量的计算公式为：

$$年金净流量 = \frac{现金净流量总现值}{年金现值系数} = \frac{现金净流量总终值}{年金终值系数}$$

式中，现金净流量总现值即为NPV。与净现值指标一样，年金净流量指标大于零，说明每年平均的现金流入能抵补现金流出，投资项目的净现值（或净终值）大于零，方案的收益率大于所要求的收益率，方案可行。在两个以上寿命期不同的投资方案比较时，年金净流量越大，方案越好。

年金净流量法是净现值法的辅助方法，在各方案寿命期相同时，实质上就是净现值法。因此它适用于期限不同的投资方案决策。但同时，它也具有与净现值法同样的缺点，不便于对原始投资额不相等的独立投资方案进行决策。

五、评价指标4——现值指数（PVI）

现值指数（PVI）是投资项目的未来现金净流量现值与原始投资额现值之比。计算公式为：

$$现值指数 = \frac{未来现金净流量现值}{原始投资额现值}$$

从现值指数的计算公式可见，现值指数的计算结果有三种：大于1，等于1，小于1。若现值指数大于或等于1，方案可行，说明方案实施后的投资收益率高于或等于必要收益率；若现值指数小于1，方案不可行，说明方案实施后的投资收益率低于必要收益率。现值指数越大，方案越好。

现值指数法也是净现值法的辅助方法，在各方案原始投资额现值相同时，实质上就是净现值法。由于现值指数是未来现金净流量现值与所需投资额现值之比，是一个相对数指标，反映了投资效率，所以，用现值指数指标来评价独立投资方案，可以克服净现值指标不便于对原始投资额现值不同的独立投资方案进行比较和评价的缺点，从而对方案的分析评价更加合理、客观。

六、评价指标5——内含收益率（IRR）

（一）基本原理

内含收益率（IRR）又称内部收益率、内含报酬率，是指对投资方案未来的每年现金净流量进行贴现，使所得的现值恰好与原始投资额现值相等，从而使净现值等于零时的贴现率。

内含收益率法的基本原理是：在计算方案的净现值时，以必要投资收益率作为贴现率计算，净现值的结果往往是大于零或小于零，这就说明方案实际可能达到的投资收益率大于或小于必要投资收益率；而当净现值为零时，说明两种收益率相等。根据这个原理，内含收益率法就是要计算出使净现值等于零时的贴现率，这个贴现率就是投资方案实际可能达到的投资收益率。

1. 未来每年现金净流量相等时

每年现金净流量相等是一种年金形式，通过查年金现值系数表，可计算出未来现金净流量现值，并令其净现值为零，有：

未来每年现金净流量 × 年金现值系数 − 原始投资额现值 = 0

计算出净现值为零时的年金现值系数后，通过查年金现值系数表，利用插值法即可计算出相应的贴现率，该贴现率就是方案的内含收益率。

2. 未来每年现金净流量不相等时

如果投资方案的未来每年现金净流量不相等，各年现金净流量的分布就不是年金形式，不能采用直接查年金现值系数表的方法来计算内含收益率，而需采用逐次测试法。

逐次测试法的具体做法是：根据已知的有关资料，先估计一次贴现率，来试算未来现金净流量的现值，并将这个现值与原始投资额现值相比较，如净现值大于零，为正数，表示估计的贴现率低于方案实际可能达到的投资收益率，需要重估一个较高的贴现率进行试算；如果净现值小于零，为负数，表示估计的贴现率高于方案实际可能达到的投资收益率，需要重估一个较低的贴现率进行试算。如此反复试算，直到净现值等于零或基本接近于零，这时所估计的贴现率就是希望求得的内含收益率。

（二）对内含收益率法的评价

内含收益率法的主要优点在于：

第一，内含收益率反映了投资项目可能达到的收益率，易于被高层决策人员所理解。第二，对于独立投资方案的比较决策，如果各方案原始投资额现值不同，可以通过计算各方案的内含收益率，反映各独立投资方案的获利水平。

内含收益率法的主要缺点在于：

第一，计算复杂，不易直接考虑投资风险大小。第二，在互斥投资方案决策时，如果各方案的原始投资额现值不相等，有时无法作出正确的决策。某一方案原始投资额低，净现值小，但内含收益率可能较高；而另一方案原始投资额高、净现值大，但内含收益率可能较低。

七、评价指标6——回收期（PP）

回收期（PP），是指投资项目的未来现金净流量与原始投资额相等时所经历的时间，即原始投资额通过未来现金流量回收所需要的时间。

投资者希望投入的资本能以某种方式尽快地收回来，收回的时间越长，所担风险就越大。因而，投资方案回收期的长短是投资者十分关心的问题，也是评价方案优劣的标准之一。用回收期指标评价方案时，回收期越短越好。

（一）静态回收期

静态回收期没有考虑货币时间价值，直接用未来现金净流量累计到原始投资数额时所经历的时间作为静态回收期。

1. 未来每年现金净流量相等时

这种情况是一种年金形式，因此：

$$静态回收期 = \frac{原始投资额}{每年现金净流量}$$

2. 未来每年现金净流量不相等时

在这种情况下，应把未来每年的现金净流量逐年加总，根据累计现金流量来确定回收期。可依据如下公式进行计算（设 M 是收回原始投资额的前一年）：

静态回收期 = M + 第 M 年的尚未收回额 / 第(M + 1)年的现金净流量

(二) 动态回收期

动态回收期需要将投资引起的未来现金净流量进行贴现,以未来现金净流量的现值等于原始投资额现值时所经历的时间为动态回收期。

1. 未来每年现金净流量相等时

在这种年金形式下,假定动态回收期为 H 年,则:

$$(P/A, i, n) = \frac{原始投资额现值}{每年现金净流量}$$

计算出年金现值系数后,通过查年金现值系数表,利用插值法,即可推算出动态回收期 n。

2. 未来每年现金净流量不相等时

在这种情况下,应把每年的现金净流量逐一贴现并加总,根据累计现金流量现值来确定回收期。可依据如下公式进行计算(设 M 是收回原始投资额现值的前一年):

动态回收期 = M + 第 M 年的尚未收回额的现值 / 第(M + 1)年的现金净流量现值

回收期法的优点是计算简便,易于理解。这种方法是以回收期的长短来衡量方案的优劣,收回投资所需的时间越短,所冒的风险就越小。可见,回收期法是一种较为保守的方法。

回收期法中静态回收期的不足之处是没有考虑货币的时间价值。

静态回收期和动态回收期还有一个共同局限,就是它们计算回收期时只考虑了未来现金净流量(或现值)总和中等于原始投资额(或现值)的部分,没有考虑超过原始投资额(或现值)的部分。显然,回收期长的项目,其超过原始投资额(或现值)的现金流量并不一定比回收期短的项目少。

八、尽职调查

尽职调查又称谨慎性调查,是指投资人在与目标企业达成初步合作意向后,经协商一致,投资人对目标企业的历史数据和文档、管理人员的背景、市场风险、管理风险、技术风险和资金风险做一个全面深入的审核,通常需要花费 3～6 个月时间。

（一）调查的目的

简单讲，尽职调查的根本原因在于信息不对称。目标企业的情况只有通过详尽的、专业的调查才能摸清楚。

1. 发现项目或企业内在价值

投资者和目标企业站在不同的角度分析企业的内在价值，往往会出现偏差，目标企业可能高估也可能低估了企业的内在价值。因为企业内在价值不仅取决于当前的财务账面价值，同时也取决于未来的收益。对企业内在价值进行评估和考量必须建立在尽职调查基础上。

2. 判明潜在的致命缺陷及对预期投资的可能影响

从投资者角度讲，尽职调查是风险管理的第一步。因为任何项目都存在着各种各样的风险，比如，目标企业过去财务账册的准确性；投资之后，公司的主要员工、供应商和顾客是否会继续留下来；相关资产是否具有目标企业赋予的相应价值；是否存在任何可能导致目标企业运营或财务运作出现问题的因素。

3. 为投资方案设计做准备

目标企业通常会对企业各项风险因素有很清楚的了解，而投资者则没有。因而，投资者有必要通过实施尽职调查来补救双方在信息获知上的不平衡。一旦通过尽职调查明确了存在哪些风险和法律问题，买卖双方便可以就相关风险和义务应由哪方承担进行谈判，同时投资者可以决定在何种条件下继续进行投资活动。

（二）调查的流程和方法

1. 尽职调查的流程

尽职调查的范围很广，调查对象的规模亦千差万别，每一个尽职调查项目均是独一无二的。对于一个重大投资项目，尽职调查通常需经历以下程序：立项——成立工作小组——拟定调查计划——整理/汇总资料——撰写调查报告——内部复核——递交汇报——归档管理——参与投资方案设计。

①专业人员项目立项后加入工作小组实施尽职调查。

②拟订计划需建立在充分了解投资目的和目标企业组织架构基础上。

③尽职调查报告必须通过复核程序后方能提交。

2. 尽职调查的方法

①审阅文件资料。通过公司工商注册、财务报告、业务文件、法律合同等各项资料审阅，发现异常及重大问题。

②参考外部信息。通过网络、行业杂志、业内人士等信息渠道，了解公司及其所处行业的情况。

③相关人员访谈。与企业内部各层级、各职能人员，以及中介机构的充分沟通。

④企业实地调查。查看企业厂房、土地、设备、产品和存货等实物资产。

⑤小组内部沟通。调查小组成员来自不同背景及专业，其相互沟通也是达成调查目的的方法。

（三）调查的内容

1. 公司基本情况

①公司设立情况。了解公司注册时间、注册资金、经营范围、股权结构和出资情况，并取得营业执照、公司章程、评估报告、审计报告、验资报告、工商登记文件等资料，核查公司工商注册登记的合法性、真实性；必要时走访相关政府部门和中介机构。

②历史沿革情况。查阅公司历年营业执照、公司章程、工商登记等文件，以及历年业务经营情况记录、年度检验、年度财务报告等资料，调查公司的历史沿革情况，核查是否存在遗留问题；必要时走访相关政府部门和中介机构。

③公司主要股东情况。调查了解主要股东的背景，相互之间关联关系或一致行动情况及相关协议；主要股东和实际控制人最近三年内变化情况或未来潜在变动情况。

2. 管理人员调查

①管理人员任职资格和任职情况。调查了解管理人员的教育经历、专业资格、从业经历及主要业绩，以及在公司担任的职务与职责。

②管理人员胜任能力和勤勉尽责。调查了解高管人员曾担任高管人员的其他公司的规范运作情况以及该公司经营情况，分析高管人员管理公司的能力。分别与董事长、总经理、财务负责人、技术负责人、销售负责人

（包括但不限于上述人员）就公司现状、发展前景等方面问题进行交谈，了解高管人员的胜任能力和勤勉尽责情况。

③高管人员薪酬及兼职情况。通过查阅三会文件、与高管人员交流、与发行人员工交谈等方法，调查公司为高管人员制定的薪酬方案、股权激励方案。通过与高管人员交谈、查阅有关资料等方法，调查高管人员在公司内部或外部的兼职情况，分析高管人员兼职情况是否会对其工作效率、质量产生影响。

3. 业务与技术情况

①行业情况及竞争情况。根据公司主营业务及所属行业，了解行业监管体制和政策趋势，了解行业的市场环境、市场容量、进入壁垒、供求状况、竞争状况、行业利润水平和未来变动情况，判断行业的发展前景及行业发展的有利和不利因素，了解行业内主要企业及其市场份额情况，调查竞争对手情况，分析公司在行业中所处的竞争地位及变动情况。

②采购情况。通过与采购部门、主要供应商沟通，查阅相关资料等方法，调查公司主要原材料市场供求状况。取得公司主要供应商（至少前10名）的相关资料，计算最近三年向主要供应商的采购金额及所占比例，判断是否存在严重依赖个别供应商的情况，如果存在，是否对重要原材料的供应作出备选安排；取得同前述供应商的长期供货合同，分析交易条款，判断公司原材料供应及价格的稳定性。

③生产情况。取得公司生产流程资料，结合生产核心技术或关键生产环节，分析评价公司生产工艺、技术在行业中的领先程度。取得公司主要产品的设计生产能力和历年产量有关资料并进行比较，与生产部门人员沟通，分析公司各生产环节是否存在瓶颈制约。调查公司的生产工艺是否符合环境保护相关法规，调查公司历年来在环境保护方面的投入及未来可能的投入情况。现场观察三废的排放情况，核查有无污染处理设施及其实际运行情况。

④销售情况。通过与公司销售部门负责人沟通、获取权威市场调研机构的报告等方法，调查公司产品（服务）的市场需求状况，是否有稳定的客户基础等。结合行业排名、竞争对手等情况，对公司主要产品的行业地位和市场占有率进行分析。了解公司对主要客户（至少前10名）的销售额占年度销售总额的比例及回款情况。

⑤核心技术和研发情况。调查公司拥有的专利，分析产品的核心技

术，考察其技术水平、技术成熟程度、同行业技术发展水平及技术进步情况；核查核心技术的取得方式及使用情况，判断是否存在纠纷或潜在纠纷及侵犯他人知识产权的情形。关注专利的有效期及到期后对公司的影响，并了解公司具体的保护措施与效果。取得公司主要研发成果、在研项目、研发目标等资料，调查公司历年研发费用占主营业务收入的比重、自主知识产权的数量与质量、技术储备等情况，对公司的研发能力进行分析。

4. 同业竞争与关联交易调查

①同业竞争情况。通过询问公司及其控股股东或实际控制人、实地走访生产或销售部门等方法，调查公司控股股东或实际控制人及其控制的企业实际业务范围、业务性质、客户对象、与公司产品的可替代性等情况，判断是否构成同业竞争，并核查公司控股股东或实际控制人是否对避免同业竞争作出承诺以及承诺的履行情况。

②关联方和关联交易情况。确认公司的关联方及关联方关系，通过与公司高管人员、财务部门和主要业务部门负责人交谈，查阅账簿、相关合同、会议记录、独立董事意见，发函询证，咨询律师及注册会计师意见，调查公司与关联方进行的关联交易。

5. 财务状况

①基本财务数据分析。根据公司历年财务报告，收集能够反映公司财务基本状况的财务数据，如：资产（货币资金、应收账款、存货、对外投资、无形资产）、负债（银行借款、应付账款）、销售收入、销售成本、补贴收入、利润总额、净利润等。

②财务比率分析。计算公司各年度毛利率、资产收益率、净资产收益率、每股收益等，判断公司盈利能力。计算公司各年度资产负债率、流动比率、速动比率、利息保障倍数等，结合公司的现金流量状况、在银行的资信状况、可利用的融资渠道及授信额度及或有负债等情况，判断公司的偿债能力。计算公司各年度资产周转率、存货周转率和应收账款周转率等，结合市场发展、行业竞争状况、发行人生产模式及物流管理、销售模式及赊销政策等情况，判断公司经营风险和持续经营能力。

③纳税情况。查阅公司报告期的纳税资料，调查公司所执行的税种、税基、税率是否符合现行法律、法规的要求。取得公司税收优惠或财政补贴资料，核查公司享有的税收优惠或财政补贴是否符合财政管理部门和税收管理部门的有关规定，分析公司对税收政策的依赖程度和对未来经营业

绩、财务状况的影响。

④盈利预测。根据公司编制盈利预测所依据的资料和盈利预测假设，结合国内外经济形势、行业发展趋势、市场竞争状况，判断公司盈利预测假设的合理性。对比以前年度计划与实际完成情况，参照公司发展趋势、市场情况，评价公司预测期间经营计划、投资计划和融资计划安排是否得当。根据了解的公司生产规模和现有的生产能力，分析评价预测计划执行的可行性。

6. 业务发展目标调查

①发展战略。取得公司中长期发展战略的相关文件，包括战略策划资料、董事会会议纪要、战略委员会会议纪要、独立董事意见等相关文件，分析公司是否已经建立清晰、明确、具体的发展战略，包括战略目标、实现战略目标的依据、步骤、方式、手段及各方面的行动计划。通过各种渠道了解竞争对手的发展战略，将公司与竞争对手的发展战略进行比较，并对公司所处行业、市场、竞争等情况进行深入分析，调查公司的发展战略是否合理、可行。

②经营理念和经营模式。取得公司经营理念、经营模式的相关资料，通过与发起人、高管人员及员工、主要供应商、主要销售客户谈话等方法，了解公司的经营理念和经营模式，分析公司经营理念、经营模式对公司经营管理和发展的影响。

③历年发展计划的执行和实现情况。取得公司历年发展计划、年度报告等资料，调查各年计划的执行和实现情况，分析高管人员制定经营计划的可行性和实施计划的能力。

④业务发展目标。取得公司未来二至三年的发展计划和业务发展目标及其依据等资料，调查未来行业的发展趋势和市场竞争状况，调查公司未来发展目标是否与发展战略一致；分析公司在管理、产品、人员、技术、市场、投融资、购并、国际化等方面是否制定了具体的计划，这些计划是否与公司未来发展目标相匹配，是否具备良好的可实现性；分析未来发展目标实施过程中存在的风险；分析公司未来发展目标和具体计划与现有业务的关系。

7. 融资运用分析

通过查阅公司关于融资项目的决策文件、项目可行性研究报告、政府部门有关产业目录等方法，根据项目的环保、土地等方面的安排情况，结合目前其他同类企业对同类项目的投资情况、产品市场容量及其变化情况，对公司本次融资项目是否符合国家产业政策和环保要求、技术和市场的可行性以及项目实施的确定性等进行分析；分析融资数量是否与公司规模、主营业务、实际资金需求、资金运用能力及公司业务发展目标相匹配；核查公司是否审慎预测项目效益，是否已分别说明达产前后的效益情况，以及预计达产时间，预测基础、依据是否合理。

8. 风险因素及其他重要事项调查

①风险因素。通过网站、政府文件、专业报刊、专业机构报告等多渠道了解公司所在行业的产业政策、未来发展方向，与公司高管人员、财务人员、技术人员等进行谈话，取得公司既往经营业绩发生重大变动或历次重大事件的相关资料，并参考同行业企业发生的重大变动事件，结合对公司治理、研发、采购、生产、销售、投资、融资、募集资金项目、行业等方面的调查，分析对公司业绩和持续经营可能产生不利影响的主要因素以及这些因素可能带来的主要影响。对公司影响重大的风险，应进行专项核查。

②重大合同。通过公司高管人员出具书面声明、向合同对方函证、与相关人员谈话、咨询中介机构等方法，核查有关公司的重大合同是否真实、是否均已提供，并核查合同条款是否合法、是否存在潜在风险。对照公司有关内部订立合同的权限规定，核查合同的订立是否履行了内部审批程序、是否超越权限决策，分析重大合同履行的可能性，关注因不能履约、违约等事项对公司产生或可能产生的影响。

③诉讼和担保情况。通过高管人员出具书面声明、查阅合同、走访有关监管机构、与高管人员或财务人员谈话、咨询中介机构等方法，核查公司所有对外担保（包括抵押、质押、保证等）合同，调查公司及其控股股东或实际控制人、控股子公司、高管人员和核心技术人员是否存在作为一方当事人的重大诉讼或仲裁事项以及公司高管人员和核心技术人员是否存在涉及刑事诉讼的情况，评价其对公司经营是否产生重大影响。

第七章

管理会计常用营运绩效分析

第一节 管理会计概述

一、概念、职能和内容

(一) 管理会计的概念

管理会计是一门新兴会计学科,对管理会计的定义各国和各家表述不尽相同。国际会计师联合会财务和管理会计委员会对管理会计的定义:"管理会计师为管理当局用于企业的计划、评价和控制,保证适当使用各项资源并承担经营责任,而进行确认、计量、累积、分析、解释和传递财务信息等的过程。"美国会计学会对管理会计的定义:"管理会计是运用适当的技术和概念,处理和分析企业的历史资料或预测的经济资料,以帮助管理阶层制定经营目标,编制计划,作出一系列的决策,从而达到企业的而经营目标。"

2014年10月开始,我国财政部相继发布《关于全面推进管理会计建设的指导意见》《管理会计基本指引》及34项应用指引,涵盖战略管理、营运管理、绩效管理等8大领域。财政部《指导意见》对管理会计的定义为:管理会计是会计的重要分支,主要服务于单位(包括企业和行政事业单位)内部管理需要,是通过利用相关信息,有机融合财务与业务活动,在单位规划、决策、控制和评价等方面发挥重要作用的管理活动。

(二) 管理会计的职能

一般认为,管理的职能是决策、计划、组织、指挥、控制和评价,而会计的基本职能是核算与监督。管理会计既是一项具体的会计活动,又是一种管理行为,因此,其基本职能应该是会计职能和管理职能的综合与发展。

管理会计的主要职能可以概括为以下五个方面:

1. 预测职能

管理会计利用财务会计等相关历史资料,采用灵活多样的方法,对企业经营活动的各项经济指标进行科学预测,揭示未来经济活动的发展趋势，减少企业经营管理决策的盲目性，为合理决策提供信息。

2. 决策职能

管理会计根据企业决策目标，依据预测提供的财务信息及相关资料，运用科学方法，从各种备选方案中选择最优方案的过程。决策正确与否，关系到企业的成败，因此，决策职能是管理会计的核心职能。

3. 规划职能

"凡事预则立，不预则废"。管理会计的规划职能是通过编制各种计划和预算实现的。它要求根据最终选择的决策方案，编制全面预算和责任预算，在企业内部层层分解，落实各项经济指标，确保企业实行计划管理，减少盲目经营，已达到预期目标。

4. 控制职能

管理会计根据计划职能确定的全面预算和责任预算的各项经济指标在实际工作中的执行情况，与计划发生的偏差进行对比和分析，以便及时采取切实可行的措施，纠正偏差，保证经济活动有效进行，实现预算指标。

5. 考评职能

管理会计的考核评价职能主要是通过建立责任会计制度来实现的。即在事后对各责任单位所编制的责任报告进行考核和评价，将实际数与预算数进行对比，计算出差异并分析原因，奖勤罚懒，奖优惩劣，充分调动企业各级员工的积极性和创造性。

管理会计的五项职能是相互联系，相互作用的。

(三) 管理会计的内容

管理会计在基于管理会计职能基础上，大致可分为预测决策会计、规划控制会计及责任会计三大内容。

1. 预测决策会计

预测决策会计以预测经济前景和作出经营决策为核心，具体包括预测分析和决策分析。

2. 规划控制会计

规划控制会计是在决策目标和经营方针已明确的前提下，为实施决策方案而进行的有关规划和控制，以确保目标的实现。它包括全面预算和成本控制。

3. 责任会计

责任会计是为了保证目标的实现，将全面预算中确定的指标按各个内部管理层次（即责任中心）进行分解，以明确各个责任中心的责任权利。通过考核评价各责任中心的业绩，以调动企业全体职工的积极性。

管理会计中的成本性态分析、变动成本法和本量利分析等重要内容，其基本理论和基本方法贯穿在预测、决策、规划控制及责任会计的整个过程之中，渗透在企业内部管理的各个领域之中。

二、与财务会计的联系与区别

（一）管理会计与财务会计的联系

1. 两者的研究对象相同

管理会计与财务会计是同属于企业会计系统的两个子系统，它们的对象都是企业，都是企业经济活动信息。但是因为两者的分工不同，在时间和空间上各有侧重。在时间上，管理会计侧重于现在和未来的经济活动信息，财务会计则侧重于已经发生的经济活动信息；在空间上，管理会计侧重于特定的、部分的经济活动信息，财务会计则侧重于企业整体的、全部的经济活动信息。这样，管理会计和财务会计不仅在企业经济活动信息这一对象上保持了一致，而且在时间和空间上相互补充，使企业经济活动信息更加完整和全面。

2. 两者的资料来源相同

管理会计与财务会计的原始资料都来源于企业发生的各项经济业务事项。财务会计是按照原始资料发生的先后顺序，进行全面的记录、计算、记账和报账，形成财务会计信息；管理会计则直接利用这些会计信息进行分析、加工、调整和延伸，为强化企业内部经营管理提供信息。

3. 两者的目标相同

管理会计与财务会计的最终目标都是为了提高企业经济效益，实现企业价值最大化。管理会计是为企业内部经营管理人员提供管理信息，以强化内部经营管理，提高企业经济效益；财务会计主要是为企业外部利害关系人提供财务信息，以提高企业经济效益。

4. 管理会计与财务会计的主要指标是相互渗透的

财务会计提供的历史性的资金、成本、利润等有关指标，是管理会计进行长、短期决策分析的重要依据；而管理会计所确定的计划（预算），又是财务会计进行日常核算的目标。在控制过程中，管理会计的综合预算、责任预算，以及标准成本都是财务会计工作的前提；财务会计的实际执行数据又是管理会计分析、评价、考核业绩的重要资料。因此，它们的主要指标体系和内容是一致的。

（二）管理会计与财务会计的区别

1. 服务主体与对象不同

管理会计主要以企业内部各个责任单位为会计主体，同时也从整个企业的全局出发，为企业内部各级管理人员的预测、决策、计划和控制提供有关信息，以强化企业内部管理，提高经济效益，因此，管理会计又称为"内部会计"或"对内报告会计"。

财务会计主要以整个企业为主体，主要向企业外部利害关系人提供会计信息，因此又称为"外部会计"或"对外报告会计"。

2. 核算依据与程序不同

管理会计不受会计准则、国家统一的会计制度的制约，其核算程序可以根据企业管理的实际情况和需要确定，具有很大的灵活性。

财务会计必须严格按照会计准则、国家统一的会计制度进行核算，其核算程序比较固定，具有强制性，从会计凭证、会计账簿到会计报表都有严格的格式和程序。

3. 工作重点和信息不同

管理会计的工作重点是面向未来的，算"活账"，所需要的信息具有"未来定向性"，属于"经营型会计"，其一般提供选择的、部分的、特定的管理信息，且不对外公开发表，不需承担法律责任。

财务会计的工作重点是反映和监督已经发生的经济业务事项，算"呆账"，所需要的信息具有"历史性"，属于"报账型会计"，其一般提供系统的、连续的、综合的财务信息，且对外公开发表，需承担法律责任。

4. 会计方法和行为不同

管理会计的方法灵活多样，大量运用现代数学方法，既使用货币量度，也使用非货币量度。管理会计非常关心计量结果和责任报告对管理人员日常行为的影响。

财务会计必须按照会计准则、会计制度的要求选择会计核算方法，而且核算方法在前后各期要保持一致和相对稳定，不得随意变更。财务会计比较关心如何计量和传输会计信息，一般不重视对管理人员日常行为的影响。

5. 会计期间和精确度不同

管理会计的会计期间有较大的弹性，可以为每小时、每天、每十年、每十五年，由于其着眼于未来，不确定因素较多，所以报告的数据不要求绝对精确，一般只求近似值即可。

财务会计的会计期间弹性很小，通常为月度、季度、半年度、年度，由于其着眼于过去，一般都是肯定性的经济业务事项，所以报告的数据要求精确度到小数点后两位数。

第二节 管理会计常用营运绩效分析方法

一、成本性态分析

成本性态，又称成本习性，是指成本的变动与业务量之间的依存关系。按照成本性态，通常可以把成本区分为固定成本、变动成本和混合成本三类。

（一）固定成本

固定成本是指在特定的业务量范围内不受业务量变动影响，一定期间的总额能保持相对稳定的成本。固定成本按其支出额是否可以在一定期间内改变而分为约束性固定成本和酌量性固定成本。

（二）变动成本

变动成本，是指在特定的业务量范围内，其总额会随业务量的变动而呈正比例变动的成本。变动成本可以区分为两大类：技术性变动成本和酌量性变动成本。

（三）混合成本

1. 混合成本的基本特征

混合成本是"混合"了固定成本和变动成本两种不同性质的成本。一方面，它们要随业务量的变化而变化；另一方面，它们的变化又不能与业务量的变化保持纯粹的正比例关系。

2. 混合成本的分类

混合成本可进一步将其细分为半变动成本、半固定成本、延期变动成本和曲线变动成本。

3. 混合成本的分解

混合成本的分解有高低点法、回归分析法、账户分析法、技术测定法、合同确认法等5种。

（四）总成本模型

将混合成本按照一定的方法区分为固定成本和变动成本之后，根据成本性态，企业的总成本公式就可以表示为：

$$总成本 = 固定成本总额 + 变动成本总额 = 固定成本总额 + 单位变动成本 \times 业务量$$

二、本量利分析

（一）本量利分析的概念

本量利分析，是指以成本性态分析和变动成本法为基础，运用数学模型和图示，对成本、利润、业务量与单价等因素之间的依存关系进行分析，发现变动的规律性，为企业进行预测、决策、计划和控制等活动提供支持的一种方法。其中，"本"是指成本，包括固定成本和变动成本；"量"是指业务量，一般指销售量；"利"一般指营业利润。

本量利分析的基本公式如下：

$$营业利润 = （单价 - 单位变动成本）\times 业务量 - 固定成本$$

本量利分析主要用于企业生产决策、成本决策和定价决策，也可以广泛地用于投融资决策等。企业在营运计划的制定、调整以及营运监控分析等程序中通常会应用到本量利分析。企业应用本量利分析，应遵循《管理会计应用指引第 400 号——营运管理》中对应用环境的一般要求。

（二）本量利分析的应用程序

本量利分析方法通常包括盈亏平衡分析、目标利润分析等。

1. 盈亏平衡分析

盈亏平衡分析（也称保本分析），是指分析、测定盈亏平衡点，以及有关因素变动对盈亏平衡点的影响等，是本量利分析的核心内容。盈亏平衡分析的原理是，通过计算企业在利润为零时处于盈亏平衡的业务量，分析项目对市场需求变化的适应能力等。

盈亏平衡分析包括单一产品的盈亏平衡分析和产品组合的盈亏平衡分析。

单一产品的盈亏平衡分析通常采用以下方法：

（1）公式法

$$盈亏平衡点的业务量 = 固定成本 \div (单价 - 单位变动成本)$$

$$盈亏平衡点的销售额 = 单价 \times 盈亏平衡点的业务量$$

$$或盈亏平衡点的销售额 = 固定成本 \div (1 - 变动成本率)$$

$$或盈亏平衡点的销售额 = 固定成本 \div 边际贡献率$$

$$边际贡献率 = 1 - 变动成本率$$

企业的业务量等于盈亏平衡点的业务量时，企业处于保本状态；企业的业务量高于盈亏平衡点的业务量时，企业处于盈利状态，企业的业务量低于盈亏平衡点的业务量时，企业处于亏损状态。

盈亏平衡分析的主要作用在于使企业管理者在经营活动发生之前，对该项经营活动的盈亏临界情况做到心中有数。企业经营管理者总是希望企业的盈亏平衡点越低越好，盈亏平衡点越低，企业的经营风险就越小。从盈亏平衡点的计算公式可以看出，降低盈亏平衡点的途径主要有以下三个：

一是降低固定成本总额。在其他因素不变时，盈亏平衡点的降低幅度与固定成本的降低幅度相同。

二是降低单位变动成本。在其他因素不变时，可以通过降低单位变动成本来降低盈亏平衡点，但两者降低的幅度并不一致。

三是提高销售单价。在其他因素不变时，可以通过提高单价来降低盈亏平衡点，同降低单位变动成本一样，销售单价与盈亏平衡点的变动幅度也不一致。

（2）图示法

在进行本量利分析时，不仅可以通过数据计算出达到盈亏平衡状态时的销售量与销售额，还可以通过绘制本量利关系图的方法进行分析。在本量利关系图上，可以描绘出影响利润的因素：单价、销售量、单位变动成本、固定成本。因此，借助本量利关系图不仅可以得出达到盈亏平衡状态的销售量和销售额，还可以一目了然地观察到相关因素变动对利润的影响，从而有助于管理者进行各种短期经营决策。根据数据信息的差异和分析目的的不同，本量利关系图有多种表现形式，按照数据的特征和目的可以分为传统式、边际贡献式和利量式三种图形。

①传统式本量利关系图。传统式本量利关系图是最基本、最常见的本量利关系图形。在直角坐标系中，以横轴表示销售量，以纵轴表示销售收入或成本，在纵轴上找出固定成本数值，即以（0，固定成本数值）为起点，绘制一条与横轴平行的固定成本线，以（0，固定成本数值）为起点，以单位变动成本为斜率，绘制总成本线；总成本线和销售收入线的交点就是盈亏平衡点，如图7－1所示。

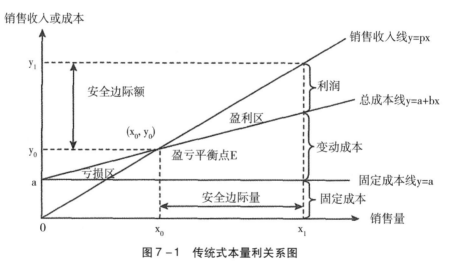

图7－1 传统式本量利关系图

传统式本量利关系图表达的意义有：

第一，固定成本与横轴之间的区域为固定成本值，它不因产量增减而变动，总成本线与固定成本线之间的区域为变动成本，与产量呈正比例变化。

第二，销售收入线与总成本线的交点是盈亏平衡点，通过图 7-1 可以直观地看出盈亏平衡点的业务量和盈亏平衡点的销售额。

第三，在盈亏平衡点以上的销售收入线与总成本线相夹的区域为盈利区，盈亏平衡点以下的销售收入线与总成本线相夹的区域为亏损区。因此，只要知道销售数量或销售金额信息，就可以在图 7-1 上判明该销售状态下的结果是亏损还是盈利，直观方便，易于理解。

②边际贡献式本量利关系图。图 7-2 主要反映销售收入减去变动成本后形成的边际贡献，而边际贡献在弥补固定成本后形成利润。此图的主要优点是可以表示边际贡献的数值。边际贡献随销量增加而扩大，当其达到固定成本值时（即在盈亏平衡点），企业处于盈亏平衡状态；当边际贡献超过固定成本后企业进入盈利状态。

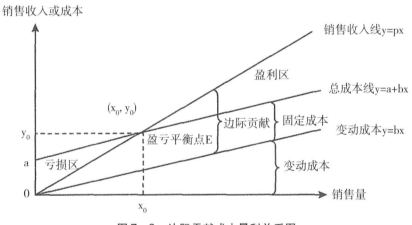

图 7-2　边际贡献式本量利关系图

③利量式本量利关系图。图 7-3 利量式本量利关系图是反映利润与销售量之间依存关系的图形。在直角坐标系中，以横轴代表销售量，以纵轴代表利润（或亏损）。在纵轴原点以下部分找到与固定成本总额相等的点（0，-固定成本数值），该点表示销售量等于零时，亏损额等于固定成本；从点（0，-固定成本数值）出发画出利润线，该线的斜率是单位边际贡献；利润线与横轴的交点即为盈亏平衡点的业务量。

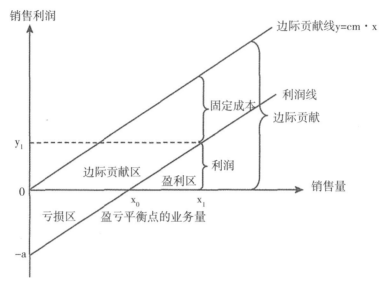

图 7-3 利量式本量利关系图

产品组合的盈亏平衡分析通常采用以下方法:

在市场经济环境下,企业可能有多种产品,大多数企业都同时进行着多种产品的生产和经营。由于各种产品的销售单价、单位变动成本、固定成本不一样,从而造成各种产品的边际贡献或边际贡献率不一致。因此,对多种产品进行盈亏平衡分析,在遵循单一产品的盈亏平衡分析的基础上,应根据不同情况采用相应的具体方法来确定。目前,进行多种产品盈亏平衡分析的方法包括加权平均法、联合单位法、分算法、顺序法、主要产品法等。

(1) 加权平均法

加权平均法是指在掌握每种单一产品的边际贡献率的基础上,按各种产品销售额的比重进行加权平均,据以计算综合边际贡献率,从而确定多产品组合的盈亏平衡点。

采用加权平均法计算多种产品盈亏平衡点的销售额的关键,是根据各种产品的销售单价、单位变动成本和销售数量计算出一个加权平均的边际贡献率,然后根据固定成本总额和加权平均的边际贡献率计算出盈亏平衡点的销售额。其计算公式如下:

某种产品的销售额权重 = 该产品的销售额 ÷ 各种产品的销售额合计

盈亏平衡点的销售额 = 固定成本 ÷ (1 - 综合变动成本率)

或：

盈亏平衡点的销售额 = 固定成本 ÷ 综合边际贡献率

综合边际贡献率 = 1 - 综合变动成本率

企业销售额高于盈亏平衡点时，企业处于盈利状态；企业销售额低于盈亏平衡点时，企业处于亏损状态。企业通常运用产品组合的盈亏平衡点分析优化产品组合，提高获利水平。

（2）联合单位法

联合单位法是指在事先确定各种产品间产销实物量比例的基础上，将各种产品产销实物量的最小比例作为一个联合单位，确定每一联合单位的单价、单位变动成本，进行本量利分析的一种分析方法。

所谓联合单位，是指固定实物比例构成的一组产品。例如，企业同时生产甲、乙、丙三种产品，且三种产品之间的产销量长期保持固定的比例关系，产销量比为1∶2∶3。那么，1件甲产品、2件乙产品和3件丙产品就构成一组产品，简称联合单位。该方法将多种产品盈亏平衡点的计算问题转换为单一产品盈亏平衡点的计算问题。根据存在稳定比例关系的产销量比，可以计算出每一联合单位的联合单价和联合单位变动成本，并以此计算整个企业的联合盈亏平衡点的业务量以及各产品的联合盈亏平衡点的业务量。其计算公式为：

联合盈亏平衡点的业务量 = 固定成本总额 ÷ (联合单价 - 联合单位变动成本)

上式中，联合单价等于一个联合单位的全部收入，联合单位变动成本等于一个联合单位的全部变动成本。在此基础上，计算出每种产品的盈亏平衡点的业务量。其计算公式如下：

某产品盈亏平衡点的业务量 = 联合盈亏平衡点的业务量 × 一个联合单位中包含的该产品的数量

（3）分算法

分算法是在一定条件下，将全部固定成本按一定标准在各种产品之间进行合理分配，确定每种产品应补偿的固定成本数额，然后再对每一种产品按单一品种条件下的情况分别进行本量利分析的方法。

该方法的关键是要合理地进行固定成本的分配。在分配固定成本时，对于专属于某种产品的固定成本应直接计入该产品的固定成本；对于应由多种产品共同负担的公共性固定成本，则应选择适当的分配标准（如销售额、边际贡献、工时、产品重量、长度、体积等）在各产品之间进行分配。鉴于固定成本需要由边际贡献来补偿，故按照各种产品的边际贡献比重分配固定成本的方法最为常见。

由于分算法可以提供各种产品计划与控制所需要的详细资料，故受到基层管理部门的重视与欢迎。但在选择分配固定成本的标准时容易出现问题，尤其在品种较多时较为烦琐。

（4）顺序法

顺序法是指按照事先确定的各品种产品销售顺序，依次用各种产品的边际贡献补偿整个企业的全部固定成本，直至全部由产品的边际贡献补偿完为止，从而完成本量利分析的一种方法。

该方法通常以事先掌握的各种产品的边际贡献和销售收入计划数为前提，并按照各种产品边际贡献率的高低来确定各种产品的销售顺序。由于人们对风险的偏好不同，在确定补偿顺序时会导致两种截然不同的结果：一种是乐观的排列，即按照各种产品的边际贡献率由高到低排列，边际贡献率高的产品先销售、先补偿，边际贡献率低的产品后出售、后补偿；另一种是悲观的排列，即假定各品种销售顺序与乐观排列相反。此外，产品的销售顺序也可按照市场实际销路是否顺畅来确定，但这种顺序的确定缺乏统一的标准，存在一定的主观性。

（5）主要产品法

在企业产品品种较多的情况下，如果存在一种产品是主要产品，它提供的边际贡献占企业边际贡献总额的比重较大，代表了企业产品的主导方向，则可以按该主要品种的有关资料进行本量利分析，视同于单一品种。确定主要品种应以边际贡献为标志，并只能选择一种主要产品。

主要产品法的依据是：主要产品是企业营运的重点，因此，固定成本应主要由该产品负担。这样分析的结果往往存在一些误差，但只要在合理的范围内就不会影响决策的正确性。主要产品法计算方法与单一品种的本量利分析相同。

2. 目标利润分析

目标利润分析是在本量利分析方法的基础上，计算为达到目标利润所需达到的业务量、收入和成本的一种利润规划方法，该方法应反映市场的变化趋势、企业战略规划目标以及管理层需求等。

目标利润分析包括单一产品的目标利润分析和产品组合的目标利润分析。单一产品的目标利润分析重在分析每个要素的重要性。产品组合的目标利润分析重在优化企业产品组合。

企业应结合市场情况、宏观经济背景、行业发展规划以及企业的战略发展规划等确定目标利润。企业要实现目标利润，在假定其他因素不变时，通常应提高销售数量或销售价格，降低固定成本或单位变动成本。单一产品的目标利润分析公式如下：

实现目标利润的业务量 =（目标利润 + 固定成本）÷
（单价 − 单位变动成本）

实现目标利润的销售额 = 单价 × 实现目标利润的业务量

或：

实现目标利润的销售额 =（目标利润 + 固定成本）÷ 边际贡献率

企业在应用该工具方法进行如何提高销售量的策略分析时，可以根据市场情况的变化对销售价格进行调整，降价通常可能促进销售量的增加，提价通常可能使销售量下降；在市场需求极为旺盛的情况下，可以通过增加固定成本支出（如广告费、租赁设备等）、扩大生产能力来扩大销售量。

产品组合的目标利润分析通常采用以下方法：

在单一产品的目标利润分析基础上，依据分析结果进行优化调整，寻找最优的产品组合。基本分析公式如下：

实现目标利润的销售额 =（综合目标利润 + 固定成本）÷
（1 − 综合变动成本率）

实现目标利润率的销售额 = 固定成本 ÷（1 − 综合变动成本率
− 综合目标利润率）

企业在应用该工具方法进行优化产品产量结构的策略分析时，在既定的生产能力基础上，可以提高具有较高边际贡献率的产品的产量。

(三) 本量利分析的工具方法评价

本量利分析的主要优点是：可以广泛应用于规划企业经济活动和营运决策等方面，简便易行、通俗易懂和容易掌握。

本量利分析的主要缺点是：仅考虑单因素变化的影响，是一种静态分析方法，且对成本性态较为依赖。

三、敏感性分析

(一) 敏感性分析的概念

敏感性分析,是指对影响目标实现的因素变化进行量化分析,以确定各因素变化对实现目标的影响及其敏感程度。敏感性分析可以分为单因素敏感性分析和多因素敏感性分析。

敏感性分析具有广泛适用性,有助于识别、控制和防范短期营运决策、长期投资决策等相关风险,也可以用于一般经营分析。企业在营运计划的制定、调整以及营运监控分析等程序中通常会应用到敏感性分析,敏感性分析也常用于长期投资决策等。

企业应用敏感性分析,应遵循《管理会计应用指引第400号——营运管理》中对应用环境的一般要求。

(二) 在短期营运决策中的应用程序

短期营运决策中的敏感性分析主要应用于目标利润规划。短期营运决策中的敏感性分析的应用程序一般包括确定短期营运决策目标、根据决策环境确定决策目标的基准值、分析确定影响决策目标的各种因素、计算敏感系数、根据敏感系数对各因素进行排序等程序。

在利润规划敏感性分析中,利润规划的决策目标是利润最大化,有关公式如下:

$$利润 = 销售量 \times (单价 - 单位变动成本) - 固定成本总额$$

在确定利润基准值时,企业通常根据正常状态下的产品销售量、定价和成本状况,使用本量利公式测算目标利润基准值。

企业根据本量利公式分析和识别影响利润基准值的因素,包括销售量、单价、单位变动成本和固定成本。

企业在进行敏感性分析时,可视具体情况和以往经验选取对利润基准值影响较大的因素进行分析。

企业在进行因素分析时,通过计算各因素的敏感系数,衡量因素变动对决策目标基准值的影响程度。企业可以进行单因素敏感性分析或多因素敏感性分析。

单因素敏感性分析,是指每次只变动一个因素而其他因素保持不变时所做的敏感性分析。敏感系数反映的是某一因素值变动对目标值变动的影响程度，有关公式如下：

某因素敏感系数 = 目标值变动百分比 ÷ 因素值变动百分比

在目标利润规划中，目标值为目标利润，变动因素为销售量、单价、单位变动成本和固定成本。敏感系数的绝对值越大，该因素越敏感。

多因素敏感性分析，是指假定其它因素不变时，分析两种或两种以上不确定性因素同时变化对目标的影响程度所做的敏感性分析。

企业在进行目标利润规划时，通常以利润基准值为基础，测算销售量、单价、单位变动成本和固定成本中两个或两个以上的因素同时发生变动时，对利润基准值的影响程度。

企业应根据敏感系数绝对值的大小对其进行排序，按照有关因素的敏感程度优化规划和决策。

有关因素只要有较小幅度变动就会引起利润较大幅度变动的，属于敏感性因素；有关因素虽有较大幅度变动但对利润影响不大的，属于弱敏感性因素。

在短期利润规划决策中，销售量、单价、单位变动成本和固定成本都会对利润产生影响，应重点关注敏感性因素，及时采取措施，加强控制敏感性因素，确保利润规划的完成。

在对利润规划进行敏感性分析时，企业应确定导致盈利转为亏损的有关变量的临界值，即确定销售量和单价的最小允许值、单位变动成本和固定成本的最大允许值，有关公式如下：

销售量的最小允许值 = 固定成本 ÷（单价 − 单位变动成本）
单价的最小允许值 =（单位变动成本 × 销售量 + 固定成本）÷ 销售量
单位变动成本的最大允许值 =（单价 × 销售量 − 固定成本）÷ 销售量
固定成本的最大允许值 =（单价 − 单位变动成本）× 销售量

（三）在长期投资决策中的应用程序

长期投资决策中的敏感性分析，是指通过衡量投资方案中某个因素的变动对该方案预期结果的影响程度，做出对项目投资决策的可行性评价。

长期投资决策模型中决策目标的基准值通常包括净现值、内含报酬率、投资回收期、现值指数等。

企业通常需要结合行业和项目特点，参考类似投资的经验，对决策目标基准值的影响因素进行识别和选取。决策目标基准值的影响因素通常包括项目的期限、现金流和折现率。

长期投资决策中的敏感性分析，通常分析项目期限、折现率和现金流量等变量的变化对投资方案的净现值、内含报酬率等产生的影响。

以净现值为目标值进行敏感性分析的，可以计算投资期内的年现金净流量、有效使用年限和折现率的变动对净现值的影响程度；也可以计算净现值为零时的年现金净流量和有效使用年限的下限。

以内含报酬率为基准值进行敏感性分析，可以计算投资期内的年现金净流量和有效使用年限变动对内含报酬率的影响程度。

（四）敏感性分析的工具方法评价

敏感性分析的主要优点是：方法简单易行，分析结果易于理解，能为企业的规划、控制和决策提供参考。

敏感性分析的主要缺点是：对决策模型和预测数据具有依赖性，决策模型的可靠程度和数据的合理性，会影响敏感性分析的可靠性。

四、边际分析

（一）边际分析的概念

边际分析，是指分析某可变因素的变动引起其他相关可变因素变动的程度的方法，以评价既定产品或项目的获利水平，判断盈亏临界点，提示营运风险，支持营运决策。

企业在营运管理中，通常在进行本量利分析、敏感性分析的同时运用边际分析工具方法。

企业在营运计划的制定、调整以及营运监控分析等程序中通常会应用到边际分析。

企业应用边际分析，应遵循《管理会计应用指引第400号——营运管理》中对应用环境的一般要求。

（二）边际分析的应用程序

边际分析工具方法主要有边际贡献分析、安全边际分析等。

1. 边际贡献分析

边际贡献分析，是指通过分析销售收入减去变动成本总额之后的差额，衡量产品为企业贡献利润的能力。边际贡献分析主要包括边际贡献和边际贡献率两个指标。

边际贡献总额是产品的销售收入扣除变动成本总额后给企业带来的贡献，进一步扣除企业的固定成本总额后，剩余部分就是企业的利润，相关计算公式如下：

$$边际贡献总额 = 销售收入 - 变动成本总额$$
$$单位边际贡献 = 单价 - 单位变动成本$$

边际贡献率，是指边际贡献在销售收入中所占的百分比，表示每1元销售收入中边际贡献所占的比重。

$$边际贡献率 = （边际贡献 \div 销售收入）\times 100\%$$
$$= （单位边际贡献 \div 单价）\times 100\%$$

企业面临资源约束，需要对多个产品线或多种产品进行优化决策或对多种待选新产品进行投产决策的，可以通过计算边际贡献以及边际贡献率，评价待选产品的盈利性，优化产品组合。

企业进行单一产品决策时，评价标准如下：

当边际贡献总额大于固定成本时，利润大于0，表明企业盈利；当边际贡献总额小于固定成本时，利润小于0，表明企业亏损；当边际贡献总额等于固定成本时，利润等于0，表明企业保本。

当进行多产品决策时，边际贡献与变动成本之间存在如下关系：

$$综合边际贡献率 = 1 - 综合变动成本率$$

综合边际贡献率反映了多产品组合给企业作出贡献的能力，该指标通常越大越好。

企业可以通过边际分析对现有产品组合进行有关优化决策，如计算现有各条产品线或各种产品的边际贡献并进行比较，增加边际贡献或边际贡献率高的产品组合，减少边际贡献或边际贡献率低的产品组合。

2. 安全边际分析

安全边际分析，是指通过分析正常销售额超过盈亏临界点销售额的差额，衡量企业在保本的前提下，能够承受因销售额下降带来的不利影响的程度和企业抵御营运风险的能力。安全边际分析主要包括安全边际和安全边际率两个指标。

安全边际，是指实际销售量或预期销售量超过盈亏平衡点销售量的差额，体现企业营运的安全程度。有关公式如下：

安全边际 = 实际销售量或预期销售量 – 保本点销售量

安全边际率，是指安全边际与实际销售量或预期销售量的比值，公式如下：

安全边际率 =（安全边际 ÷ 实际销售量或预期销售量）× 100%

安全边际主要用于衡量企业承受营运风险的能力，尤其是销售量下降时承受风险的能力，也可以用于盈利预测。安全边际或安全边际率的数值越大，企业发生亏损的可能性越小，抵御营运风险的能力越强，盈利能力越大。

（三）边际分析的工具方法评价

边际分析方法的主要优点是：可有效地分析业务量、变动成本和利润之间的关系，通过定量分析，直观地反映企业营运风险，促进提高企业营运效益。

边际分析方法的主要缺点是：决策变量与相关结果之间关系较为复杂，所选取的变量直接影响边际分析的实际应用效果。

五、多维度盈利能力分析

（一）多维度盈利能力分析的概念

多维度盈利能力分析，是指企业对一定期间内的经营成果，按照区域、产品、部门、客户、渠道、员工等维度进行计量，分析盈亏动因，从而支持企业精细化管理、满足内部营运管理需要的一种分析方法。

多维度盈利能力分析主要适用于市场竞争压力较大、组织结构相对复杂或具有多元化产品（或服务）体系的企业。企业应用多维度盈利能力分析工具方法，还应具备一定的信息化程度和管理水平。

（二）多维度盈利能力分析的应用环境

企业应用多维度盈利能力分析工具方法，应遵循《管理会计应用指引第 400 号——营运管理》中对应用环境的一般要求。

企业应用多维度盈利能力分析工具方法，应按照多维度建立内部经营评价和成本管理制度，并按照管理最小颗粒度进行内部转移定价、成本分摊、业绩分成、经济增加值计量等。

管理最小颗粒度，是指企业根据实际管理需要与管理能力所确定的最小业务评价单元。

企业应用多维度盈利能力分析，通常需构建多维度盈利能力分析信息系统、模块或工具，制定统一的数据标准和规范，及时、准确、高效地获取各维度管理最小颗粒度相关信息。

（三）多维度盈利能力分析的应用程序

企业进行多维度盈利能力分析，一般按照确定分析维度、建立分析模型、制定数据标准、收集数据、加工数据、编制分析报告等程序进行。

企业应根据组织架构、管理能力，以及绩效管理、销售管理、渠道管理、产品管理、生产管理、研发管理等管理需求，确定盈利能力分析各维度的类别，通常包括区域、产品、部门、客户、渠道、员工等。

企业应以营业收入、营业成本、利润总额、净利润、经济增加值（EVA）等核心财务指标为基础，构建多维度盈利能力分析模型。

业财融合程度较高的企业可将与经营业绩直接相关的业务信息，如销售量、市场份额、用户数等，纳入多维盈利能力分析模型。

金融企业在构建多维度盈利能力分析模型时，可加入经风险调整后的经济增加值（EVA）、风险调整资本回报率（RAROC）等指标。

企业应根据盈利能力分析各维度的分类规则和所构建的分析模型制定统一的基础数据标准和数据校验规则，保证各维度盈利能力分析数据基础的一致性和准确性，并通过系统参数配置、数据质量管控等在信息系统中予以实施。

企业应根据管理最小颗粒度确定数据源的获取标准，并从信息系统中收集基础数据。有条件的企业可建立数据仓库或数据集市，形成统一规范的数据集。

企业根据管理需求对收集的数据进行加工，一般包括以下几个方面：

第一，按照管理最小颗粒度进行内部转移定价、成本分摊、业绩分成及经济增加值计量等，并根据盈利能力分析模型，生成管理最小颗粒度盈利信息。

①企业应遵循《管理会计应用指引第404号——内部转移定价》的一

般要求，确定内部转移价格。

②企业应遵循"谁受益、谁负担"原则，通过建立科学有效的成本归集路径，将实际发生的完全成本基于业务动因相对合理地分摊到管理最小颗粒度。

③企业应依据业绩匹配原则，合理选择佣金法、量价法、比例法等方法，对业务协同产生的业绩进行分成。

④企业应遵循《管理会计应用指引第602号——经济增加值法》的一般要求，计量经济增加值。

第二，企业根据设定的数据标准，按管理最小颗粒度与区域、产品、部门、客户、渠道、员工等维度的归属关系进行分类汇总，生成各维度盈利信息。

企业应根据管理需求，进一步整理、分析多维度盈利能力分析信息，综合使用趋势分析法、比率分析法、因素分析法等方法，从不同维度进行盈利能力分析，编制多维度盈利能力分析报告。

企业应根据报告使用者需求确定多维度盈利能力分析报告的具体内容，一般包括多维度盈利目标及其在报告期实现程度、整体盈亏的多维分析、各维度具体盈亏状况及其驱动因素分析（如区域下各产品、渠道盈利分析等）、各维度下经营发展趋势分析及风险预警、下一步的建议措施（如优化资源配置）等。

企业编制多维度盈利能力分析报告时，可采用排序法、矩阵法、气泡图、雷达图等方法对各维度盈利能力进行评估与分类。

（四）多维度盈利能力分析的工具方法评价

多维度盈利能力分析的主要优点：可以灵活地支持企业实现精细化内部管理，为客户营销、产品管理、外部定价、成本管控、投资决策、绩效考核等提供相关、可靠的信息。

多维度盈利能力分析的主要缺点：对企业管理能力、内部治理的规范性和数据质量等要求较高。

第八章

战略绩效分析和综合绩效分析评价

第一节 战略绩效分析

一、优劣势分析（SWOT分析）

（一）基本原理

SWOT分析是一种综合考虑企业内部条件和外部环境的各种因素，进行系统评价，从而选择最佳经营战略方法。这里，S是指企业内部的优势（Strengths），W是指企业内部的劣势（Weaknesses），O是指企业外部环境的机会（Opportunities），T是指企业外部环境的威胁（Threats）。

企业内部的优势和劣势是相对于竞争对手而言的，一般表现在企业的资金、技术、设备、员工素质、产品、市场、管理技能等方面。判断企业内部的优势和劣势一般有两项标准：一是单项的优势和劣势。例如，企业资金雄厚，则在资金上占优势；市场占有率低，则在市场上处于劣势；二是综合的优势和劣势。为了评估企业的综合优势和劣势，应选定一些重要因素，加以评价打分，然后根据其重要程度按加权平均法加以确定。

企业外部环境的机会是指环境中对企业有利的因素，如政府支持、高新技术的应用、良好的与购买者和供应者的关系等。企业外部环境的威胁是指环境中对企业不利的因素，如新竞争对手的出现、市场增长缓慢、购买者和供应者讨价还价能力增强、技术老化等。

下表列示了SWOT分析的典型格式：

表8-1 SWOT分析

优势	劣势
·企业拥有的专业市场知识	·缺乏市场知识与经验
·对自然资源的独有进入性	·无差别的产品和服务（与竞争对手比较）
·专利权	
·新颖的、创新的产品或服务	·企业地理位置较差
·企业地理位置优越	·竞争对手进入分销渠道并占据优先位置
·由于自主知识产权所获得的成本优势	
·质量流程与控制优势	·产品或服务质量低下
·品牌和声誉优势	·声誉败坏

(续上表)

机会	威胁
·发展中国家新兴市场（如中国互联网） ·并购、合资或战略联盟 ·进入具有吸引力的新的细分市场 ·新的国际市场 ·政府规则放宽 ·国际贸易壁垒消除 ·某一市场的领导者力量薄弱	·企业所处的市场中出现新的竞争对手 ·价格战 ·竞争对手发明新颖的、创新性的替代产品或服务 ·政府颁布新的规则 ·出现新的贸易壁垒 ·针对企业产品或服务的潜在税务负担

（二）SWOT分析的应用

SWOT分析根据企业的目标列出对企业生产经营活动及发展有着重大影响的内部及外部因素，并且根据所确定的标准对这些因素进行评价，从中判定出企业的优势与劣势、机会和威胁。

SWOT分析的目的是使企业考虑：为了更好地对新出现的产业和竞争环境作出反应，必须对企业的资源采取哪些调整行动；是否存在需要弥补的资源缺口；企业需要从哪些方面加强其资源；要建立企业未来的资源必须采取哪些行动；在分配公司资源时，哪些机会应该最先考虑。这就是说，SWOT分析中最核心的部分是评价企业的优势和劣势、判断企业所面临的机会和威胁并作出决策，即在企业现有的内外部环境下，如何最优地

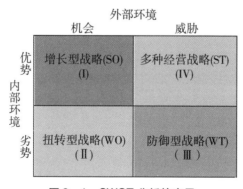

图8-1 SWOT分析的应用

运用自己的资源，并且建立公司未来的资源。从图8-1中可以看出，第Ⅰ类型的企业具有很好的内部优势以及众多的外部机会，应当采取增长型战略，如开发市场、增加产量等。第Ⅱ类企业面临着良好的外部机会，却受到内部劣势的限制，应采用扭转型战略，充分利用环境带来的机会，设法清除劣势。第Ⅲ类企业内部存在劣势，外部面临威胁，应采用防御型战略，进行业务调整，设法避免威胁和消除劣势。第Ⅳ类企业具有内部优势，但外部环境存在威胁，应采取多种经营战略，利用自己的优势，在多样化经营上寻找长期发展的机会；或进一步增强自身竞争优势，以对抗威胁。

二、平衡计分卡（BSC）

（一）平衡计分卡的基本概念

卡普兰和诺顿提出了名为平衡计分卡的方法，它是一种平衡四个不同角度的衡量方法。具体而言，平衡计分卡平衡了短期与长期业绩、外部与内部的业绩、财务与非财务业绩以及不同利益相关者的角度，包括财务角度、顾客角度、内部流程角度、创新与学习角度。

平衡计分卡的定义是：平衡计分卡表明了企业员工需要什么样的知识技能和系统，分配创新和建立适当的战略优势和效率，使企业能够把特定的价值带给市场，从而最终实现更高的股东价值。图8-2是对这四个不同角度进行衡量的应用实例。

1. 财务角度

平衡计分卡在财务角度中包含了股东的价值。企业需要股东提供风险资本，它也同样需要顾客购买产品和服务及需要员工生产这些产品和服务。财务角度主要关注股东对企业的看法，以及企业的财务目标。用来评估这些目标是否已达到的方法主要是考察管理层过去的行为，以及这些行为导致的财务层面上的结果，通常包括利润、销售增长率、投资回报率以及现金流。

2. 顾客角度

运用平衡计分卡从更广、更平衡的角度来考虑企业的战略目标和绩效考核时，一定要非常重视客户。企业的平衡计分卡最典型的客户角度通常包括：定义目标市场和扩大关键细分市场的市场份额。

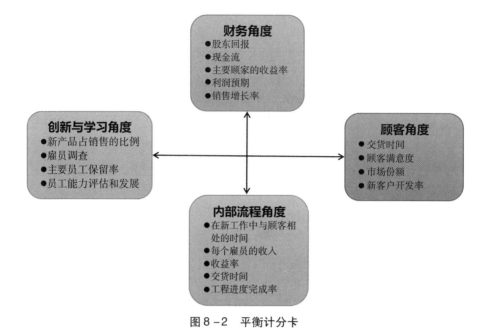

图8-2 平衡计分卡

客户角度的目标和指针可以包括目标市场的销售额（或市场份额）以及客户保留率、新客户开发率、客户满意度和盈利率。卡普兰和诺顿把这些称为滞后指标。他们建议经理人要明确对客户提供的价值定位。在明确价值定位的过程中，卡普兰和诺顿定义了几个与客户满意度有关的驱动指标：时间、质量、价格、可选性、客户关系和企业形象。他们把这些称为潜在的领先指标，领先指标的设定取决于企业的战略和对目标市场的价值定位。在开发平衡计分卡时，需要考虑到这些领先指标。

高级管理层在设计企业的平衡计分卡的客户目标时要考虑以下三个关键问题：一是对目标市场提供的价值定位是什么；二是哪些目标最清楚地反映了对客户的承诺；三是如果成功兑现了这些承诺，在客户获取率、客户保留率、客户满意度和盈利率这几个方面会取得什么样的绩效。

3. 内部流程角度

把管理重心放在流程再造上将对促进组织改进起到一个十分重要的作用，运用平衡计分卡的一个重要原因就在于它对业务流程的关注。业务流程角度包括一些驱动目标，它们能够使企业更加专注于客户的满意度，并通过开发新产品和改善客户服务来提高生产力、效率、产品周期与创新。

至于重点要放在哪些方面或设定哪些目标,必须以企业战略和价值定位为依据。

高级管理层在设计企业的平衡计分卡的业务流程目标时,要考虑以下两个关键问题:一是要在哪些流程上表现优异才能成功实施企业战略;二是要在哪些流程上表现优异才能实现关键的财务和客户目标。

4. 创新与学习角度

平衡计分卡最大的优点就是能够把创新与学习列为四个角度中的一个。多年来,知识型领导一直提倡把人力资源管理提升到企业的战略层面。卡普兰和诺顿通过平衡计分卡确定了创新与学习的战略重要性。

创新与学习角度对任何企业能否成功执行战略都起到了举足轻重的作用。平衡计分卡能否成功运用的关键就是能否把企业战略和这个角度很好地衔接起来。很多企业都对人力资源投入了很多精力,但它们没能将企业战略与组织的学习和成长衔接起来。卡普兰和诺顿在对其创立的平衡计分卡工具进行描述时,特别强调了这个问题。

高级管理层在设计企业的平衡计分卡学习和成长目标时要考虑以下三个问题:一是经理(和员工)要提高哪些关键能力才能改进核心流程,达到客户和财务目标从而成功执行企业战略;二是如何通过改善业务流程,提高员工团队合作、解决问题的能力以及工作主动性,从而进一步提高员工的积极性和建立有效的组织文化,最终成功地执行企业战略;三是应如何通过实施平衡计分卡来创造和支持组织的学习文化并加以持续运用。

企业的成长与员工和企业素质能力的提高是息息相关的,从长远角度来看,企业唯有不断学习与创新,才能实现长远的发展。

(二) 平衡计分卡的特点

平衡计分卡方法因为突破了财务作为唯一指标的衡量工具,做到了多个方面的平衡。与传统评价体系比较,平衡计分卡具有如下特点:

1. 平衡计分卡为企业战略管理提供强有力的支持

随着全球经济一体化进程的不断发展,市场竞争的不断加剧,战略管理对企业持续发展而言更为重要。平衡计分卡的评价内容与相关指标和企业战略目标紧密相连,企业战略的实施可以通过对平衡计分卡的全面管理来完成。

2. 平衡计分卡可以提高企业整体管理效率

平衡计分卡所涉及的四项内容，都是企业未来发展成功的关键要素，通过平衡计分卡所提供的管理报告，将看似不相关的要素有机地结合在一起，可以大大节约企业管理者的时间，提高企业管理的整体效率，为企业未来成功发展奠定坚实的基础。

3. 注重团队合作，防止企业管理机能失调

团队精神是一个企业文化的集中表现，平衡计分卡通过对企业各要素的组合，让管理者能同时考虑企业各职能部门在企业整体中的不同作用与功能，使他们认识到某一领域的工作改进可能是以其他领域的退步为代价换来的，促使企业管理部门考虑决策时要从企业出发，慎重选择可行方案。

4. 平衡计分卡可增强企业激励作用，扩大员工的参与意识

传统的业绩评价体系强调管理者希望（或要求）下属采取什么行动，然后通过评价来证实下属是否采取了行动以及行动的结果如何，整个控制系统强调的是对行为结果的控制与考核。而平衡计分卡则强调目标管理，鼓励下属创造性地（而非被动）完成目标，这一管理系统强调的是激励动力。因为在具体管理问题上，企业高层管理者并不一定会比中下层管理人员更了解情况、所作出的决策也不一定比下属更明智。所以由企业高层管理人员规定下属的行为方式是不恰当的。另外，目前企业业绩评价体系大多是由财务专业人士设计并监督实施的，但是，由于专业领域的差别，财务专业人士并不清楚企业经营管理、技术创新等方面的关键性问题，因而无法对企业整体经营的业绩进行科学合理的计量与评价。

5. 平衡计分卡可以使企业信息负担降到最小

在当今信息时代，企业很少会因为信息过少而苦恼，随着全员管理的引进，当企业员工或顾问向企业提出建议时，新的信息指标总是不断增加。这样，会导致企业高层决策者处理信息的负担大大加重。而平衡计分卡可以使企业管理者仅仅关注少数而又非常关键的相关指标，在保证满足企业管理需要的同时，尽量减少信息负担成本。

（三）平衡计分卡的作用

①平衡计分卡的出现，使得传统的绩效管理从人员考核和评估的工具转变成为战略实施的工具。

②平衡计分卡的出现，使得领导者拥有了全面的统筹战略、人员、流程和执行四个关键因素的管理工具。

③平衡计分卡的出现，使得领导者拥有了可以平衡长期和短期、内部和外部，确保持续发展的管理工具。

④平衡计分卡被誉为近75年来世界上最重要的管理工具和方法。

（四）战略地图

由于平衡计分卡只建立了一个战略框架，企业难以对发展战略进行全面描述，导致管理者之间、管理者与员工之间难以沟通、对战略难以达成共识，故企业必须寻求一种既具体又系统全面对战略进行描述的工具。于是，战略地图在平衡计分卡运用实践的基础上应运而生并不断发展完善。

战略地图基于企业愿景与战略，将战略目标及其因果关系、价值创造路径以图示的形式直观、明确、清晰地呈现出来。平衡计分卡和战略地图四个角度（维度）的内涵丰富而颇具张力，它们的逻辑关系可以有多种理解和表述。比如：筹划一个企业或项目，应当回答四个基本问题：首先，是否有足够的资金或是否能赚钱（财务）；其次，产品有无市场和订单（顾客或客户）；第三，是否有能力组织从研发到供产销全过程，将产品推向市场（内部流程）；最后，企业文化、考核制度、员工培训等能否保证企业可持续发展（创新、学习与发展）。

与平衡计分卡比较，战略地图增加了两个层面的东西：一是颗粒层，即每一层面之下都可以分解为若干要素；二是增加了动态形式，即战略地图是动态的，可以结合战略规划过程来绘制。企业应用战略地图工具方法，应注重通过战略地图的有关路径设计，有效使用有形资源和无形资源，高效实现价值创造；应通过战略地图实施将战略目标与执行有效绑定，引导各责任中心按照战略目标持续提升业绩，服务企业战略实施。

第二节 综合绩效分析和评价

一、综合绩效分析简述

财务分析的最终目的在于全面、准确、客观地揭示与披露企业财务状况和经营情况,并借以对企业经济效益优劣做出合理的评价。显然,要达到这样一个分析目的,仅仅测算几个简单、孤立的财务比率,或者将一些孤立的财务分析指标堆砌在一起,彼此毫无联系地考察,不可能得出合理、正确的综合性结论,有时甚至会得出错误的结论。因此,只有将企业偿债能力、营运能力、投资收益实现能力以及发展趋势等各项分析指标有机地联系起来,作为一套完整的体系,相互配合使用,作出系统的综合评价,才能从总体意义上把握企业财务状况和经营情况的优劣。

综合分析的意义在于能够全面、正确地评价企业的财务状况和经营成果,因为局部不能替代整体,某项指标的好坏不能说明整个企业经济效益的高低。除此之外,综合分析的结果在进行企业不同时期比较分析和不同企业之间比较分析时消除了时间上和空间的差异,使之更具有可比性,有利于总结经验、吸取教训、发现差距、赶超先进。进而从整体上、本质上反映和把握企业生产经营的财务状况和经营成果。

企业综合绩效分析的方法有很多,常用的方法主要有杜邦分析法、沃尔评分法和经济增加值法等。

二、杜邦分析法

杜邦分析法,又称杜邦财务分析体系,简称杜邦体系,是利用各主要财务比率指标间的内在联系,对企业财务状况及经济效益进行综合系统分析评价的方法。该体系是以净资产收益率为起点,以总资产净利率和权益乘数为基础,重点揭示企业盈利能力及权益乘数对净资产收益率的影响,以及各相关指标间的相互影响和作用关系。因其最初由美国杜邦企业成功应用,故得名。

杜邦分析法将净资产收益率(权益净利率)分解,其分析关系式为:

净资产收益率 = 总资产净利率 × 权益乘数 = 营业净利率
× 总资产周转率 × 权益乘数

运用杜邦分析法需要抓住以下几点:

首先,净资产收益率是一个综合性最强的财务分析指标,是杜邦分析体系的起点。财务管理的目标之一是使股东财富最大化,净资产收益率反映了企业所有者投入资本的盈利能力,说明了企业筹资、投资、资产营运等各项财务及其管理活动的效率,而不断提高净资产收益率是使所有者权益最大化的基本保证。所以,这一财务分析指标是企业所有者、经营者都

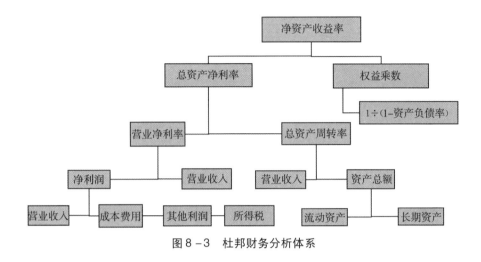

图 8-3 杜邦财务分析体系

十分关心的。而净资产收益率高低的决定因素主要有三个，即营业净利率、总资产周转率和权益乘数。这样，在进行分解之后，就可以将净资产收益率这一综合性指标发生升降变化的原因具体化，因此比只用一项综合性指标更能说明问题。

其次，营业净利率反映了企业净利润与营业收入的关系，它的高低取决于营业收入与成本总额的高低。提高营业净利率，一是要扩大营业收入，二是要降低成本费用。扩大营业收入既有利于提高营业净利率，又有利于提高总资产周转率。降低成本费用是提高营业净利率的一个重要因素，如果企业财务费用支出过高，就要进一步分析其负债比率是否过高；如果企业管理费用过高，就要进一步分析其资产周转情况等。

再次，影响总资产周转率的一个重要因素是资产总额。资产总额由流动资产与长期资产组成，它们的结构合理与否将直接影响资产的周转速度。一般来说，流动资产直接体现企业的偿债能力和变现能力，而长期资产划体现了企业的经营规模、发展潜力。两者之间应该有一个合理的比例关系。如果发现某项资产比重过大，影响资金周转，就应深入分析其原因，例如企业持有的货币资金超过业务需要，就会影响企业的盈利能力；如果企业占有过多的存货和应收账款，则既会影响盈利能力，又会影响偿债能力。因此，还应进一步分析各项资产的占用数额和周转速度。

最后，权益乘数主要受资产负债率指标的影响。资产负债率越高，权益乘数就越高，说明企业的负债程度比较高，给企业带来了较多的杠杆利益，同时，也带来了较大的风险。

三、沃尔评分法

企业财务综合分析的先驱者之一是亚历山大·沃尔。他在 20 世纪初出版的《信用晴雨表研究》和《财务报表比率分析》中提出了信用能力指数的概念，他把若干个财务比率用线性关系结合起来，以此来评价企业的信用水平，被称为沃尔评分法。他选择了七种财务比率，分别给定了其在总评价中所占的比重，总和为 100 分；然后，确定标准比率，并与实际比率相比较，评出每项指标的得分，求出总评分。七种财务比率分别是流动比率、净资产/负债、资产/固定资产、营业成本/存货、营业收入/应收账款、营业收入/固定资产、营业收入/净资产。

沃尔评分法从理论上讲，有一个弱点，就是未能证明为什么要选择这七个指标，而不是更多些或更少些，或者选择别的财务比率，以及未能证明每个指标所占比重的合理性。沃尔分析法从技术上讲有一个问题，就是当某一个指标严重异常时，会对综合指数产生不合逻辑的重大影响。这个缺陷是由相对比率与比重相"乘"而引起的。财务比率提高 1 倍，其综合指数增加 100%；而财务比率缩小 1 倍，其综合指数只减少 50%。

现代社会与沃尔的时代相比，已有很大的变化。一般认为企业财务评价的内容首先是盈利能力，其次是偿债能力，最后是成长能力，它们之间大致可按 5∶3∶2 的比重来分配。盈利能力的主要指标是总资产收益率、营业净利率和净资产收益率，这三个指标可按 2∶2∶1 的比重来安排。偿债能力有四个常用指标。成长能力有三个常用指标（都是本年增量与上年实际量的比值）。

四、经济增加值法（EVA）

经济增加值（EVA）是指税后净营业利润扣除全部投入资本的成本后的剩余收益。由于传统绩效评价方法大多只是从反映某方面的会计指标来度量公司绩效，无法体现股东资本的机会成本及股东财富的变化。而经济增加值是从股东角度去评价企业经营者有效使用资本和为企业创造价值的业绩评价指标。因此，它克服了传统绩效评价指标的缺陷，能够真实地反映公司的经营业绩，是体现企业最终经营目标的绩效评价办法。

经济增加值的计算公式为：

经济增加值 = 税后净营业利润 − 平均资本占用 × 加权平均资本成本

其中，税后净营业利润衡量的是企业的经营盈利情况；平均资本占用反映的是企业持续投入的各种债务资本和股权资本；加权平均资本成本反映的是企业各种资本的平均成本率。注意在计算经济增加值时，需进行相应的会计科目调整，如营业外收支、递延税金等都要从税后净营业利润中扣除，以消除财务报表中不能准确反映企业价值创造的部分。经济增加值为正，表明经营者在为企业创造价值；经济增加值为负，表明经营者在损毁企业价值。

尽管经济增加值考虑了所有资本的成本，能够更加真实地反映企业的价值创造，实现了企业利益、经营者利益和员工利益的统一，但该指标仍存在不足：首先，经济增加值仅能衡量企业当期或预判未来1～3年的价值创造情况，无法衡量企业长远发展战略的价值创造；其次，该指标计算主要基于财务指标，无法对企业进行综合评价；再次，由于不同行业、不同规模、不同成长阶段等的公司，其会计调整项和加权平均资本成本各不相同，故该指标的可比性较差；最后，如何计算经济增加值尚存许多争议，这些争议不利于建立一个统一的规范，使得该指标往往主要用于一个公司的历史分析以及内部评价。

五、综合绩效评价

综合绩效评价是综合分析的一种，一般是站在企业所有者（投资人）的角度进行的。

综合绩效评价，是指运用数理统计和运筹学的方法，通过建立综合评价指标体系，对照相应的评价标准，定量分析与定性分析相结合，对企业一定经营期间的盈利能力、资产质量、债务风险以及经营增长等经营业绩和努力程度等各方面进行的综合评判。

科学地评价企业绩效可以为出资人行使经营者的选择权提供重要依据；可以有效地加强对企业经营者的监管和约束；可以为有效激励企业经营者提供可靠依据；还可以为政府有关部门、债权人、企业职工等利益相关方提供有效的信息支持。

（一）综合绩效评价的内容

企业综合绩效评价由财务绩效定量评价和管理绩效定性评价两部分组成。

1. 财务绩效定量评价

财务绩效定量评价是指对企业一定期间的盈利能力、资产质量、债务风险和经营增长四个方面进行定量对比分析和评判。

①企业盈利能力分析与评判主要通过资本及资产收益水平、成本费用控制水平和经营现金流量状况等方面的财务指标，综合反映企业的投入产出水平、盈利质量和现金保障状况。

②企业资产质量分析与评判主要通过资产周转速度、资产运行状态、资产结构以及资产有效性等方面的财务指标，综合反映企业所占用经济资源的利用效率、资产管理水平与资产的安全性。

③企业债务风险分析与评判主要通过债务负担水平、资产负债结构、或有负债情况、现金偿债能力等方面的财务指标，综合反映企业的债务水平、偿债能力及其面临的债务风险。

④企业经营增长分析与评判主要通过销售增长、资本积累、效益变化以及技术投入等方面的财务指标，综合反映企业的经营增长水平及发展后劲。

2. 管理绩效定性评价

管理绩效定性评价是指在企业财务绩效定量评价的基础上，通过采取专家评议的方式，对企业一定期间的经营管理水平进行定性分析与综合评判。

管理绩效定性评价指标包括企业发展战略的确立与执行、经营决策、发展创新、风险控制、基础管理、人力资源、行业影响、社会贡献等方面。

（二）综合绩效评价指标

企业综合绩效评价指标由22个财务绩效定量评价指标和8个管理绩效定性评价指标组成。

1. 财务绩效定量评价指标

财务绩效定量评价指标由反映企业盈利能力状况、资产质量状况、债务风险状况和经营增长状况四个方面的基本指标和修正指标构成。

其中，基本指标反映企业一定期间财务绩效的主要方面，并得出财务绩效定量评价的基本结果。修正指标是根据财务指标的差异性和互补性，对基本指标的评价结果作进一步的补充和矫正。

①企业盈利能力状况以净资产收益率、总资产收益率两个基本指标和销售（营业）利润率、利润现金保障倍数、成本费用利润率、资本收益率四个修正指标进行评价，主要反映企业一定经营期间的投入产出水平和盈利质量。

②企业资产质量状况以总资产周转率、应收账款周转率两个基本指标和不良资产比率、流动资产周转率、资产现金回收率三个修正指标进行评价，主要反映企业所占用经济资源的利用效率、资产管理水平与资产的安全性。

③企业债务风险状况以资产负债率、已获利息倍数两个基本指标和速动比率、现金流动负债比率、带息负债比率、或有负债比率四个修正指标进行评价，主要反映企业的债务负担水平、偿债能力及其面临的债务风险。

④企业经营增长状况以销售（营业）增长率、资本保值增值率两个基本指标和销售（营业）利润增长率、总资产增长率、技术投入比率三个修正指标为依据进行评价，主要反映企业的经营增长水平、资本增值状况及发展后劲。

2. 管理绩效定性评价指标

企业管理绩效定性评价指标包括战略管理、发展创新、经营决策、风险控制、基础管理、人力资源、行业影响、社会贡献八个方面的指标，主要反映企业在一定经营期间所采取的各项管理措施及其管理成效。

①战略管理评价主要反映企业所制定战略规划的科学性，战略规划是否符合企业实际，员工对战略规划的认知程度，战略规划的保障措施及其执行力，以及战略规划的实施效果等方面的情况。

②发展创新评价主要反映企业在经营管理创新、工艺革新、技术改造、新产品开发、品牌培育、市场拓展、专利申请及核心技术研发等方面的措施及成效。

③经营决策评价主要反映企业在决策管理、决策程序、决策方法、决策执行、决策监督、责任追究等方面采取的措施及实施效果，重点反映企

业是否存在重大经营决策失误。

④风险控制评价主要反映企业在财务风险、市场风险、技术风险、管理风险、信用风险和道德风险等方面的管理与控制措施及效果，包括风险控制标准、风险评估程序、风险防范与化解措施等。

⑤基础管理评价主要反映企业在制度建设、内部控制、重大事项管理、信息化建设、标准化管理等方面的情况，包括财务管理、对外投资、采购与销售、存货管理、质量管理、安全管理、法律事务等。

⑥人力资源评价主要反映企业人才结构、人才培养、人才引进、人才储备、人事调配、员工绩效管理、分配与激励、企业文化建设、员工工作热情等方面的情况。

⑦行业影响评价主要反映企业主营业务的市场占有率、对国民经济及区域经济的影响与带动力、主要产品的市场认可程度、是否具有核心竞争能力以及产业引导能力等方面的情况。

⑧社会贡献评价主要反映企业在资源节约、环境保护、吸纳就业、工资福利、安全生产、上缴税收、商业诚信、和谐社会建设等方面的贡献程度和社会责任的履行情况。

（三）企业综合绩效评价标准

综合绩效评价标准分为财务绩效定量评价标准和管理绩效定性评价标准。

1. 财务绩效定量评价标准

财务绩效定量评价标准包括国内行业标准和国际行业标准。国内行业标准根据国内企业年度财务和经营管理统计数据，运用数理统计方法，分年度、分行业、分规模统一测算。国际行业标准根据居于行业国际领先地位的大型企业相关财务指标实际值，或者根据同类型企业相关财务指标的先进值，在剔除会计核算差异后统一测算。其中，财务绩效定量评价标准的行业分类，按照国家统一颁布的国民经济行业分类标准结合企业实际情况进行划分。

财务绩效定量评价标准按照不同行业、不同规模及指标类别，划分为优秀（A）、良好（B）、平均（C）、较低（D）、较差（E）五个档次，对应五档评价的标准系数分别为1.0、0.8、0.6、0.4、0.2，较差（E）以下为0。

2. 管理绩效定性评价标准

管理绩效定性评价标准分为优（A）、良（B）、中（C）、低（D）、差（E）五个档次。对应五档评价的标准系数分别为1.0、0.8、0.6、0.4、0.2，差（E）以下为0。

管理绩效定性评价标准具有行业普遍性和一般性，在进行评价时，应当根据不同行业的经营特点，灵活把握个别指标的标准尺度。对于定性评价标准没有列示，但对被评价企业经营绩效产生重要影响的因素，在评价时也应予以考虑。

（四）企业综合绩效评价工作程序

1. 财务绩效评价工作程序

财务绩效定量评价工作具体包括提取评价基础数据、基础数据调整、评价计分、形成评价结果等内容。

①提取评价基础数据。以经社会中介机构或内部审计机构审计并经评价组织机构核实确认的企业年度财务会计报表为基础提取评价基础数据。

②基础数据调整。为客观、公正地评价企业经营绩效，对评价基础数据进行调整。

③评价计分。根据调整后的评价基础数据，对照相关年度的行业评价标准值，利用绩效评价软件或手工评价计分。

④形成评价结果。对任期财务绩效评价需要计算任期内平均财务绩效评价分数，并计算绩效改进度；对年度财务绩效评价除计算年度绩效改进度外，需要对定量评价得分深入分析，诊断企业经营管理存在的薄弱环节，并在财务决算批复中提示有关问题，同时进行所监管企业的分类排序分析，在一定范围内发布评价结果。

2. 管理绩效评价工作程序

管理绩效定性评价工作具体包括收集整理管理绩效评价资料、聘请咨询专家、召开专家评议会、形成定性评价结论等内容。

①收集整理管理绩效评价资料。为了深入了解被评价企业的管理绩效状况，应当通过问卷调查、访谈等方式，充分收集并认真整理管理绩效评价的有关资料。

②聘请咨询专家。根据所评价企业的行业情况，聘请不少于7名的管理绩效评价咨询专家，组成专家咨询组，并将被评价企业的有关资料提前

送达咨询专家。

③召开专家评议会。组织咨询专家对企业的管理绩效指标进行评议打分。

④形成定性评价结论。汇总管理绩效定性评价指标得分，形成定性评价结论。

（五）企业综合绩效评价计分方法

1. 财务绩效评价计分

①基本指标计分。财务绩效定量评价基本指标计分是按照功效系数法计分原理，将评价指标实际值对照行业评价标准值，按照规定的计分公式计算各项基本指标得分。

②修正指标的计分。财务绩效定量评价修正指标的计分是在基本指标计分结果的基础上，运用功效系数法原理，分别计算盈利能力、资产质量、债务风险和经营增长四个部分的综合修正系数，再据此计算出修正后的分数。

2. 管理绩效评价计分

管理绩效定性评价指标的计分一般通过专家评议打分形式完成，聘请的专家应不少于7名；评议专家应当在充分了解企业管理绩效状况的基础上，对照评价参考标准，采取综合分析判断法，对企业管理绩效指标作出分析评议，评判各项指标所处的水平档次，并直接给出评价分数。

3. 综合绩效评价计分

在得出财务绩效定量评价分数和管理绩效定性评价分数后，应当按照规定的权重，耦合形成综合绩效评价分数。

（六）企业综合绩效评价结果

企业综合绩效评价结果以评价类型、评价级别如评价得分表示。

评价类型是根据评价分数对企业综合绩效所划分的水平档次，用文字和字母表示，分为优（A）、良（B）、中（C）、低（D）、差（E）五种类型。

评价级别是对每种类型再划分级次，以体现同一评价类型的不同差异，采用在字母后标注"＋、－"号的方式表示。

企业综合绩效评价结果以85分、70分、50分、40分作为类型判定的分数线。

六、关键绩效指标法（KPI）

关键绩效指标法是指基于企业战略目标，通过建立关键绩效指标（Key Performance Indicator，KPI）体系，将价值创造活动与战略规划目标有效联系起来，并据此进行绩效管理的方法。所谓关键绩效指标，指的是对企业绩效产生关键影响力，通过对企业战略目标、关键成果领域的绩效特征分析、识别和提炼出来的最能有效驱动企业价值创造的指标。

KPI法基于以下理念：企业必须明确自己在一定时期的经营战略，明确判断哪些客户、项目、投资或活动超出了组织的战略边界，经理人员应该将精力集中在与公司战略推进有关的项目上，以提高管理效率。选择绩效评价指标的目的只有一个，那就是保证公司内所有人员的视线都盯住企业的战略目标。因此，必须简化评价指标体系，只要选择与战略推进密切相关的指标对相关人员进行评价即可。

KPI法符合一个重要的管理原理即"二八原理"：在一个企业的价值创造过程中，存在着80/20的规律，即20%的骨干人员创造企业80%的价值；而且在每一位员工身上二八原理同样适用，即80%的工作任务是由20%的关键行为完成的。因此，必须抓住20%的关键行为，对之进行分析和衡量，这样就能抓住业绩评价的重心。

企业应用KPI法，应综合考虑绩效评价期间宏观经济政策、外部市场环境、内部管理需要等因素，构建指标体系。战略目标是确定KPI体系的基础，KPI反映战略目标，对战略目标实施效果进行衡量和监控。企业应清晰识别价值创造模式，按照价值创造路径识别出关键驱动因素，科学地选择和设置KPI指标。

企业的KPI一般可分为结果类和动因类两类指标。结果类指标是反映企业绩效的价值指标，主要包括投资资本回报率、净资产收益率、经济增加值回报率、息税前利润、自由现金流量等综合指标；动因类指标是反映企业价值关键驱动因素的指标，主要包括资本性支出、单位生产成本、产量、销量、客户满意度、员工满意度等。

建立KPI指标的要点在于流程性、计划性和系统性。首先明确企业的战略目标，并利用头脑风暴法和鱼骨分析法找出企业的业务重点，也就是企业价值评估的重点。然后，再用头脑风暴法找出这些关键业务领域的

KPI指标即企业级KPI。接下来，各部门的主管需要依据企业级KPI建立部门级KPI，并对相应部门的KPI进行分解，确定相关的要素目标，分析绩效驱动因数（技术、组织、人），确定实现目标的工作流程，分解出各部门级的KPI，以便确定评价指标体系。

然后，各部门的主管和部门的KPI人员一起再将KPI进一步细分，分解为更细的KPI及各职位的业绩衡量指标。这些业绩衡量指标就是员工考核的要素和依据。这种对KPI体系的建立和测评过程本身，就是统一全体员工朝着企业战略目标努力的过程，也必将对各部门管理者的绩效管理工作起到很大的促进作用。

指标体系确立之后，还需要设定评价标准。一般来说，指标指的是从哪些方面衡量或评价工作，解决"评价什么"的问题；而标准指的是在各个指标上分别应该达到什么样的水平，解决"被评价者怎样做，做多少"的问题。

最后，必须对关键绩效指标进行审核。比如，审核这样的一些问题：多个评价者对同一个绩效指标进行评价，结果是否能取得一致？这些指标的总和是否可以解释被评估者80%以上的工作目标？跟踪和监控这些关键绩效指标是否可以操作？等等。审核主要是为了确保这些关键绩效指标能够全面、客观地反映被评价对象的绩效，而且易于操作。

每一个职位都影响某项业务流程的一个过程，或影响过程中的某个点。在订立目标及进行绩效考核时，应考虑职位的任职者是否能控制该指标的结果，如果任职者不能控制，则该项指标就不能作为任职者的业绩衡量指标。比如，跨部门的指标就不能作为基层员工的考核指标，而应作为部门主管或更高层主管的考核指标。

KPI法可单独使用，也可与经济增加值法、平衡计分卡等其他方法结合使用。